Albert Puente Reverté

COM NATROS HO DIEM

un recull lèxic de les terres de l'Ebre

2ª reimpr. revisada i ampliada: març 2009

© Albert Puente Reverté

Editor: Bubok Publishing S.L.

Disseny i composició: Ed. Gatifell

Portada: Magalí Salsas Theard

Impressió: Publidisa, C/ San Florencio, 2. 41018 Sevilla

Autor: Albert Puente Reverté

Títol: Com natros ho diem

ISBN: 978-84-9916-009-2

Dipòsit Legal: PM 494-2009

a mon iaio, contra l'oblit

ÍNDEX

Introducció

Este recull és una tria personal, és la meua visió d'una parla que amera la terra i se n'alimenta i, com l'aigua del riu, s'escampa per sèquies i ullals, sense unes fronteres que l'acaben. És, també, un testimoni directe del nostre passat, de la nostra manera de ser, la nostra identitat. I una aproximació a la meua llengua materna, *fonamental*. Lacan ho diu així: "l'experiència ens mostra que parlo d'un llenguatge, el llenguage en què tots heu crescut i que cadascú ha rebut, diguem la paraula; en la vostra família, veritat? I no és una cosa que se us hagi donat sense traspassar-vos al mateix temps una realitat tremolosa i vacil·lant, feta del desig dels vostres pares. Per això en la formació de cadascú, aquesta incidència de la mare, de la llengua materna, que al mateix temps és un fonament, és cap aquí cap a on se dirigeix l'amor". I és veritat.

El treball té l'estructura d'un diccionari. En primer terme, i per ordre alfabètic, hi ha les entrades en negreta; els casos que presenten alguna peculiaritat destacable els hai transcrit fonèticament. Les pronúncies menys habituals les introduïm amb un *també* (tb). Les paraules que no figuren al *Diccionari de l'Institut d'Estudis Catalans* duen un asterisc. Quan els sentits que proposem coincideixen exactament amb els del DIEC$_2$, n'extraem la definició i ho assenyalem així: (DIEC). D'altres —paraules o definicions— les ham inclòs perquè donen una visió del lèxic i els sentits més usuals, encara que siguen patrimoni de tot el domini lingüístic. Si bé el gruix del recull correspon al parlar de Sant Carles de la Ràpita, no ho fem explícit perquè trobem que, tot i que cada localitat té uns trets particulars, estos s'han anat difuminant i escampant força; creiem evident que hi ha un pòsit comú al parlar de les terres de l'Ebre i és cap aquí cap a on van les coses. En este sentit, ham procurat tenir en compte les variants locals, sí, tant de forma com semàntiques, per oferir *una solució vàlida* al domini que ens ocupa. *Com natros ho diem* és un gest que vol cohesionar en dos sentits, volem que els parlants s'identifiquen amb la llengua normativa, però també que la normativa els ho permetiga. Trobem que fer un seguiment de cada mot, determinar-ne l'origen i l'ús per localitats, grups d'edat i oficis seria un excés estèril i purament estadístic que ens allunyaria de la nostra causa. Per això cal que sigui útil i, lluny de quedar arraconat en microfilms, a l'últim calaix d'una biblioteca, surtiga al carrer. Volem que el recull sigui del pagès, de la carnissera, del peixater, del comptable o l'escolar. Per això triem aquest format, perquè serà útil per als lingüistes, però *també* —i sobretot— per a la gent del carrer.

Com natros ho diem és un recull de paraules plegades a les vores del riu, amb les mans dels pagesos amb durícies, dels mariners de viandes, al davantal de la peixatera, als peus tendres, descalços, de la infància, a la cisterna sense fons de la memòria. Trobareu paraules que ham sentit tota la vida, paraules adepreses a pur d'anys, escrites damunt d'un tovalló de paper a l'hora de dinar; anant en los amics a córrer el gínjol o a pescar, corrent en lo company pel quadro de l'arròs mentre, de lluny, mos maldaven; paraules sentides sota una llum de magatzem, o als tards del moll en la primera xica. Italianismes i italianades, arabismes que van de matuta, paraules espanyoles, arcaismes i antigalles reviscolant-se, encara, com les anguiles a l'aigüera, acabades de portar.

Trobareu moltes paraules que figuren als diccionaris com a "vulgarismes", "localismes" o en el millor dels casos com a "barbarismes"; d'altres, senzillament, no hi són. Sobre els excessos en aquesta qüestió, deia Lyons (1977) que "mantindre que una forma qualsevol és 'correcta' o 'incorrecta' perquè està en desacord o no amb alguna altra forma, presa com a normativa, és una tautologia. L'escomesa primordial del lingüista consisteix a descobrir la manera com la gent escriu i parla realment la seua llengua, i no a prescriure com s'ha de parlar i escriure". —Eu!, diria, jo. Saber com són les coses, a banda de com ens agradaria que fossen.

Per això mateix, veureu grafies estranyes, de paraules que s'han escrit de pares a fills, en notes, rondalles i cartes arribades de la mili o la Camarga, inèdites, perdudes. Hai posat exemples sentits al mercat, al carrer, a casa o als bous. Molts d'altres los hai trobat als llibres. Però, sobretot, trobareu que en falten, que me n'han quedat pel camí. *L'Informe sobre la segona edició del diccinari de la llengua de l'IEC* ja ens diu que "la tasca de recollida i de selecció de les entrades i accepcions per a l'elaboració d'un diccionari [normatiu] ha d'ésser permanent, mai no es pot donar per definitivament tancada; i, tanmateix, cal delimitar un cabal lèxic sòlid i suficient, que sigui la base per a ulteriors desenvolupaments". Perquè les paraules s'han de dir cada dia, s'han de regar i esllemenar, perquè medren i florisquen, si no les diem natros, qui ho farà?

Xaleu-les!

Albert Puente Reverté

Llista d'abreviatures

adj.	adjectiu
adv.	adverbi
aglut.	forma aglutinada
ant.	usat antigament
antropòn.	antropònim
augm.	augmentatiu
aux.	verb auxiliar
cast.	castellà
cf.	compareu amb
conj.	conjunció
dim.	diminutiu
esp.	especialment
etc.	etcètera
ex.	exemple
expr.	expressió
f.	substantiu femení
fig.	en sentit figurat
f. pl.	substantiu femení [usat en] plural
ind.	indicatiu
infant.	lèxic infantil
intens.	intensiu
interj.	interjecció
it.	italià
loc.	locució

loc. adv.	locució adverbial
loc. conj.	locució conjuntiva
loc. prep.	locució prepositiva
loc. verb.	locució verbal
m.	substantiu masculí
m. pl.	substantiu masculí [usat en] plural
onomat.	onomatopeia
per anal.	per analogia
per ext.	per extensió
pop.	popular
prep.	preposició
pres.	present
pron.	pronom
pron. pers.	pronom personal
ssp.	subespècie
subj.	subjuntiu
topòn.	topònim
v.	verb
Veg.	Vegeu
v. intr.	verb intransitiu
v. intr. pron.	verb intransitiu pronominal
v. tr.	verb transitiu
DIEC	Definició del *Diccionari de la Llengua Catalana.*
DCVB	Definició del *Diccionari Català-Valencià-Balear.*

FONÈTICA

A títol d'orientació, adjuntem algunes claus bàsiques per facilitar al lector poc avesat la interpretació de l'albafet fonètic.

SONS VOCÀLICS

sac [a], sec [e], mel [ɛ], mil [i], poc [ɔ], molt [o], fum [u].

Diftongs decreixents

En síl·laba tònica: Blai [aj], reina [ej], Eloi [ɔj], cuit [uj].

En síl·laba àtona: afaitar [aj], créixer [ej], emboirat [oj], buidar [uj].

En síl·laba tònica: cau [aw], peu [ɛw], nou [ɔw], niu [iw].

En síl·laba àtona: auricular [aw], teulada [aw], plourà [ow], piular [iw].

Diftongs creixents

Entre vocals: couen [we], teia [ja], Laieta [je].

Inici de mot: ianqui [ja], iogurt [jo], iugoslau [ju].

Després de consonant velar: quart [wa], guanyar [wa], consegüent [we].

SONS CONSONÀNTICS

Oclusius

sords: pi [p], tu [t], cas [k].

sonors: vi [b], deu [d], got [g].

Fricatius

sords: fum [f], sí [s], caixa [ʃ].

sonors: casa [z], pujar [ʒ].

Africats

sords: tots [ts], despatx [tʃ].

sonors: atzar [dz], metge [dʒ].

Aproximants

sords: savi [β], fada [ð], alga [ɣ].

Laterals

alta [l̪], la [l], llaç [ʎ].

Ròtics

bategant: cara [ɾ].

vibrant: carro [r].

Nasals

mà [m], àmfora [ɱ], antic [n̪], nas [n], any [ɲ], cranc [ŋ].

UN RECULL LÈXIC DE LES TERRES DE L'EBRE

abadejo [aβa'ðejʒo] *m.* Bacallà.

abadia *f.* Rectoria.

abancalar *v. tr.* Disposar un terreny en bancals per al conreu.

a banda *loc. adv.* A part.

a no cap banda* *loc. adv.* Enlloc.

abandonament *m.* Cansament extrem, acció d'abandonar-se.

abardellar* *v. tr.* Abassegar.

abarrancar *v. tr.* La pluja, erosionar el sòl, fer regueralls.

abasit, -ida* *adj.* Tímid.

abatollar *v. tr.* Batollar, Fer caure la fruita de l'arbre amb la batolla.

abecar* *v. intr. pron.* Becar.

a becoll* *loc. adv.* A bescoll, a collibè.

abegot *m.* Abellot.

abellerola* tb [aβeʎa'rɔla] *f.* Abellerol, *Merops apiaster.*

abellir *v. intr.* Venir de gust, apetir.

abelló* tb [awβe'ʎo] *m.* Albelló, conducte per on surt l'aigua bruta d'un

corral.

Abelló* [awβe'ʎo] *topòn.* Avenc d'Ulldecona.

abellot *m.* Borinot. / Abella mascle.

abeurall *m.* Barreja alimentosa molt clara que es dóna a beure al bestiar. (DIEC)

ablair* *v. tr.* Recremar. / Cansar.

ablaït, -ida* *adj.* Blaït, cansat.

ablanir *v. tr.* Estovar. / Mitigar, suavitzar. / Apallissar, colpejar.

abocar [aβo'ka] *v. tr.* Buidar (un recipient) abaixant-ne la boca, inclinant-lo,

ajaient-lo, capgirant-lo, fent-lo caure (DIEC). / *v. intr. fig.* Perdre

els estreps.

abogot* *m.* Abegot, abellot, borinot.

aboir [aβo'i] *v. tr.* Abolir.

aboirar* *v. intr. pron.* Emboirar.

abollar* *v. tr.* Un gos, bordar. / *fig.* Dir disbarats.

abonançar *v. intr.* El temps, esdevenir bo.

abondar* *v. intr.* Donar l'abast.

a bondó *loc. adv.* En abundància.

abono* [a'βɔno] *m.* Adob.

a boqueta de nit *loc. adv.*, al tard.

abornar* *v. tr.* Escometre.

aborrar* *v. tr.* Esborrar.

abotargar* [aβotar'ɣa] *v. tr.* Ensopir-se.

abotargat, -ada* *adj.* Pesat, tip.

abotinflar* *v. tr.* Engreixar.

abraonar *v. tr.* Estrènyer amb els braços.

abrigall *m. pl.* Peça de roba del llit.

abriu* *m.* Població d'arbres.

abstindre's* *v. intr. pron.* Abstenir-se.

abuidar* *v. tr.* Buidar.

acaballes *f. pl.* Acabament d'un àpat, d'una festa, d'un espectacle, etc.
(DIEC)

acabança *f.* Acabament. / *f. pl.* Acaballes.

a cabassos *loc. adv.* En gran quantitat, a senalles.

acabussar* *v. tr.* Capbussar.

acaçar *v. tr.* Perseguir.

acalentador* [akaleṇta'ðo] *m.* Escalfador.

acalentar* *v. tr.* Escalfar.

acalorar *intr. pron.* Una persona, congestionar-se com a resultat d'una assolellada d'un exercici excessiu. / Enardir-se disputant. (DIEC)

acaminador, -a* *adj.* Caminador.

acaminar* *v. intr.* Caminar.

acampar *v. tr.* Establir en un despoblat l'estada provisòria. / *v. intr.* Escapar d'un perill, sobreviure d'una situació perillosa. (DIEC)

acanalar *v. tr.* Fer canals o solcs.

acanar *v. tr.* Amidar la llargada.

acaramel·lar [akarame'la] *v. tr. fig.* Mostrar una actitud dolça, tendra. Acaronar.

acaramullar [akormu'ʎa] *v. tr.* Curullar. / Amuntegar, acumular. (DIEC)

acarar* *v. tr.* Posar preu a una propietat. / *v. intr.* Un terreny, fer crosta. / *v. tr.* Posar en presència (dues o més persones que fan afirmacions contràries) per treure la veritat d'un fet. (DIEC)

acarnissar-se *v. intr. pron.* Aferrissar-se.

acaronar* *v. tr.* Atiar el foc.

acarrossar* [akaro'sa] *v. tr.* Amuntegar sobre algú altre.

acartronat -ada* [akarto'nat] *adj.* Encartronat.

acàs* *adv. aglut.* (a cas) Per casualitat, *si acàs, si un cas, si de cas.*

acatar-se* *v. pron.* Adonar-se d'alguna cosa.

acatxapar* *v. intr. pron.* Aclaparar.

acatxapat, -ada* *adj.* Encongit, decaigut.

acavallar* *v. tr.* o *intr. pron.* Muntar cama ací cama allà.

acció* *f.* En una línia, punt on fa algun canvi de direcció.

aceball* [ase'βaʎ] *m.* Esquer per als moixons.

acenciat, -ada* [asen'siat] *adj.* Aciençat, assenyat.

aclacar* *v. tr.* Encongir-se, agenollar-se, quedar abatut.

aclacat, -ada* *adj.* Serè, de bon caràcter. / Cansat.

aclarir *v. tr.* Esclarir. / *intr. pron.* El cel, quedar net de núvols.

aclavar* *v. tr.* Clavar.

aclocall* [aklo'kaʎ] [aklu'kaʎ] *m. pl.* Antipares per als cavalls. / Jaç.

aclocar* *v. tr.* Prendre una posició còmoda.

aclofar *intr. pron.* Posar-se a la gatzoneta.

aclotar *v. tr.* Fer clots (en un camp, en un terreny) per plantar-hi vegetals.
    (DIEC)

acomparar* *v. tr.* Comparar.

acondolit, -ida* *adj.* Condolit.

aconduir* *v. tr.* i *intr. pron.* Aconductar (DIEC). / Esser profitós. / Satirfer
    la gana.

aconhortar* *v. tr.* i *intr. pron.* Consolar.

acoquinar *v. tr.* i *intr. pron.* Acovardir.

acorar *v. tr.* Matar, degollar, esp. un animal.

acorat, -ada* *adj.* Afligit.

acordonar *v. tr.* Posar cordó per impedir l'accés, el pas, (en un indret).
    (DIEC)

acorronar* *v. tr.* Passar el corró per la terra.

acotonar* tb [akoto'la] *v. tr.* Atansar-se una criatura al pit, acaronar.

acotxar *v. tr.* i *intr. pron.* Ajupir.

acovidar* *v. tr.* Convidar.

acurçar *v. tr.* i *intr. pron.* Escurçar.

acutit, -ida* *adj.* Compacte, atapeït.

adam *m.* Que no té cura del propi aspecte.

adelanto [de'laṇto] *m.* Gàlits, avenç.

adellà* *prep.* i *adv.* Dellà. Més enllà, a l'altra banda. / *Allí dellà,* allà dellà.

ademés* *adv.* A més.

àdena* *f.* Àneda, ànec femella, ànega.

adependre* [aδe'peṇdre] Aprendre.

adés *adv.* Fa una estona.

adesar *v. tr.* Desar.

a deshora *loc. adv.* Massa tard.

adhós* tb [a'δo] (SIC) *adv.* Àdhuc. / *Ni adhó,* alguna volta, puntualment.

adobar *v. tr.* Pegar, colpejar.

adobacossis *m.* i *f.* Persona que té l'ofici de reparar cossis i objectes de
       terrissa.

adormissar* *v. tr.* Endormiscar.

adormit, -ida* *adj.* Entumit.

adós* tb [a'δo] (SIC) *adv.* Adhós, àdhuc.

adragó* *f.* Dragó, *Tarentola mauritanica.*

adreçador *m. Passar per l'adreçador,* sotmetre's a una imposició. (DIEC)

afanar* *v. intr. pron.* Afanyar-se.

afanyar *v. intr. pron.* Lliurar-se activament a una tasca, a una acció. (DIEC)

afanyós, -osa *adj.* Que exigeix un esforç penós, que costa molt de treball.
       (DIEC)

afegir [afe'dʒi] *v. tr.* Posar alguna cosa més.

aferam* tb [fa'ram] *f.* Feram.

afermar *v. tr.* Fer ferm.

afet* *m. pl.* Gest, acció.

afiganyat, -ada* *adj.* Rebregat, dit esp. de la roba. / Amb un excés d'aigua, dit esp. d'un terreny.

afigurar *v.tr.* Veure de lluny (alguna cosa) sense distingir-la bé. (DIEC) / *Fig.* Fer cas a algú, esp. en sentit negatiu: *no m'afigures.*

afitorar *v. tr.* Ferir amb la fitora. / Clavar la mirada, mirar fixament algú. (DIEC)

aflamar *v. tr.* Inflamar. / *v. intr. pron.* Posar-se a cremar donant flama. (DIEC)

afonar *v. tr.* Enfonsar.

afrontar* *intr. pron.* Avergonyir. / *v. tr.* Fer temor.

afuar* *v. tr.* Colpejar amb una fua. / Fugir ràpidament.

afuat, -ada* *adj.* Acabat en punta (DIEC). / Que es mou molt ràpidament.

afullolada* *m.* Esplet de fulloles, brotada.

agafes *f. pl.* Instrument que serveix per a agafar. (DIEC)

aganit -ida* *adj.* Aganat, gasiu.

agarberar *v. tr.* Disposar (les garbes) formant piles. (DIEC)

agarrar *v. tr.* Agafar. / *v. intr. pron.* El menjar, agafar-se a la cassola.

agarrat, -ada *adj.* Gasiu.

agarrotar *v. tr.* Garrotar.

a gatameus *loc. adv.* A quatre grapes.

agaús* *m.* Gaús, ocell rapinyaire, *Bubo bubo.* / *fig.* Avar.

a genollons* tb [a dgino'ʎons] *loc. adv.* De genollons.

agibellar [adʒiβe'ʎa] *v. tr.* Amanir, esp. un plat.

aginollar-se* *v. intr. pron.* Agenollar-se.

26

aglà *m.* o *f.* Glà, bellota.

agojar* *v. intr. pron.* Tenir goig.

agonia *f.* Període de transició entre la vida i la mort, que apareix en la fase final de moltes malalties (DIEC). / Angúnia.

agostar *v. tr.* i *intr.* Agostejar.

agostat, -ada* *adj.* Marcit.

agostejar [aɣostej'ʒa] *v. tr.* i *intr.* Marcir.

agostejat, -ada* *adj.* Marcit.

agostera* *f.* És la dona que duu el menjar als que seguen.

agotar* *v. tr.* i *intr. pron.* Esgotar.

agram *m.* Gram, herba de la família de les gramínies, amb llargs estolons, beines foliars piloses i de dos a set espigues reunides al capdamunt de la tija fent una inflorescència digitada, molt comuna en camps i terrenys abandonats, preferentment humits, que forma part de les gespes dels jardins (*Cynodon dactylon*). (DIEC)

agramant* *f.* Teixit amb vidrets o esmalts imitant l'atzabeja.

agranar *v. tr.* Escombrar.

agret *m.* Herba, *Rumex acetosa*.

agror *f.* Qualitat d'agre.

aguardar* *v. tr.* Esperar esp. amb impaciència.

aguantar *intr. pron.* Mantenir-se sense caure, sense cedir. (DIEC) *De moment, lo temps encar s'aguanta.*

aguaitar *v. tr.* Vigilar, esperar amagat.

aguazil* [awa'zil] *m.* Agutzil.

aguiar* *v. tr.* i *intr. pron.* Embrutar.

aguiat, -ada* *adj.* Brut.

àguila *f.* Ocell rapinyaire de la família dels accipítrids, que destaca per la grandària, el vol potent i l'agudesa visual. (DIEC)

aguiló *m.* Cria d'àguila.

agulla *f. Agulla de fil,* agulla amb un extrem terminat en punta i l'altre proveït d'un forat o ull per a passar-hi un fil, un cordill, una veta, etc. / *Agulla de cap, agulla de ganxo, agulla saquera, agulla de calça*, agulla d'estendre.* / Peix, *Belone belone.* / Tendó.

aguller *m.* Tros de fil que es posa a l'agulla per cosir. (DIEC)

agulló *m.* Fibló.

agullonada *f.* Picada.

agullonar *v. tr.* Punxar amb l'agulló.

agullot [aɣu'ʎɔt] *m.* Element mascle del joc sobirà de la ferramenta del timó. / Pinça de grans dimensions de la boca de la botavara, del pic o antena, o d'un puntal de càrrega. (DIEC)

ahont* *adv.* On.

ahucar* tb [ku'ka] *v. tr.* Cridar, esp. per acompanyar els tards a la serra.

aigua* *f. Aigua del cel,* aigua de pluja. / *Aigua moral,* pluja en quantitat abundant, sempre que no sigui excessiva. / *f. pl. Aigües menors,* orina. / *f. pl. Aigües majors,* excrements. / *Aigua xirla* ['ajɣwa 'tʃirla], líquid de poca qualitat.

aiguader, -a *m.* i *f.* Persona que tragina o ven aigua. (DIEC)

aiguades* *f. pl.* Lleixiu dels saboners (MES, DCVB).

aigualera *f.* Mullena de les plantes, provinent de la rosada, la pluja, les boires, etc. (DIEC)

aiguapoll *m.* Ou xarbot. / *Acabar en aiguapoll,* acabar en no-res.

aiguat *m.* Ploguda forta.

aiguatge *m.* Rosada.

aiguatjada* *f.* Aiguatge abundant.

aigüera *f.* Pica per a escurar. / Alforja d'espart.

aïna* [a'ina] *f.* Eina. / Recipient.

airat, -ada* *adj.* Irat.

aix* ['ajʃ] *m.* Eix.

aixadejar* [ajʃaðej'ʒa] *v. tr.* Treballar amb l'aixada.

aixadell *m.* Aixada petita de fulla estreta, usada per a arrencar herbes entre
els blats, treballar els solcs plantats d'hortalisses, etc. (DIEC)

aixanglot* [ajʃaŋ'glot] *m.* Carroll de raïm.

aixarop *m.* Xarop.

aixereca* *f.* Figa seca.

aixerri* tb [aj'ʃɛrit] *m.* Xerri, excrements del bestiar de llana i cabrum.

aixeta *f.* Tros de canó ajustat a l'extrem d'una conducció d'aigua o de
qualsevol altre fluid, o adaptat a l'orifici d'un recipient, proveït
d'una peça mòbil i generalment giratòria, la qual, segons la seva
posició, intercepta el pas del fluid o permet que brolli. (DIEC)

aixinglot* *m.* Sanglot.

aixol *m.* Aixa petita usada per fusters, esclopaires, boters, etc. (DIEC)

aixoll* *f.* Soll, cort dels porcs.

aixopluig* *m.* Sopluig, aixopluc.

aixorejar* [ajʃorej'ʒa] *v. tr.* Airejar. / Deixondir.

ajaure *v. tr.* i *intr. pron.* Ajeure, gitar.

ajocar-se *v. intr. pron.* Retirar-se a dormir (DIEC). / Un caçador, amagar-se
ajupit.

ajuntar *v. tr.* Juntar.

alabar *v. tr.* i *intr. pron.* Lloar.

aladern *m.* Arbret o arbust perennifoli de la família de les ramnàcies, dioic, de fulles esparses, dentades, coriàcies i lluents, flors petites groguenques, en curts raïms, i fruit en drupa negrosa, freqüent a la regió mediterrània (*Rhamnus alaternus*). (DIEC)

aladó* *m.* Formiga alada.

aladrac* *m.* Geneta, *Genetta genetta.*

aladre *m.* Arada, pollegana.

aladroc *m.* Seitó.

alairar* *v. tr.* Enlairar.

alaire* *adv.* Enlaire.

alatxa *f.* Peix de la família dels clupeids, semblant a la sardina però de qualitat inferior, de fins a 30 centímetres de llargada, amb una taqueta negra a l'angle superior de l'opercle, de color blau verdós, propi d'aigües més aviat càlides (*Sardinella aurita*). (DIEC)

alatzà, -ana [ala'za] *adj.* D'un clor argilós, *un cavall alatzà* (o sor).

alba *f. Fer l'alba,* sortir a pescar de matinada.

albada [aw'βaδa] *f.* Alba. / *f. pl.* Cantada, música, feta al carrer per festejar una persona, especialment el jovent les noies, a la matinada i àdhuc a la nit. (DIEC)

albarda *f.* Guarniment de les bèsties de càrrega que consisteix essencialment en un coixí ple de palla, de borra, etc., que s'adapta al llom de l'animal i sobre el qual es col·loquen les sàrries, els arganells, etc., d'una manera diversa segons les contrades. (DIEC)

albarder, -era *m.* Persona que repara i fa arreus per als animals.

albellol* tb [awβe'ʎɔl] *m.* Part de la cama d'un animal entre el casc i el metatars.

àlber ['awβe] *m.* Arbre caducifoli de la família de les salicàcies, de fulles palmatilobades, blanques al revers, i d'escorça d'un gris molt clar, sobretot en els troncs joves, comú al bosc de ribera i sovint cultivat (*Populus alba*). (DIEC)

albercoc [aw'βerkɔk] *m.* Fruit comestible en drupa de l'albercoquer, globós, vellutat, amb un solc lateral. / *adj.* i *m.* i *f.* Ximple. (DIEC)

alberge *m.* Préssec d'una varietat molt menuda.

albertir* *v. intr. pron.* Endormiscar-se.

alça *interj.* De sorpresa, admiració o incredulitat.

alçar *v. tr.* Aixecar. / *intr. pron.* Despertar i aixecar-se.

alçària *f.* Alçada.

alcaravà* *m.* Moixó, *Oedicnemos crepitans*.

aleco* *adv.* A l'eco, alerta, estar sobre avís.

alego* *adv.* Aviat, dins de poc temps.

alelat, -ada* *adj.* Sompo.

alemany* [ale'man] *m.* Escarabat.

alenda* *f.* Alè. / Adonar-se, *haver alenda* d'alguna cosa.

aler, -a* *adj.* S'aplica esp. a la perdiu que es mostra ferida d'una ala.

aleró *m.* Sortint que hi ha a banda i banda del pont de govern d'un vaixell (DIEC). / Xarxa que dirigeix el peix al parany.

aleta *f.* Peça de fusta corbada que forma part de la darrera quaderna de popa. / Prolongació de la part superior de l'obra morta de popa d'algunes embarcacions menors més amunt de la coberta. / Part del costat del vaixell, compresa aproximadament entre les marcacions de dotze i de setze quartes en l'aleta d'estribord i entre les de setze i de vint quartes en l'aleta de babord. / *Fer l'aleta,* afalagar insistentment (DIEC). / Els ocells mascles, fer el ritual d'aparellament.

aleuna* *f.* Assagadell, cercle de pedres al vessant d'un cingle.

aleví *m.* Peix jove.

alfàbiga* [aw'faβiɣa] *f.* Alfàbrega, *Ocimum basilicum.*

alfac *m.* Banc d'arena format pels sediments d'un riu.

Alfacs* *topòn. m. pl.* Port dels Alfacs.

alfombra* *f.* Catifa.

algeps [aɾ'dʒep] *m.* Gruix usat en construcció.

algorfa *f.* Gorfa.

aliacrà *m.* Escorpí. / Icterícia.

alicates *m.* o *f. pl.* Tenalles d'acer per a feines de fusteria, electricitat, etc.

allargar tb [aʎeɾ'ɣa] *v. tr.* Posar un objecte a l'abast d'algú que no hi arriba. (DIEC)

allavons* *adv.* Llavors.

allevar *v. tr.* Imputar amb malícia.

allí d'allà* tb [aʎiðe'ʎa] *adv.* Allà dellà, a l'altra banda, més enllà.

allí dellà* *adv.* Allà dellà, a l'altra banda, més enllà.

allisar *v. tr.* Fer llisa alguna cosa, planxar. / Pegar, colpejar.

allumenar* *v. tr.* Il.luminar.

allunt* [a'ʎun] *adv.* Lluny.

almacén* [alma'sen] *m.* Magatzem.

almacenar* *v. tr.* Emmagatzemar.

almadrava *f.* Clos amb compartiments fet de xarxes, establert generalment prop de la costa, i destinat a la pesca de tonyines i altres espècies migratòries. (DIEC)

almanco *adv.* Almenys.

almeja* [al'mexa] *f.* Cloïssa.

almejero, -a* [alme'xeɾo] *m.* i *f.* Mariscador.

Al-oued* [alu'et] *topòn.* Platja del trabucador.

alosa *f.* Ocell de la família dels alàudids, d'uns 18 centímetres de llargada, de plomatge terrós, de costums sedentaris, abundant en conreus i rostolls (*Alauda arvensis*). (DIEC)

alquitrà* [alki'tɾa] *m.* Quitrà.

altària* *f.* Alçada.

altre, -a ['atɾe] ['atɾa] *adj.* Que no és la mateixa persona o cosa que la mencionada anteriorment o sobreentesa. / *pron.* Altra cosa. (DIEC)

altri ['atɾi] *pron.* Referit a persones, un altre, uns altres, el proïsme. (DIEC)

Ex.: Bordar per altri.

Aluet* *topòn.* Platja del trabucador, de l'àrab *Al-oued.*

alvenc* *m.* Avenc.

ama *f.* Mestressa. / Propietària.

amacollar* *v. tr.* Agafar per coll.

amagatall *m.* Lloc per amagar-se.

amagatons* *adv. A amagatons,* d'amagat.

amagolar* *v. tr.* Agafar per coll.

amanimenta *f.* Amaniment.

amanir *v. tr.* i *intr. pron.* Preparar.

amanós, -osa tb [ma'nos] *adj.* Manós, fàcil de manejar. *És molt manoset* *això.*

amargació* *f.* Gran aflicció, amargor.

amargantor *f.* Amargor.

amargenar [amardʒe'na] *v. tr.* Fer marges.

amarinar-se* *v. intr. pron.* Fer lliga, unir-se.

amarinat, -ada* *adj.* Amistançat.

amarrotar* *v. tr.* Amarrar fort.

amaçonar* *v. tr.* Compactar.

ametla [a'mela] *f.* Ametlla.

ametler [ame'la] *m.* Ametller.

ametlerar* [ame'leɾa] *m.* Ametllerar, camp d'ametlers.

ametló* [ame'lo] *m.* Ametlló, ametla tendra.

amerar [ame'ɾa] *v. tr.* Mullar alguna cosa de manera que el líquid hi

penetri.

amidar *v. tr.* Mesurar la llargària, l'amplada, etc.

amidó* *m.* Midó.

amidonar* *v. tr.* Emmidonar.

amidonat* *m.* Emmidonat.

amodorrar* *v. intr. pron.* Ensopir-se.

amoixonar* *v. tr.* Caçar moixons de nit .

amolar* [amo'la] *v. tr.* Reunir.

amollar *v. tr.* Deixar anar.

amollonar *v. tr.* Fitar.

amordassar* emmordassar.

amorosit, -ida* *adj.* Entendrit.

amorzar* *v. tr.* Esmorzar.

amostrar* *v. tr.* Fer saber.

amuntonar *v. tr.* i *intr. pron.* Amuntegar.

amurriar* *v. tr.* i *intr. pron.* Amorrar, abaixar el cap i callar.

anar culer *loc.adv.* Anar inclinat cap a enrere.

anar de bolina (o anar de borina) *loc. adv.* Cenyir.

anar de cos *loc. adv.* Fer de cos, evacuar.

ancada *f.* Cop donat amb l'anca.

àncora ['aŋkuɾa] *f.* Estri de fondejar, que, lligat a l'extrem d'una corda, d'un cable o d'una cadena, s'arria dins l'aigua fins a tocar el fons, on es clava i impedeix que la nau sigui emportada pel vent, pels corrents, etc. (DIEC)

andador *m.* Pista al voltant d'una sínia. / Camí dalt d'un mur. (DIEC)

andarejar *v. intr.* Voltar, caminar d'un costat a un altre.

andossiau* *interjec.* Adéu-siau.

andossien* *interjec.* Adéu-siau.

andrino *m.* Varietat de pruna rodona i fosca.

àneda tb ['aðena] *f.* Ànec femella, ànega.

anganell* *m.* Nou del coll.

anganilla* *f.* Sequiol que separa un camp inundat d'un altre d'eixut.

angelet [aɲdʒe'let] *m.* Herba, dent de lleó, *Taraxacum officinale.*

angle* *m.* Inclinació, actitud *portar mal angle.*

àngol* ['aŋgol] *m.* Angle.

anguilera *f.* Viver d'anguiles. / Nansa per a pescar anguiles. (DIEC)

anguiló *m.* Cria de l'anguila, que té una longitud entre 10 i 35 centímetres. (DIEC)

animalet* [nima'let] *interjec.* Equivalent a *pobret.*

anisset* *m. dim.* Per anís.

anit *adv.* Ahir a la nit.

anoguer* *m.* Noguer.

anou* *f.* Nou, fruit sec.

ans *adv.* Abans.

ansa *f.* Nansa. / *Ansa del coll,* clavícula.

ànsia *f. pl.* Nàusees.

ant* ['an] *adv.* On.

antena *f.* Verga de la vela llatina fixada obliquament a l'arbre d'una nau, composta pel car i la pena. / Braç d'un molí de vent on es fixa una ala. / Tronc dret, gruixut i llarg, plantat a terra verticalment, a l'extrem superior del qual hom fixa una politja o un ternal per a aixecar alguns elements constructius, com ara jàsseres i encavallades. (DIEC)

antenola* *f.* Núvol prim i allargassat.

antepit* [aṇtapit] *m.* Barana o paret que serveix per refugiar-se d'un bou.

antevespre* [aṇte'βespɾa] *adv.* Ahir al vespre.

antipara *f. pl.* Peça de drap o de cuir que cobreix la cama fins al genoll i va botonada per la part de fora. (DIEC)

antiva* *f. Fer antiva,* les aigües d'una séquia, fer ple.

antivar* *v. tr.* Altivar, el nivell de l'aigua, pujar sobre una post.

antull *m.* Capritx.

anusar* *v. tr.* Nusar, fer un nus.

apamar *v. tr.* Mesurar a pams. / *loc. adj. Tenir apamat,* conèixer molt bé.

apanyar *v. tr.* Reparar. / *intr. pron.* Enginyar-se.

anyívol, -a *adj.* D'un any, esp. dit d'algun animal.

apanyussar *v. tr.* Adobassar, fer adobs de poc cost, provisionals o mal fets.

aparèixer* [apaˈrejʃe] *v. intr.* Semblar, mostrar-se com a veritat. *M'apareix que...*, en el sentit d'opinar.

aparell *m.* Conjunt de bossells o quadernals d'una nau que, units per una corda, un cable o una cadena, permet realitzar un treball, generalment la hissada o arriada d'un pes, multiplicant la força. / Arreu per a muntar o carregar les bèsties de bast. / Conjunt d'arboradura, eixàrcia i velam d'una nau. (DIEC)

apedaçar *v. tr.* Posar un pedaç. / Adobassar.

apedaçat, -ada* *adj.* Que ha estat adobat amb un pedaç. / fig. Vell, en mal estat.

apegalós, -osa *adj.* Enganxós.

apegar *v. tr.* Enganxar.

api [ˈapit] *m.* Herba de la família de les umbel·líferes, flairosa, de tija fortament solcada, fulles pinnaticompostes, amb els folíols trilobats i dentats, lluents i un xic suculentes, flors blanquinoses, reunides en nombroses umbel·les, i fruit esferoïdal comprimit, que es fa espontàniament a les jonqueres i als herbeis humits i és conreada en els horts (*Apium graveolens*). (DIEC)

aplanar *v. tr.* Fer pla.

aplatanat, -ada* *adj.* Aixafat, decaigut.

apo* *interj.* Apa!.

apocar *v. tr.* Reduir a poc. / Humiliar. / *intr. pron.* Encongir-se.

aponentar* *v. intr. pron.* Pondre's el sol. / *fig.* marcir-se, .

aponentat, -ada* *adj.* Lent, despistat. / Cansat, abatut físicament o moral.

apretar* *v. tr.* Prèmer.

aprimar *v. tr.* Fer prim. / *intr. pron. Aprimar-se els núvols*, fer-se menys espessos.

aprop* *adv.* Prop.

apuntar *v. tr.* Prendre nota. / Inscriure en una llista. / Fer punteria.

apurar-se* *v. intr. pron.* Preocupar-se molt per algun perill.

araboga* *f.* Pluja fina molt gelada, gairebé neu.

aranya *f.* Peix, aranya blanca, *Trachinus draco.*

aranya₂ *f. Aranya guitarrera,* aranya espasera, *Trachinus araneus.*

aranyer *m.* Ocell de la família dels sítids, de 13 centímetres de llargada, amb el plomatge de color vermell i gris fosc, que s'enfila voleiant per les parets dels penya-segats buscant aranyes i insectes en les escletxes de les roques (Tichodroma muraria). / Peça llarga que serveix de suport als guiafils o aranyes de les màquines metxeres, filadores i de rodets. (DIEC)

a rapis *loc. adv.* Llençar a l'aire, esp. caramels, a qui primer ho agafi.

a ras* *prep. i adv.* Arran.

a rastrons* *loc. adv.* Arrossegant.

arbre ['aβɾe] *m.* Pal, generalment de forma arrodonida o el·lipsoïdal, fixat en una nau, destinat, juntament amb uns altres, al sosteniment de les vergues i de les veles. / Eix d'una roda de molí, de rellotge, etc. (DIEC)

arbreria* [aβɾe'ɾia] *f.* Població d'arbres.

arc *m. Arc del cel, Arc iris,* arc de Sant Martí. / *Arc former*, arc d'una embarcació disposat longitudinalment. / *Arc toral*, arc d'una embarcació disposat transversalment. (DIEC)

arç *m.* Arbust o arbre espinós, que pertany a les famílies de les rosàcies, de les solanàcies, de les eleagnàcies o de les ramnàcies. (DIEC)

ardera* *f.* Ardor, escalfor, coïssor.

a rampeu de [o **al rampeu de**] *loc. prep.* Al peu mateix de. *A rampeu de la muntanya.*(DIEC)

a recules *loc. adv.* Marxa enrere.

a reculons *loc. adv.* Marxa enrere.

a remulla* *loc. adv.* Posar en remull.

arena *f.* Sorra.

arenal *m.* Sorral, areny.

a reng *loc. adv. Plantar a reng*: plantar formant rengs.

argep* [ar'dʒep] *m.* Algeps, guix.

argilaga* [ardʒi'laɣa] *f.* Argelaga.

arjau [ar'dʒaw] *m.* Mànec per fer girar el timó.

arjub* [ar'dʒup] *m.* Aljub.

arna *f.* Rusc.

arnella* *f.* Anella de metall que serveix per fixar o lligar.

armilla *f.* Peça de vestir sense mànigues que cobreix el tronc.

arna *m.* Rusc.

aro* *m.* Cercle de ferro de la roda d'un carro.

aroneta* tb [aɾu'neta] *f.* Oreneta cuablanca, *Delichon urbica.*

aroneta* *f.* Oreneta de ribera, *Riparia riparia.*

aroneta* *f.* Oreneta vulgar, *Hirundo rustica.*

arnot *m.* Caixa feta de canyes o de fustes amb què s'envolta el tronc d'un arbre tendre per protegir-lo contra el rosec del bestiar, etc. (DIEC)

arquillo* *m.* Arc que uneix les baranes del carro.

arrabassaire *m.* i *f.* Arrabassador.

arrabassar *v. tr.* Arrencar les mates (d'un terreny), treure'n les arrels i rabasses, per conrear-lo. / Arrencar (una planta) de soca i arrel. / Prendre violentament (alguna cosa) a algú. (DIEC)

arracada tb [are'kaδa] *f.* Ornament que es porta a l'orella. / Placa de plàstic o metall posada a l'orella del bestiar per a identificar-lo. / Persona pesada, enfadosa, que hom no es pot treure de sobre. / Penjoll de dues o més cireres. / Apèndix de pell que tenen a la part anterior del coll, formant parell amb un altre, les cabres, certes races de porc, etc. (DIEC)

arraïlar* *v. tr.* Arrelar.

arramassar *v. tr.* Aplegar (allò que és escampat, coses disperses). (DIEC)

arramblada* *f.* Nuvolada amenaçant, esp. quan se situa a la costa.

arramblar* *v. tr.* Apropar-se, arrambar-se.

arranar *v. tr.* Tallar arran, deixar com tallat arran. / Fer passar gairebé tocant a terra. (DIEC)

arrancar *v. tr.* i *aux.* i *intr.* Arrencar.

arrans* *prep.* i *adv.* Arran.

arranxar-se* [araɲ'tʃarse] *v. intr. pron.* Unir-se a un grup inoportunament.

arrapapar* *v. intr. pron.* Agafar-se fort a alguna persona o cosa.

arrapar *v. intr. pron.* Aferrar-se.

arrasar* *v. intr. pron.* El cel, aclarir-se.

arrasir-se *v. intr. pron.* El cel, aclarir-se de núvols, quedar-se ras.

arratxat, -ada* *adj.* Que va a ratxes.

arrear* *v. tr.* i *intr.* Pegar. / Guarnir, disposar, aparellar un animal. (DIEC)

arrebossar tb [areβu'sa] *v. tr.* Cobrir amb una capa de morter, calç, ciment o guix (el parament d'una paret, d'un mur). / Cobrir amb una capa d'ou batut i farina, pa ratllat o farina de galeta (el peix, la carn, etc.) abans de fregir-los. (DIEC)

arrebotir* tb [areβu'ti] *v. intr.* Rebotir.

arrecerar [arase'ɾa] *v. tr.* i *intr. pron.* Posar a recer.

arrecular* *v. intr.* Recular.

arredonir* *v. tr.* Arrodonir.

arredonit, -ida* *adj.* Arrodonit.

arreglar *v. tr.* Reparar (una cosa espatllada, feta malbé, etc.). / Arranjar. (DIEC)

arreglar₂ *v. intr. pron.* Vestir-se, preparar-se. Compondre's. (DIEC)

arregussar *v. tr.* Arromangar.

arrendar *v. tr.* Donar (alguna cosa tinguda en propietat, especialment finques i serveis públics) a una altra persona perquè n'usi o se'n beneficiï per un temps determinat mitjançant el pagament d'una renda convinguda. (DIEC)

arreparar* *v. tr.* Reparar, parar compte.

arrere [a'reɾe] *adv.* Endarrere.

arretirar* *v. tr.* Enretirar. / *intr.* Retirar.

arreu [a'rew] *adv.* De qualsevol manera.

arreu² [a'rɛw] *m.* Eina del camp.

arri *interj.* Ordre que sa'dreça a un animal per fer-lo caminar o accel·lerar el pas. (DIEC)

arriar *v. tr.* Estimular (una bèstia) a seguir o a accelerar la marxa, amb la veu, les xurriaques, etc. / Tirar, arrossegar, (un vehicle). / Abaixar, fer baixar, per mitjà d'una corda o de corrioles. / Afluixar (una corda). (DIEC)

arrocar* *v. tr.* Vomitar.

a rodolons *loc. adv.* Rodolant.

arroentar *v. tr.* Fer posar roent.

arromangar *v. tr.* Tirar amunt, replegant-les, (les mànigues i, per extensió, les faldilles, les calces). / *v. intr. pron.* Decidir-se resoludament a fer alguna cosa. (DIEC)

arronsacuques* *m. pl.* Varietat de fesol.

arroplegar* *v. tr.* Arreplegar.

arroscat, -ada* *adj.* Ben bestit.

arrossegar *v. tr.* Fer moure (alguna persona o alguna cosa) estirant-la sense aixecar-la de terra, vencent la resistència que amb el fregadís oposa al moviment. / Portar darrere seu vencent una resistència, com a conseqüència forçada, amb dificultat, lentament. / *v. intr.* Penjar tocant en part a terra. (DIEC)

arrossejat, -ada* [arosej'ʒat] *m.* Rossejat.

arrossellar* *v. tr.* Preservar, salvar.

arrosserar* *m.* Arrossar.

arrova *f.* Pes equivalent a un quart de quintar o 26 lliures. / En una adreça electrònica, símbol que separa la signatura de l'usuari de l'ordinador que l'hostatja (símbol, @). (DIEC)

arruixada* *f.* Ruixada.

arruixar *v. tr.* Ruixar. (DIEC)

arrupir *v. tr.* i *intr. pron.* Encongir.

arsapó* *m.* Orsapop, corda per a allunyar de la roda el car de l'antena d'una vela llatina. (DIEC) / *A l'orsapó,* orsapop (orsa a popa).

artigar *v. tr.* Preparar (un tros de terra inculta) per a conrear-la, especialment traient-ne els arbres, cremant el sotabosc i la brossa en munts que després s'escampen perquè les cendres serveixin d'adob. (DIEC)

artill* *m.* Punteria. / *m.* i *f.* Persona que té molt bona punteria.

artillar* *v. tr.* Apuntar amb una arma.

ascla *f.* Estella gruixuda. (DIEC)

asclar *v. tr.* Trencar fent ascles. / *fig.* Avariar, trencar, fer malbé.

asclet, -a* *adj.* Net.

ascolunya* *f.* Escalunya, varietat de ceba, *Allium cepa (ascalonicum)*.

asmar* *v. intr. pron.* Cansar-se en extrem.

aspriu, -iva *adj.* Rude, selvàtic. (DIEC)

assacanada* *f.* Cansament extrem.

assacanat, -ada* *adj.* Cansat en extrem.

assagadell* *m.* Cercle de pedres al vessant d'un cingle.

assaonar *v. tr.* Posar en saó (la terra). / Posar (alguna cosa) al punt que ha de tenir, fer madurar. (DIEC)

assear* *v. tr.* Netejar. / *pron.* Vestir-se elegantment.

assentar *v. tr.* Posar sobre la seva base, en una posició estable. Assentar els fonaments d'un edifici. / *intr. pron.* Una cosa que fa moviment, pervenir a una posició estable, a un estat de repòs, d'immobilitat. / *intr. pron.* El temps, mudar-se de tempestuós, variable, en bo, fix (DIEC) / Fer profit al cos. / *v. intr. pron.* Seure.

assocar *v. tr.* Tesar (un cap) i lligar-lo ben fort perquè no s'amolli. (DIEC)

assocar-se* tb [asu'karse] *v. intr.* Caure, colpejar-se contra el terra.

assolanat, -ada* *adj.* Exposat a l'acció del sol. / Atabalat per excés de sol.

assormar* *v. tr.* Xurmar, donar mamar.

assossegar *v. tr.* i *intr. pron.* Calmar, tranquil·litzar. (DIEC)

assut *m.* Resclosa feta en els rius que permet el sobreeiximent sense erosió al peu de la resclosa. (DIEC)

àstec, àstega* *adj.* De gust aspre.

astorar *v. tr.* Causar un gros espant (a algú). / *v. intr. pron.* Rebre un gros espant. / *v. intr. pron.* Posar-se en guàrdia davant una amenaça franca o encoberta, un perill, etc. (DIEC)

astorat, -ada* *adj.* Esglaiat.

astoret *m.* Esparver.

atabalar *v. tr.* Fatigar el cervell (d'algú), marejar, amb sorolls o sons. (DIEC)

atalbar* [ataw'βa] *v. tr.* Ensopir per l'excés de calor.

atallar *v. intr.* Fer drecera. / *v. tr.* Deturar el curs, el progrés, (d'alguna cosa). (DIEC) / *v. intr. pron.* Paralitzar-se per por o vergonya.

atalussar *v. tr.* Donar talús.

atansar *v. tr.* Apropar.

atapeir [ata'pi] *v. tr.* Fer compacte.

atapeït, -ida [ata'pit] *adj.* Compacte.

ataquinar *v. tr.* Ataconar. / *v. intr. pron.* Atipar-se.

atarantar *v. tr.* Torbar l'ànim (d'algú) deixant-lo com esbalaït, sense esma. (DIEC)

atarantat, -ada* *adj.* Torbat, atordit.

atard* *adv.* Freqüentment.

ataüllar *v. tr.* Albirar. (DIEC)

atemorir *v. tr.* Infondre temor (a algú). (DIEC)

atesar* *v. tr.* Tesar.

atgibellar* *v. tr.* Agibellar, reconciliar-se amb algú.

atiar *v. tr.* Avivar el foc.

ationar* *v. tr.* Tractar a cop de tió. / *fig.* Pressionar excessivament els treballadors.

atorrollar [atuɾu'ʎa] *v. tr.* i *intr. pron.* Confondre, torbar, (algú) de manera que no sap què dir, el que ha de fer, com captenir-se. (DIEC)

atossar* [atu'sa] *v. tr.* Tossar, pegar.

atracar *v. intr. pron.* Atipar-se.

atràs* *adv.* Arrere.

atraure *v. tr.* Atreure, fer venir alguna cosa cap a un mateix.

atravessar* tb [atɾeβe'sa][tɾeβe'sa] *v. tr.* Travessar.

atribolar [atɾiβu'la] *v. tr.* i *intr. pron.* Produir un estat de torbació en l'ànim (d'algú) que no li deixa veure clar el que ha de fer, de dir, etc., com ha d'obrar, de captenir-se. (DIEC)

atronat, -ada* *adj.* Adolorit, cansat en extrem.

atropellat, -ada* *adj.* En situació difícil. / Atabalat per les presses. / Malmès.

atrotinat, -ada *adj.* Espatllat, fet malbé, per l'ús. (DIEC)

atxa *f.* Ciri gran i gruixut de forma prismàtica i de quatre blens. / *Atxa de vent,* metxa d'espart enquitranada que resisteix el vent sense apagar-se. (DIEC)

atxeu* [a'txɛw] *m.* Esca per als moixons.

auba* *f.* Alba.

aubercoc* *m.* Albercoc.

aubergínia* *f.* Albergínia.

aucell *m.* Moixó, ocell.

aüllar* *v. tr.* Ullar, mirar fixament.

aumànguina* *f.* Almangra, òxid de ferro.

aurella* *f.* Orella.

ausir* *v. tr.* Audir, oir, sentir.

avadimar* *v. tr.* Negar per excés de líquid, també en sentit figurat.

avall *adv.* En direcció de dalt a baix, d'un lloc a un altre de més baix. / Pot adjuntar-se a un substantiu posposant-s'hi. Anar costa avall, riu avall. (DIEC)

avanç* *m.* Avenç, progrés.

avançar *v. tr.* Progressar, anar endavant.

avant* *interj.* Adéu.

avarar *v. tr.* Tirar, posar, en mar (una nau). / Posar en mar (una nau) per primera vegada. (DIEC)

avarca *f.* Calçat rústic de cuir que se subjecta al peu amb corretges. (DIEC)

avena *f.* Civada.

avenc *m.* Gorja, cavitat natural amb un eix vertical o molt inclinat.

avenir *v. intr. pron.* Acordar-se, entendre's bé, coincidir, en els gustos, les opinions, la manera de fer, etc. / *No saber [o no poder] avenir-se d'una cosa,* estranyar-se'n. (DIEC)

avènit* *m.* Detall, complement. També arribar a acord.

aventar* *v. tr.* Ventar.

aventar²* *v. tr.* Desfer-se d'algú incòmode.

averiguar* *v. tr.* Enllestir. / Vestir elegantment.

averiguat, -ada* adj. Envestigat.

avesar tb [aβe'a] *v. tr.* i *v. intr. pron.* Acostumar. (DIEC)

avesper* *m.* Vesper. / Tumor inflamatori de la pell, àntrax.

aviar *v. tr.* Deixar anar. / Despatxar. / Donar sortida (a alguna cosa). / Llançar. / Encaminar. (DIEC) / Enviar.

avindre's* *v. pron.* Avenir-se.

avio* *adv. Fer avio*, anar depressa, anar per feina.

avivació* *f.* Multitud de cucs en alguna matèria en procés de descomposició.

avivar *v. tr.* i *intr. pron.* Fer més viu, esp. el foc. / En un menjar, criar-s'hi cucs o altres paràsits. (DIEC)

avivassó* *f.* Que està avivat, en procés de descomposició.

avorrició *f.* Avorriment, aversió.

avorrir [aβo'ri][aβu'ri] *v. tr.* Causar tedi, aversió.

axil·la [ak'sila] *f.* Aixella.

babarota *f.* Espantall. / *fig.* Persona de poc seny.

babau, -a *adj.* i *m.* i *f.* Que no té cap malícia, que no es malfia de res, que tot ho troba bé, que es deixa portar dòcilment per altri. (DIEC)

babeca* *f.* Curt d'enteniment.

bac *m.* Caiguda. / Joc de lluita, *jugar al bac.*

bací tb ['basi] *m.* Plat de metall amb una esmotxadura semicircular a la vora, que usaven els barbers per a remullar la barba. / Orinal. (DIEC)

bacinet* *m. dim.* Bací, orinal o greala menuda.

baciol* *m.* Bassiol, bàssia.

bacó, -ona *m.* Porc. / Persona que és bruta físicament o moralment. (DIEC)

baconeta* *f.* Pastoreta, insecte: *armadillium.*

bacora [ba'koɾa] *f.* Figaflor.

bacoreta* *f.* Peix, *Thynnus thunnina.*

bada* *f.* Fisura.

badall* *m.* Obertura. / Escletxa. / Acció de badallar.

badoc* *m.* Escletxa.

badoc, -a *adj.* Que bada.

badocar *v. intr.* Badar-se, clivellar-se.

badomia* *f.* Disbarat.

badoquera *f.* Canya llarga oberta per un extrem per a collir les fruites madures. / Canya curta per a agafar fruites que suren en un cubell d'aigua en les sortiges. (DIEC)

baferada* *f.* Baf.

baguada* *f.* Barranquissó.

bai, -a *adj.* Castany (els cavalls de Cleveland Bay solen ser així).

baina *f.* Beina.

baix* *adv.* Per sota.

baixet, -a* *adj.* Baix.

bajoca *f.* Mongeta tendra. / *adj.* (*fig.*) Ploramiques.

bajocar *m.* Camp de bajoques.

balafiador, -ora *adj.* Malgastador.

balafiar *v. tr.* Malgastar.

balair* *v. intr.* Moure's sense parar, jugar.

balancí* *m.* Eix de fusta que uneix les brides i l'arada.

balançó *m.* Plat d'una balança.

balb, -a tb ['bawp] ['bawβa] *adj.* Que es mou amb dificultat esp. a causa del fred intens.

balda *f.* Peça plana i llarga fixada al batent d'una porta, d'una finestra, etc., que, fent-la encaixar en un nas clavat al bastiment, serveix per a assegurar-les després de tancades. / Picaporta. (DIEC)

baldana *f.* Botifarra.

baldana₂* *f.* Ventresca d'un animal.

baldar *v. intr. pron.* Tolir-se.

baldat, -ada* *adj.* Cansat en extrem. / Colpejat.

balde* *m. cast.* Poal.

balder, -a *adj.* Que no ajusta bé.

baldo* *m.* Atabalament.

balfufa* *f.* Galdufa, cercle lluminós que envolta la lluna.

baldufell [mandu'feʎ] *m.* Passador de fusta.

bàlec *m.* Arbust de la família de les papilionàcies, molt ramificat, gairebé sense fulles i de flors grogues, molt nombroses i aromàtiques, que es fa en els costers silicis dels Pirineus i al Montseny (*Genista balansae* ssp. *europaea* o *G. purgans*). (DIEC)

baleja *f.* Granera feta de rames de bedoll, bàlec o brull emprada per balejar o escombrar l'era.

balejar *v. tr.* Separar el gra de la palla. / *fig.* Netejar-se la boca.

balejador , balejadora *m.* i *f.* Persona que baleja.

balejadures *f. pl.* Baleigs.

ballaruga [baɾa'ʎuɣa] *f.* Joguina que consisteix en un eix que travessa una boleta més o menys aplatada pels pols, un disc, un dau, etc., sovint amb lletres a les cares laterals, a la qual s'imprimeix un ràpid moviment de rotació amb el polze i l'índex, i balla com una baldufa sobre un dels extrems de l'eix, terminat en punta. / *f.* Persona petita i bellugadissa. (DIEC)

ballena* *f.* Balena.

bàlsam ['balsem] *m.* Cosa que consola, suavitza, una pena, una aflicció.

baluerna *f.* Objecte voluminós.

balum* *m.* Objecte voluminós, també *embalum*.

bàmbol, -a *adj.* Ximple.

bambola*da *f.* Ximpleria.

bambolla* *f.* Bombolla.

bancal *m.* Tros de terra plana conreada, limitada per marges o rases. (DIEC)

bancalada *f.* Conjunt de persones que un moment donat seuen en un banc. (DIEC) / Bancal.

banderiller, -a *adj. fig.* Que despunta, que vol figurar.

banqueta *f.* Replà sobre el mur d'un canal.

banyar *v. tr.* i *pron.* Mullar abundantment. / Mullar. / Ficar i mantenir dins d'algun líquid.

banyat, -ada* *adj.* Mullat, moll.

baqueta *f.* Vara per a premsar la càrrega de les armes antigues.

baquetejar *v. tr.* Moldre a cops de baqueta. / *fig.* Espavilar.

baqueter, -a* *adj.* Tafaner.

baquejar* *v. tr.* Estovar a cops, a bacs, especialment el polp.

baralluga* *f.* Ballaruga.

barandat *m.* Envà.

barata *f.* Canvi, permuta de mercaderies.

baratar *v. tr.* Canviar.

barba* *f.* Volada d'una teulada. / Rebarba.

barba$_2$ *f.* Pèls de la mandíbula inferior de certs animals.

barbada *f.* Volada d'una teulada. / Rebarba.

barba-roig *m.* Pit-roig, *Erithacus rubecula.*

barbeguera* *f.* Conjunt de les arrels filamentoses d'una planta.

barbolla *f. Pescar a la barbolla,* removent el fons.

barca* *f. fig.* Mota de l'arròs que sura en desarrelar-se.

barcassa *f.* Barca grossa per a transportar càrrega de les naus a terra i viceversa. (DIEC)

barcella *f.* Mesura de capacitat per a grans, pròpia del País Valencià, Tortosa (equivalent a 10 kg.) i les illes Balears, de valor variable. (DIEC) / Bastiment quadrat de fusta que serveix de vasa a la vorera inferior de la campana del fumeral (Tortosa, Val.). / Esquadra o doble esquadra de ferro que sosté a la revora les rajoles dels foguerills. (DCVB)

bardissa *f.* Acumulació d'arbustos. / Envà fet amb branques i canya.

bardissa$_2$* *f.* Acumulació de núvols dalt la serra.

bargadell* *m.* Ocell negre d'ales blanques.

bargalló *m.* Margalló.

barjola *f.* Cistell de vímets ovalat amb una ansa al mig. (DIEC)

barquet* *m.* Puntona dels aigüamolls.

barqueta* *f.* Embarcació amb coberta.

barra *f.* Mandíbula inferior.

barraca *f.* Habitació de parets i sòl de terra amb coberta de canyes i palla, pròpia de l'horta de València. (DIEC)

barral *m.* Atuell per a contenir líquids, de formes i matèries diverses. / Portadora coberta per a traginar líquids, amb un forat que es tapa amb un tap de fusta. / Càntir de fusta encercolat de ferro amb l'ansa i els brocs de ferro. / Boteta de fusta per a portar vi. (DIEC)

barralet *f.* Ampolla petita de ventre ample. (DIEC)

barralleva *f.* Barra de ferro que va de dalt a baix de la porta i la subjecta en fer que els extrems s'introdueixin en unes bagues, en uns ulls, etc., del bastiment. (DIEC)

barrancada *f.* Barranc fondo i extens. / Avinguda d'un barranc.

barranquissó* *m.* Barranc menut.

barraquer *m.* i *f.* Persona que viu en una barraca.

barreig* *m.* Art de caça per a la fotja.

barreja *f.* Mescla d'aiguardent i vi.

barrejar* *v. tr.* Sembrar arròs a eixam.

barrella *f.* Sosa. / Cendra de la mateixa planta.

barril *m.* Bóta petita de secció transversal circular o ovalada. / Caixa de fusta relativament baixa, cilíndrica, que serveix per a tenir-hi peix salat. (DIEC)

barroscar* *v. intr.* Fer caure la fruita de l'arbre amb una verga.

barruntar* *v. tr.* Burxar, fer girar, remenar. / *fig.* Pensar, insistir.

barsina* *f.* Fardell de palla. / Xarxa que embolcalla un fardell de palla.

basa *f.* Conjunt de les cartes jugades en una volta o jugada. / *Fer una basa,* un jugador, guanyar-la. (DIEC)

basca* *f.* Calor intensa.

baso* ['bazo] *m.* Rusc d'abelles.

basquet [bas'ket] *m.* Caixa, de fusta o de plàstic, per a transportar fruita, hortalisses, etc.

basquinya* *f.* Falda negra de llana per vestir en ocasions especials.

bassa *f.* Dipòsit descobert construït a l'aire lliure amb parets d'obra que s'omple d'aigua destinada normalment a regar. / Estany. / Toll. (DIEC)

bàssia *f.* Receptacle de fusta o de metall per a rentar plats, donar menjar a l'aviram, pastar guix, etc. (DIEC)

bassiet* *m.* Tronc buit que fa de canal per abeurar els animals.

bassiol *m.* Toll. / Bàssia.

bassiola* *f.* Bassa menuda.

bassot *m.* Toll.

bast, -a *adj.* Que no té finor, delicadesa.

bastiment *m.* Conjunt de dos muntants i un travesser superior fixat a l'obra, amb el qual encaixa una porta, i amb un travesser inferior o escopidor si s'hi han d'allotjar balcons o finestres. (DIEC)

bastina* *f.* Rajada, peix molt planer de l'orde dels selacis. (DCVB)

bastonaga* *f.* Pastanaga.

batà *m.* Pallissa.

batacada* *f.* Patacada, cop fort que hom rep, que hom dóna, esp. amb el palmell de la mà. (DIEC) / Caiguda forta.

batalló* *m.* Tombar totes les bitlles amb una sola tirada.

batallol* [bate'ɔl] *m.* Botavara, perxa cilíndrica que surt quasi horitzontalment per la proa d'una barca i que a l'extrem exterior té una droguera que serveix per la maniobra del floc o pollaca. (DCVB)

batedor, batedora *m.* i *f.* Obrer que bat la segada, les nous, les ametlles, etc., la llana, els metalls. / Trill. / Corró per a batre la segada. (DIEC)

bateó *m.* Llenega.

baticul *m.* Cop donat al cul. / Vela de mitjana molt petita a l'extrem de popa d'un bastiment menor. / Arbre de mitjana molt petit a l'extrem de popa d'un bastiment menor. (DIEC)

batidor *m.* Pinta llarguera amb pues espesses i amples. (DIEC)

batistot* *m.* Lipotímia. / Desgana. / Enrabiada.

batle, batlessa *m.* i *f.* Batlle.

batllia *f.* Càrrec i dignitat de batlle. / Territori de la jurisdicció d'un batlle. (DIEC)

batre* *v. intr. pron.* Tremolar, *batre's de fred.*

batxiller, -a *adj.* i *m.* i *f.* Tafaner.

batzoles *f. pl.* Matraca, instrument de fusta per fer soroll.

baubo, -a* *adj.* Balb.

baül* *m.* Bagul.

bavosa *f.* Llimac.

becada *f.* Ocell, *Scolopax rusticola.* / Dormida, becaina.

becassina *f.* Becadell, *Gallinago gallinago.*

beceroles *f.* Alfabet, primeres lectures d'aprenentatge.

becoll* *m.* Bescoll. / *A becoll, loc. adv.,* a collibè.

befa *f.* Burla.

beina* ['bajna] *f.* Funda de la bajoca.

bel *m.* Crit del bestiar de llana i del cabrum. (DIEC)

bèlit* *m.* Joc de nens. / Peça d'aquest joc. / Bel.

bellota *f.* Gla.

belluguet *m.* Persona que es mou contínuament, esp. una criatura.

bèmio, bèmia* ['bemio] *adj.* Beneit.

bequerut *m.* Tètol cuanegre, *Limosa limosa.*

bercoc* *m.* Albercoc.

berena *f.* Berenar.

bernat *m. Bernat pescaire,* ocell de la família dels ardeids, d'uns 90 centímetres d'alçària, de plomatge cendrós, freqüent als nostres rius i estanys a la tardor i a l'hivern (*Ardea cinerea*). (DIEC) / *m.* Joc de nens.

berruga tb [ba'ruɣa] *f.* Excrescència de la pell deguda a una hipertròfia de les papil·les del derma. / Protuberància a l'escorça d'un arbre, en una fulla, etc. / *Berruga de l'olivera,* malaltia causada per *Pseudomonas* (*Bacterium*) *savastonoi* que es manifesta en forma de tumors o berrugues en les branques. (DIEC)

bertrol [beɲ'trɔl] *m.* Nansa feta amb xarxa i muntura de ferro o de vímet. / *Caure al bertrol,* caure a la trampa. (DIEC)

bertrolada [beṇtro'laδa] *f.* Quantitat de peix que s'agafa en un bertrol d'una vegada. (DIEC)

bes *m.* Beset, besada.

besada *f.* Petó

bescoll [bas'koʎ] *m.* Part posterior del coll.

beset *m.* Petó.

bescum* *adj.* Bescunsa, que no fa angle recte, de biaix.

besiaio, -a* *m.* Besavi. / *f.* Besàvia.

besneula [bis'newla] *f.* Planta curativa per a llagues, *Cynoglossum pictum.*

besuc *m.* Peix de la família dels espàrids, de cos oblong, de 15 a 20 centímetres de llargada, amb el dors de color bru vermellós molt clar, flancs i ventre argentats, amb una taca negra a l'aixella de les aletes pectorals (*Pagellus acarne*). (DIEC)

besuguet* *m.* Besuc.

betlem* *m.* Pessebre.

biaix [bi'ejʃ] *m.* Direcció obliqua en què està, es mou, és tallada, alguna cosa. (DIEC) *Ex.: Tallar de biaix.*

bibi* *m.* Bata d'escola per als nens.

bidó *m.* Recipient de metall o de plàstic per a transportar benzina, oli, petroli, etc. (DIEC)

bifi, bífia ['mifi] *adj.* Que té el llavi inferior més prominent que el superior. (DIEC)

biga *f.* Peça, generalment prismàtica, molt més llarga que alta i ampla que, disposada horitzontalment, serveix per a suportar les càrregues que no graviten directament sobre una paret o un pilar. (DIEC)

bigal *m.* Espinada, especialment del porc. (DIEC)

bigot *m.* Bigoti.

bigota* *f.* Part de les menes que uneix l'antena amb l'arbre.

binora* *f.* Binota, joc d'amagar-se. / Cau d'un animal.

binvassa *f.* Adenitis.

birbada* *f.* Temps de birbar.

birbar *v. tr.* Arrencar les males herbes (dels sembrats). (DIEC)

birbó* *m.* Acció de birbar.

birla *f.* Bitlla.

birlot* *m. fig.* Os del pernil.

biscaina* *f.* Biscor.

biscor* *m.* Aire fred.

biso* *m.* Camisa fina de dona que es duu baix del vestit.

blan, -a *adj.* Tou.

blandina* *f.* Pallissa.

blanquejar *v. tr.* Emblanquinar. / Decolorar, fer tornar blancs, (els teixits o els filats). (DIEC)

blau *m.* Morat, taca de la pell produïda per una contusió.

blauet *m.* Ocell, blavet.

blava* *f.* Mentida.

blaver, -a* *adj.* Mentider, -a.

blavet *m.* Blau.

blet *m.* Planta de la família *Chenopodium*.

bloc* *m.* Totxana.

bobò ['bɔβu] *m.* Llepolia.

bobo* *adj.* Beneit.

boc *m.* Cabró.

boç *m.* Aparell fet de corretges o de filferros que es posa al musell de certs animals, com el gos, per impedir-los de mossegar. (DIEC)

boçar *v. tr.* Vomitar.

boda *f.* Casament

bòfia *f.* Butllofa.

boga *f.* Peix, *Boops boops.* / *f.* Planta d'aiguamoll, *Typha.*

bogal *adj.* Balder, ample.

boix *m.* Morell cap-roig, *Aythya ferina.* / Xibec, *Netta rufina.*

bola* *f. Bola de pito,* bala, bola de vidre per jugar al "pito" o "pam i toc".

bolcada *f.* Roba per al bolquer d'un infant.

bolig *m.* Art de pesca. / Bola, bala més gran que les altres.

bòlit tb ['bɛlit] *m. Anar de bòlit,* actuar precipitadament. / Joc del bòlit.

bolla* *f.* Excrement.

bollonera* *f.* Claveguera.

bolquim *m.* Bolquer.

bombó* *m.* Cranc rodó, *Ilia nucleus.*

bombolla [bam'boʎa] *f.* Butllofa.

bonestar* *m.* Benestar.

bonito* *m.* Bonítol.

bonito$_2$* *m.* Bonítol ratllat o bonítol allistat, *Gimnosarda pelamis.*

bonyiga *f.* Buina, excrement, esp. dels bous.

bonyigo* *m.* Bonyiga.

boquera* *f. fig.* Obertura del canal o sèquia al camp.

boquija* *f.* Llaga que es produeix a la comissura dels llavis.

boquimoll, -a* *adj.* Bocamoll.

bordar* *v. tr.* Brodar.

bordet, bordeta* *m.* i *f.* Expòsit.

bordís *m.* Rebrot que surt a la soca d'un arbre.

bordiol* *m.* Herba per al mal de ventre, *Situreia Calamintha.*

bordissa* *f.* Floc d'arbres bords.

borina *f.* Corda de dur cap a proa el caient de sobrevent d'una vela quadrada. / *Anar de bolina, loc. adv.* Cenyir. / Gatzara. (DIEC)

borinot *m. fig.* Babau. / Que mai no calla.

boriol* *m.* Bordiol.

borja *f.* Caseta que fa d'amagatall per a la caça.

borra *f.* Borró, floc de pols.

borraina *f.* Borratja, *Borago Officinalis.*

borratxet* *m.* Tavella de les faves tendres. / Fava primerenca. / Massa culinària banyada amb licor. / *m.* Peix, cap d'ase, viret, *Eutrigla gurnardus.*

borrec, -ega *m.* Cria de l'ovella d'un a dos anys. (DIEC)

borrim *m.* Pluja fina.

borrimar* *v. intr.* Borrimejar, plovisquejar.

borrimejar *v. intr.* Plovisquejar.

borró *m.* Herba de les dunes, *Ammophila arenaria.*

borronadissa* *f.* Multitud de borrons.

borrony* *m.* Bony al cap produït per d'un cop fort.

borseguí [boze'ɣi] *m.* Calçat que arriba més amunt del turmell, obert per davant i que s'ajusta amb cordons. (DIEC)

bossa* *f. fig.* Escrot.

bossa₂* *f.* Ullera, taca blavosa al voltant de l'ull.

bossell [bu'seʎ] *m.* Corriola per a hissar la vela.

bot *m.* Peix teleosti, *Mola mola.*

bot₂ *m.* Salt.

bóta *f.* Bot petit amb un broc per a beure-hi a galet. (DIEC)

botana *f.* Forat a la roba per una espurna.

botar *v. intr.* Fer un salt, botre. / *v. tr. Botar foc,* fer foc. / *v. tr.* Inaugurar una embarcació.

botat, ada* *adj.* Verd, tallós, collit abans d'hora.

botella* *f.* Ampolla.

botera *f.* Gatera.

boterut, -uda *adj.* Que té figura de bot o de bóta, que fa bot. Tenir els dits boteruts. / Gras i baix. (DIEC)

boti* *m.* Monstre infantil, equivalent a l'*home del sac.*

boticari, -ària* *m.* i *f.* Apotecari.

botifarra *f.* Embotit elaborat farcint un budell amb carn trinxada, generalment de porc, espècies i sal. (DIEC)

botiguer *m.* Blauet, *Alcedo atthis.*

botnada* [bur'naða] *f.* Ventresca del peix.

botxa *f.* Bola de fusta o de metall que s'empra en el joc de botxes. / *f. pl.* Joc practicat entre equips, en què el jugador que tira la botxa ha de procurar que, rodolant, s'acosti al màxim al bolig o bola de referència. (DIEC) / Carambola en el joc de les botxes.

bou *m.* Mascle de la vaca. / *loc. adv. Córrer bous,* torejar. / *Correbou,* cós de bous al carrer.

bova *f.* Planta d'aiguamoll, *Typha.*

boveral* *m.* Bovar, on es crien boves.

boxejar *v. intr.* Boxar.

boxejador, -ora *m.* i *f.* Boxador.

braçat *m.* Quantitat de llenya, de canyes, d'herbes, etc., que cap dins els braços. / *m.* Moviment i posició dels braços per envoltar algú o alguna cosa. *Ex.: Va agafar la màrfega d'un braçat.* (DIEC)

braçolada *f.* Braçol de palangre.

braf* *m.* Baf.

brafada* *f.* Bafarada.

braferada* *f.* Bafarada.

brafor* *f.* Braf que desprèn el sòl en acabat de ploure.

bragada *f.* Entrecuix del cavall i d'altres animals. (DIEC)

bragues* *f. pl.* Calces.

bram *m.* Crit de l'ase o d'altres animals, com el lleó. / Crit fortíssim, eixordador. / Soroll intens del vent tempestuós, de la mar avalotada. (DIEC)

bramit* *m.* Bram.

bramul *m.* Crit del bou i d'animals afins. (DIEC)

bramular *v. intr.* Fer bramuls.

brancal *m.* Pedra col·locada a la part inferior de la porta. (DIEC)

brancalada* *f.* Esglaó de pedra d'una entrada.

brancam *m.* Brancatge.

brandar *v. tr.* Portar (una arma) a la mà movent-la amenaçadorament. (DIEC)

braó *m.* Bíceps.

brasam* *m.* Acumulació de brases.

brega *f.* Baralla. / Faena intensa.

bregar *v. intr.* Lluitar per obtenir quelcom, per sortir-se amb la seva.

(DIEC) / Treballar intensament.

bregat, -ada *adj.* Avesat a lluitar, ensenyat i enfortit per l'experiència. (DIEC)

bres *m.* Bressol.

bresca *f.* Pa de cera de les vespes. / *f. fig.* Ostentació.

bresquilla *f.* Varietat de préssec primerenca i saborosa.

bressar *v. tr.* Gronxar, bressolar.

brètol, -ola ['brɛtul] *m.* i *f.* Persona sense escrúpol capaç de qualsevol mala acció. (DIEC)

brífola* *f.* Bri, miqueta, quantitat ínfima.

brinca* *f.* Tija de l'espiga d'un careal.

briós, -a *adj.* Que té empenta.

brisca *f.* Tresos i asos del guinyot. / Bescambrilla.

brivada* *f.* Arrencada forta, moviment sobtat.

brivalla *f.* Gentalla. / Grup de joves.

brivallada *f.* Entremaliadura. (DIEC) / Multitud de nois.

brocal *m.* Galze d'un recipient.

bròcul* *m.* Bròquil.

bròfec, -ega *adj.* De tracte aspre, groller.

broma *f.* Boira matinal.

bromera *f.* Escuma.

bronca* *f.* Dificultat respiratòria.

brosquil* *m.* Malesa espessa, intransitable.

brossa *f.* Arbustos. / Partícula de pols que s'introdueixi a l'ull.

brossat *m.* Formatge fresc, mató, brull.

brosta *m.* Brot.

brostar *v. intr.* Una planta, fer o treure brosta. (DIEC)

bròtula* *f.* Peix, Molla de bou, *Phycis blennioides.*

bruixa* *f.* Peix semblant a l'agulla, *Syngnathus phlegon.*

brull *m.* Brulla.

brulla *f.* Mató.

brument *adj.* Brunzent, ràpidament.

brumir *v. intr.* Brunzir.

bruneta* *f.* Oreneta. / Peix, *Exonautes rondeleti.*

brusa *f.* Peça de vestir femenina, amb mànigues o sense, generalment cordada al davant, que cobreix el tronc. (DIEC)

brut, -a *pl.* tb ['brutʃ] *adj.* Mancat de netedat. / *adv.* D'una manera bruta. *Un operari que treballa brut.* (DIEC)

buanya *f.* Pústula. / Bua, buba, mal.

buba* *f.* Bua, expressió infantil, mal, *fer-se buba.*

budell* *adj.* Xerraire.

bufa *f.* Globus, bombolla. / *fig.* Borratxera. / Butllofa.

bufarota* *f.* Butllofa.

bufetada *f.* Cop donat a la galta amb el palmell de la mà. (DIEC)

bugada *f.* Operació de netejar la roba. Dilluns farem bugada. Passar bugada. / Roba sotmesa a la bugada. (DIEC)

bugia [bu'dʒia] *f.* Element dels motors d'encesa per guspira que en el moment oportú rep una tensió elèctrica molt alta i produeix l'encesa. (DIEC)

bull *m.* Botifarra.

bulla* *f.* Enrenou, escàndol.

bullit* *m.* Verdures bullides. / Confusió, enrenou.

burell, -a *adj.* Gris fosc, *un cavall burell.*

burga* *f.* Barra per a pescar els canyut.

burga₂* *f.* Èmbol que acciona la màquina de ruixar.

burguera *f.* Fogó alt que consisteix en una cavitat feta damunt un suport d'obra. (DIEC)

buriol* *m.* Poriol, insecte, *Coccinella septempunctata.*

burot *m.* Baldufa.

burra *f.* Somera.

burro *m.* Ase.

bursada *f.* Estirada, empenta, acció qualsevulla, violenta i momentània. / *De bursada, loc. adv.* D'un cop. (DIEC)

burxanc *m.* Branca o tros de fusta puntegut. (DIEC)

butllofa [bu'ʎɔfa] *f.* Lesió produïda per un aixecament de l'epidermis com a conseqüència d'una cremada, del fregadís, etc., que conté inicialment un líquid serós i després pot contenir sang o pus. (DIEC)

butxaca* *adj.* Gasiu, aprofitador.

butxacó *m.* Butxaca de l'armilla.

burnada* *f.* Botnada, botimada, ventresca del peix.

burret *m.* Peix del gèn. *Gobius*, gobi, burro.

burro *m.* Ase.

burxar *v. tr.* Punxar amb la burxa i, per extensió, amb qualsevol instrument o arma de punxa. / Remenar (el foc) amb la burxa. / Incitar (algú) a descobrir, a revelar, quelcom. (DIEC) / Molestar algú, buscar-li les pessigolles.

burxó *m.* Burxa, persona inclinada a burxar els altres, a tafanejar, etc.

burxorro* *m.* Burxó.

buscall *m.* Tros de llenya.

bussó *m.* Bústia. / Receptacle de malla per pescar l'angula.

butacó* *m.* Butaca.

cabàs *m.* Senalla. / *loc. adv. A cabassos,* en gran quantitat, a senalles.

cabassada *m.* Contingut d'un cabàs. / *fig.* Gran quantitat.

cabasset *m. dim. loc. Cel a cabassets,* amb altocúmuls, que anuncien pluja.

cabassona* *f.* Cistell més ampli que el cabàs.

cabdell *m.* Bolic de fil debanat. / Conjunt de fulles apinyades com una bola, com el que presenten la col i altres hortalisses. / Embolic. (DIEC)

cabeça *f.* Bulb.

cabeçó *m.* Brida que subjecta el morro del cavall.

cabeçut *m.* Capgros, nan. / Peix, llissa llobarrera, *Mugil cephalus.*

cabeçut, -uda* *adj.* Tossut.

cabell *m.* Cabells, sempre en singular, *ex.: té el cabell ros.*

cabellera *f.* Crinera. / Conjunt d'arrels primes d'una planta.

cabestre *m.* Corda que es lliga al cap d'un cavall o d'una haveria per a menar-lo o fermar-lo. / Corda que uneix cada nansa al calament. (DIEC)

cabestrer, cabestrera *m.* i *f.* Persona que fa o ven cabestres i altres articles anàlegs. (DIEC)

cabet* *m.* Peix, *Trigla aspera.*

cabiró *m.* Biga central d'una barraca.

cabiscol, cabiscola *m.* i *f.* Responsable del cant litúrgic en un cor catedralici o monàstic. (DIEC)

cabòria *f.* Preocupació, cavil·lació, especialment sense fonament. (DIEC)

cabossa* *f.* Cap d'un clau, un bastó o un corda. / *adj. fig.* Tossut.

cabre *v. tr.* Caber.

cabrella *f.* Cabussó emplomallat, *Podiceps cristatus.*

cabreta [usat generalment en pl.] *f.* Petita nada d'escuma blanca. / Núvol petit que fa estol.

cabriu* *m.* Cabrum.

cabró* *m.* Cabra, cranca, *Maja squinado.*

caburdo* *m.* Tossut, obstinat.

cabussar *v. tr.* i *pron.* Capbussar.

cabussó* *m.* Capbussó. / *fig.* Passada de més en camps irregulars.

cabussonat, -ada* *adj.* Irregular, que fa gaia.

cabut *m.* Peix, forcadella, *Anthias anthias.*

cabut, -uda *adj.* Tossut.

cacau *m.* Cacauet. / Gran desordre, confusió. / En futbol, xut fort.

cacauet* *m. fig.* Nen petit. / *m. Cacauet blanc*, cuereta blanca, *Motacilla alba. / m. Cacauet groc*, cuereta torrentera, *Motacilla cinerea. / m. Cacauet groc*, cuereta groga, *Motacilla flava.*

cacaueta* *f.* Diner.

caco* *interj.* En les cartes, no tenir la carta desitjada/ Joc de cartes.

cadafal *m.* Bastida disposada per acollir el públic d'un espectacle.

cadap *m.* Cadaf, mesura equivalent a la vuitena part d'un cànter.

cadaú* *pron.* Cadascú.

cadell *m.* Insecte que ataca els tubercles, *Gryllotalpa* .

cadellat, -ada* *adj.* Que té els forats produïts pel cadell.

cadellat* *m.* Resultat de l'acció dels insectes, esp. el cadell.

cadera* *f. cast.* Maluc, costat.

cadernera *f.* Ocell de la família dels fringíl·lids, de 12 centímetres de llargada, de plomatge molt vistent de color castany clar, la cara amb una taca vermella, blancs els costats del cap, negra la nuca, les ales negres amb una banda groga i cua negra amb taques blanques, granívor, molt apreciat com a ocell de gàbia pel seu cant (*Carduelis carduelis*). (DIEC)

cadirer, -era *m.* i *f.* Cadiraire, qui fa o ven cadires.

cadireta de la reina *f. Dur a la cadireta,* joc infantil.

cadolla tb [ko'ðoʎa] *f.* A la muntanya, clot on s'acumula l'aigua de pluja.

cadorsa* *f.* Tauló que culmina les parets d'una barraca.

cadorsada* *f.* Vora d'un marge de pedra.

cadup *m.* Caduf, catúfol, caixó o vas que, junt amb uns altres d'iguals, en un aparell d'elevació d'aigua, és emportat per una roda o cadena sense fi, alternativament amunt i avall i s'omple quan s'immergeix en l'aigua del pou, del rec, etc., i es buida quan, fora de l'aigua, inicia el descens. (DIEC)

càfila *f.* Conjunt de gent, especialment en mal sentit. *Ex.: Sou una càfila de mentiders.* (DIEC)

cafís *m.* Mesura de gra equivalent a 12 bercelles.

caganius* *m.* Moixó més menut del niu. / *fig.* Nen petit.

cagarrines *f. pl.* Cagarines, diarrea. / *m.* i *f.* Cagacalces, covard. / *Sembla que tingue cagarrines.* Expressió que indica que algú va molt depressa. (DIEC)

cagarogles* *m.* o *f.* Indiscret, entremetedor, impertinent.

cagatins* *m.* Calçonets curts.

caixer* *m.* Ull d'una lletra. / Hort menut entre dos camps d'arròs.

caixeta* *f. Caixeta de foc,* braser.

caixó* *m.* Estructura de fusta que fa de tutor dels arbres joves.

caixó^2* *m.* Estructura amb un vidre a la base per a mariscar.

caixonada* *f.* Clot quadrat que queda en extreure'n la terra.

caixonada₂* *f. pl.* Període d'extracció de la torba del delta.

cala* *f.* Supositori.

calabruix *m.* Granís, precipitació en forma de gel i neu que es desfà en caure.

calabruixó *m.* Calabruix fi.

calada *f.* Acció de calar les xarxes. / Peix de la calada.

calafat calaix* *m.* Conjunt de basses en una zona d'aiguamolls.

calaixó* *m.* Cadup d'una sénia.

calaixonada* *f.* Acció d'esgotar el canar per extreure'n el peix.

calamar *m.* Mol·lusc cefalòpode dibranquiat, de cos allargat terminat en punta, que porta a cada costat una aleta triangular, amb conquilla interna còrnia i dos dels deu braços molt prolongats (*Loligo vulgaris*). (DIEC)

calamarsa *f.* Precipitació en forma de grans de glaç arrodonits i mig transparents, amb un diàmetre inferior a 10 mil·límetres, que es formen per congelació de l'aigua continguda dins d'un núvol de tempesta i no es trenquen en caure a terra. *Caure calamarsa.* (DIEC)

calamarsada *f.* Precipitació en forma de calamarsa, especialment si és abundant. (DIEC)

calàndria* *f.* Alosa, *Alauda arvensis*.

calar* *v. tr. fig.* Empassar-se una mentida, creure-la.

calbot *m.* Cop al cap fet amb la mà.

calbotada* *f.* Calbot, cop al cap amb la mà.

calça *f.* Mitja, *fer calça.*

calça₂* *f. pl. Calces de traveta,* cobreixen del turmell al genoll.

calçó *m. pl.* Pantalons. / Home de poc caràcter.

calçotet* *m. Calçotet de jonquet,* pantaló ratllat, de llargària fins al genoll.

calcer *m.* Calçat.

calcetí *m.* Mitjó.

calcigada *f.* Trepitjada.

calcigar *v. tr.* Trepitjar, xafar.

calcilla *f.* Mitja sense peu. (DIEC)

calciner* *m.* Qui ven calç o en fa.

calda *f.* Acció de caldejar o arroentar el ferro. Donar una calda. Deixar perdre la calda. / Ardència de la terra i de l'ambient a causa de l'acció del sol, que provoca una sensació de calor molt intensa. (DIEC)

caldo *m.* Brou.

caldor* *f.* Escalfor.

caldre *v. intr.* Caler.

calent* *m.* Menjar cuinat, acostuma a ser el primer plat.

caleta* *f. dim.* Cala, supositori.

calfred [karn'fret] *m.* Sensació de fred i de calor alhora, amb tremolor o estremiment, pròpia d'algunes indisposicions i malalties. (DIEC)

calima *f.* Calitja.

caliquenyo *m.* Caliquenya.

calitja *f.* Opacitat lleu de l'aire deguda a la presència de partícules de pols o de sal que li donen un aspecte fumós característic. / Xafogor. (DIEC)

caliu *m.* Acaballes del foc, barreja de brases i cendra.

caliuada* *f.* Acció de coure a la brasa.

calmant* *m.* Beguda feta de rom, cafè i sucre.

calua *f.* Caluga, llissa morruda, *Oedalechilus labeo.*

caluc* *m.* Llissa fuzany, *Liza saliens.*

caluga *f.* Llissa.

caluix *m.* Tija d'una hortalissa.

calzim* *m.* Solera, terra grossa que es troba baix del guaret.

camal *m.* Camall, cuixot.

camàlic *m.* Qui treballa transportant coses de pes al coll.

camallada *f.* Cop a la cama. M'he donat una camallada que encara em fa mal. / Gambada. (DIEC)

camallarg* *m.* Cames llargues, *Himantopus himantopus.*

camalliga *f.* Lligacama.

camamirla* *f.* Camamilla.

camarada* *f.* Cant enversat que proferia una colla a una altra. / *f.* Colla de mariners que treballa en una mateixa embarcació. / *f. pl.loc. A camarades,* en estols, en abundància.

Camarga* *topòn.* Regió del sud-est francès on s'anava a treballar.

camarlenc* *adj.* De Camarles.

cama-roig *m.* Moixó de primavera, *Totanus calidris.*

cama-roja *f.* Planta urticària, *Parietaria officinalis.*

cambra *f. pl.* Deposició de ventre, *cambres clares.*

cambronera *f.* Arç de tanques. / Arçot. / Argelaga negra. (DIEC)

cameta *f.* Part de l'aparell de pesca.

cameta* *loc. Fer la cameta,* fer entrebancar algú.

càmfora *f.* Cetona terpènica, de fórmula empírica $C_{10}H_{16}O$, sòlida, blanca, volàtil, d'olor característica, extreta del camforer, emprada com a sedant, diaforètic i estimulant cardíac i respiratori, i en la manufactura de plàstics, especialment cel·luloide, de laques i vernissos, d'explosius i productes per a pirotècnia, etc. (DIEC)

caminal *m.* Camí que fa l'animal que volta en una sénia.

camí *m.* Vegada, A *camins; Ho he sentit alguns camins.* / *Camí ral*: camí públic de més trànsit utilitzat per a les comunicacions abans de la construcció de les carreteres. (DIEC)

camiseta *f.* Samarreta.

camisó* *m.* Pell de l'ametlla tendra.

camisola *f.* Camisa fina que es posa sobre la interior, que sol portar adornaments a l'obertura del pit i a les mànigues. (DIEC)

camosina *adj.* i *f.* Camosa.

campall* *m.* Palla de l'arròs que queda entre l'espiga i el rostoll.

campanar* *m.* *Campanar de bajoques,* que fa ostentació.

campaneta *f.* Úvula.

campejar *v. intr.* Estar al camp. L'aviram que campeja és més saborós que el que es cria tancat. (DIEC)

canadella *f.* Setrill. / Setrillera.

canalat* *m.* Canals de les cases per evacuar de l'aigua de pluja.

canalla *f.* Mainada. / *m.* i *f.* Persona capaç de cometre els actes més reprovables. / *f. ant.* Gent dolenta, menyspreable. (DIEC)

canallada *f.* Acció pròpia de la canalla. / Gran multitud de criatures. / Acte propi d'un canalla. (DIEC)

canaló *m.* Canal curt que escup l'aigua de pluja cap al carrer .

Canalot* *topòn.* Partida del Montsià.

canana *f.* Mol·lusc cefalòpode dibranquiat, de cos allargat, semblant al del calamar, que neda molt de pressa i amb molt de vigor (*Todarodes sagittatus*). (DIEC)

Canar, lo* *topòn.* Alcanar.

canari* *f.* Varietat de gerani.

canastra *f.* Paner gran fet de vímets o de llistons entreteixits, amb dues anses. (DIEC)

canastró *m.* Bàscula en forma de taula per a pesar sacs d'arròs.

cancell *m.* Clos de planta rectangular o trapezial fet d'envans de fusta i cobert per dalt, obert per un costat, pel qual s'aplica a l'obertura d'entrada d'un edifici, i en el qual hi ha una o més portelles, que serveix per a evitar que l'aire exterior entri directament a l'interior quan s'obre la porta d'entrada. (DIEC)

cançoner, -era *adj. Un mal cançoner*, que triga a curar-se. / Romancer.

candela *f.* Metxa de cotó envoltada d'una capa de cera, de sèu o d'una altra matèria grassa que fa una flama lluminosa quan s'encén. / Moc que penja del nas. / Caramell de glaç. / *en candela loc. adv.* En posició vertical, s'usa fent referència a un arbre o a un altre objecte d'una embarcació. (DIEC)

candir-se *v. intr. pron.* Un ésser viu, anar perdent les forces per consumpció gradual. Aquesta criatura es va candint de gana. (DIEC)

candit, -ida* *adj.* Defallit.

canejar* *v. tr.* Deixar blanca la roba en rentar-la.

canejar-se* *v. pron. fig.* Arrugar-se la pell per excés d'aigua.

canella *f.* Canyella, canya de la cama. / Espècia, canyella.

cansera* *f.* Cansament.

cantador* *m.* Qui enversa amb la música de la jota tortosina.

cantal *m.* Pedra, còdol. / *fig.* Tros de vianda tallat sense esme.

cantamanyanes* *m.* Baliga-balaga.

cantar *v. tr.* Dir als altres jugadors que es té un vint , per *ex.*

cantar *v. tr. loc. Cantar les albades,* [o'βaðes][aw'βaðes] la revetlla de nadal s'anava per les cases a cantar.

cantària* *f.* Varietat de granota.

cantàrida [kan'taɾia] *f.* Insecte coleòpter d'un verd brillant que, sec i polvoritzat, té propietats vesicants (*Lytta vesicatoria*). (DIEC)

cantellut, -uda *adj.* Que fa cantell, que presenta múltiples cantells. / Rude. (DIEC)

cànter ['kaɲte] *m.* Càntir.

càntera ['kaɲtaɾa] *f.* Peix, *Spondyliosoma cantharus.*

canterer, -era* *m.* i *f.* Terrisser, que fa cànters i objectes de terrissa.

canteret* *m. dim.* Cànter.

canterilla* *f.* Càntir petit, marraixa.

cantit* *m.* Cant. / També cant d'ocell.

cantunyar* *v. tr.* Cantussar, cantar a mitja veu.

canturel·la* *f.* Cantúria.

canyamó* *m.* Llavor del cànem.

canya *f. Canya vana,* canya prima o fluixa. *Canya vera,* canya forta i llarga.

canyís *m.* Planta cosmopolita de la família de les gramínies, semblant a la canya però més gràcil, que creix, sovint formant grans colònies, a les vores d'estanys i de rius i en general en tots els indrets on hi ha una capa freàtica alta o en terrenys inundats (*Phragmites australis* o *Ph. communis*). / Teixit, reixat, fet de canyes, vímets, etc. *Un* *canyís per a assecar figues.* (DIEC)

canyó *m.* Faringe.

canyot* *m.* Canya del panís.

canyota *f.* Mala herba, *Sorghum halepense.*

canyut *m.* Navalla, mol.lusc, *Ensis ensis.* / Palla per a begudes .

cap *m. Cap d'ase,* peix, *Eutrigla gurnardus.* / *Cap de mort* m.* Varietat de carxofera.

capa* *f.* Drap o camisa que vol fer d'engany al bou.

capadella *f.* Arpella vulgar, *Circus aeruginosus.*

capar *v. tr.* Castrar.

caparra* *f.* Paparra.

capbussó [kaβu'so] *m.* Fet de tirar-se de cap dins l'aigua. / Sota. / Capficall.

capçada* *f.* Començament d'un tros de terra.

capçalet* *m.* Peça del carro que uneix les quilles. / Eina de fusteria.

capçana *f.* Rodella de drap, cimolsa, etc., que es posa al cap per portar un pes. / Rodella teixida d'espart, palma o altre material que serveix per a posar-hi olles, calderes, etc., quan es treuen del foc. (DIEC)

capçó *m.* Gorra que posen a les criatures acabades de néixer. (DIEC)

capdanser, capdansera *m.* i *f.* Persona que dirigeix una dansa. (DIEC)

capellà *m.* Esquitx de saliva. / Peix, *Gadus capelanus.*

capellut* *m.* Gra d'arròs que conserva la closca.

capera* *adj.* Tossut.

capitombar *v. tr.* Fer caure de cap. / *v. intr.* Caure o llançar-se de cap, fer tomballons. (DIEC)

capllaç* *m.* Corda que es lliga a la testa d'un bou.

capllaçar* *v. tr.* Lligar una corda a la testa d'un bou.

capllaçat, -ada* *adj. Bou capllaçat,* bou amb una corda lligada a la testa.

capolar* *v. tr.* Tallar els brots d'una planta.

caponer* *m.* i *adj.* Gall susceptible de ser capó.

capot* *m.* Tossut. / *Fer capot,* guanyar totes les bases.

capota* *f.* Un dels cants que fa la perdiu.

capota²* *f.* Varietat de peix, com la castanyola però de color negre.

capsot *m.* Persona que té el cap gros. / Capsigrany. / Persona caparruda i obstinada. (DIEC) / Botxí, *Lanius excubitor.* Capsigrany, *Lanius senator* .

caquètic, -a* *adj.* Prim, migrat.

car *m.* Part inferior de l'antena d'una embarcació, que queda a proa. (DIEC)

cara* *f.* Part més llisa d'una pedra.

carabassa *f.* Fruit en pepònide de la carabassera, molt divers segons les races, que s'usa en l'alimentació de les persones i en la del bestiar. / *m.* Color groc ataronjat característic d'aquest fruit. / Refús d'una noia a un pretendent. (DIEC)

carabassí [kaɾaβa'si] *m.* Llavor de carabassa. / Carabassa seca i buida usada per a posar o trascolar líquids. / Cap de poc seny. (DIEC) / Saler, colador, bóta o aïna, fet amb una carabassa seca i buida.

carabiner *m.* i *f.* Carrabiner, soldat destinat antigament, a l'Estat espanyol, a la vigilància de les costes i a la persecució del contraban. (DIEC) / *per ext.* Qualsevol vigilant. / Sardina de casco, sardina rostida.

carada* *f.* Part visible (d'un marge, d'una parada de peix o fruita).

carafal* *m.* Cadafal, plataforma de taulons elevada que es dreça en un lloc públic per a un espectacle, un acte solemne, etc. (DIEC)

caragol *m.* Mol·lusc gastròpode pulmonat, proveït d'una closca en espiral i quatre tentacles al cap. (DIEC) / *Caragol cristià* m.* Mongeta. / Carregina, *Otala punctata.* / *Caragol de bruixa* m.* Caragol jueu, *Sphincterochila candidissima.* / *C. de la boqueta roja* m.* Caragol avellanenc. / Sord. / Cargolí, *Theba pisana* . / *Caragol del foradet* m.* Caragol d'ànec, *Cernuella virgata.* / *Caragol pedrenyer* m.* Caragol pedrolenc. Pedreny. / *Caragol punxenc** [puɲ'tʃeŋ] *m.* Caragol de mar. *Murex brandaris.* / *Caragol vaqueta* m.* Mongeta. / Carregina, *Eobania vermiculata.*

caragola *f.* Caragol petit i blanquinós. (DIEC)

caragolera *f.* Acumulació de caragols en llibertat. / tb. Gàbia.

caragolí *m.* Caragol petit. (DIEC)

carajillo* [kaɾa'xiʎo] *m.* Cigaló.

carallufa* *f.* Planta semblant a la molsa.

carallut* *m.* Carallot.

caramel* *m.* Formació de gel que penja d'una teulada o d'un arbre.

caramelina* *f.* Polsim per donar color de xocolata a les begudes, rom, etc.

caramel·lo* *f.* Caramel.

caramira* *f.* Consideració, respecte, atenció.

caramull [kor'muʎ] *m.* Porció d'un contingut que sobresurt de les vores del recipient que el conté. / *A caramull loc. adv.* Formant caramull. En abundància. / Porció superior, de forma cònica. / Munt. / Munt de gra que resulta de la batuda d'un dia. (DIEC)

caramullar [kor'muʎa] *v. tr.* Amuntegar, omplir a caramull, disposar en forma de caramull.

carantoines* *f. pl.* Acaronaments, afalagaments.

caranya* *f.* Clivell.

caranyar* *v. tr.* Esgarrapar.

cara-sol *m.* Solell, part d'una muntanya o d'una vall orientada cap al migdia i per tant més assolellada que l'orientada cap al nord. (DIEC)

carassa *f.* Ganyota. / Intermitències del llum o la televisió.

carcanada *f.* Ossada sencera d'un animal despullada de la carn. / El que resta d'un ocell un cop llevats els membres i les parts carnoses. (DIEC)

carcàs *m.* Gargall, flegma de la gola expel·lida per la boca. (DIEC)

cardença* *f.* Banc sobre el qual s'escorxa un animal.

card panical ['kar paɾi'kal] *m.* Panical, *Eryngium bourgati.*

cardet* *m.* Card.

carena f. Quilla. / Volum submergit d'una nau. / Línia divisòria de dos vessants en una muntanya o serralada. / Cavalló. / Feixos colgats per a retenir la sorra i detenir l'avançament de les dunes. (DIEC)

careta *f.* Màscara, carota.

careta₂* *f. loc. A careta de,* a flor de, just a la superfície.

careto* *adj. Fesol careto (o de careta),* varietat de fesol.

careto, -eta* *adj.* Bou o cavall amb una taca blanca al front.

carís* *m.* Carés, aspecte.

carlota* *f.* Pastanaga.

carnada *f.* Esquer fet amb peix. (DIEC)

carnaval *f.* Carnestoltes.

carnera* *f.* Armariet amb parets de malla per desar-hi embotits.

carnús *m.* Cadàver animal. / Excrecència carnosa d'una ferida. / Home de poc enteniment.

carnussada* *f.* Carnús.

caro *m.* Embarcació de rem sense arbre. / Au nocturna, de color fosc, ales llargues i viades.

carota* *f.* Garota, eriçó de mar, *Spatangus purpureus.*

carquinyol* *m.* Carquinyoli.

carraca *f.* Nau vella. / Vehicle vell i atrotinat. / Andròmina. / Mecanisme inclòs en un tornavís, en una clau d'enroscar i en d'altres eines, que fa girar la peça que enrosca en un sentit i no la fa girar en sentit contrari per evitar d'haver-la de treure i de col·locar cada vegada que, amb la mà, s'ha fet girar en un cert sentit. (DIEC)

carraco* *m.* Balquer, *Acrocephalus arundinaceus.*

carranquí* *m.* Fusta dentada amb una rodeta per elevar objectes feixucs.

carràs *m.* Penjoll de fruita. Excepte per al raïm, carroll.

carrasca *f.* Arbre de la família de les fagàcies, semblant a l'alzina però més rabassut, de fulla més curta i grisenca o glaucescent a l'anvers i propi de climes més continentals o més secs (*Quercus ilex ssp. ballota* o *Q. rotundifolia*). (DIEC)

carrascar *m.* Bosc de carrasques.

carrau *m.* Xerric-xerrac.

càrrec *m.* Càrrega, esp. quantitat de fruita que ofereix un arbre.

carregar *v. tr. fig.* Beure massa.

carregat, -ada *adj. fig.* Borratxo.

carrejar [kare'dʒa] *v. tr.* Traginar.

carrera *f.* Cursa.

carretada *f.* Càrrega que porta una carreta o un carro. Una carretada de sorra, de fenc, de garrofes. / Gran quantitat o amuntegament d'una mena determinada de coses. / *A carretades, loc. adv.* En gran abundància. (DIEC)

carretell [kara'teʎ] *m.* Bóta petita d'uns 30 litres.

carretilla* *f. cast.* Carretó. / Refilada d'ocells.

carretó *m.* Caixó amb una sola roda a la part anterior i dos mànecs en la posterior, per a transportar calç, pedres, maons, etc. / Aparell emprat pels esmolets que consisteix en una mola muntada en un bastiment de fusta que hom fa girar amb un motor o amb un pedal i un joc de politges. (DIEC)

carrilada *f.* Rodera d'un carro. (DIEC)

carrilet *m.* Ferrocarril de via estreta. (DIEC)

carrinya tb [ko'riɲa] *adj.* i *m.* i *f.* Que té mal geni.

carriot *m.* Carro de trabuc. (DIEC)

carroll *m.* Carràs. / Gotim de raïm que resta al cep després de veremar. (DIEC)

carròs* *m.* Carroll.

carrossa *f.* Vehicle gran, decorat i amb personatges guarnits, que s'utilitza en les desfilades de certs dies de festa. (DIEC)

carrotxa [ka'rɔtʃa] *f.* Escorça del pi.

carrucada* *f.* Grup de gossos de caça.

carrutxes *f. pl.* Caminadors per als més menuts.

cartipàs *m.* Quadern de paper ratllat o pautat usat pels infants per a aprendre a traçar les lletres. (DIEC)

cartó *m.* Cartró.

carura *f.* Fisonomia, semblant. (DIEC)

carxofa *f.* Capítol immadur i comestible de la carxofera. / Llaç o floc en forma de carxofa. (DIEC)

carxofeta* *adj. Enciam de carxofeta,* de fulla redona i curta.

carxot [kar'tʃɔt] *m.* Clatellada.

carxotada* [kartʃo'taða] *f.* Carxot.

cas *m.* Part superior de la fulla d'un ganivet o navalla. / Poval per a l'oli. / *No sigue un cas que*: no fos que... / *Si un cas vingués malhora*: si de cas ve malhora...

casaca [ka'saka] *f.* Peça de vestir, usada en certs uniformes militars o civils, amb mànigues llargues fins als punys, cos cenyit i faldons llargs. (DIEC)

casa *f. Casa de la vila,* ajuntament.

casalici *m.* Casa molt gran. (DIEC)

casar *v. tr.* Engalzar.

casc *m.* Barril. *Ex.: una sardina de casc.* / Unglot de cavall, mul, ase, zebra, etc. (DIEC)

cascadura *f.* Contusió. / Mastitis produïda per l'obstrucció dels canals de la llet. (DIEC)

cascallar* *m.* Cascall, terreny pedregós.

cascallós, -osa* *adj.* Pedregós.

cascar *v. tr.* Masegar, copejar fins a produir contusió. / *v. tr.* i *intr. pron.* Espatllar.

cascària* *f.* Cascàrria, cascarra, brutícia.

cascàrries [kas'kaɾies] *f. pl.* Cascarres.

cascavellada *f.* Esquellada feta amb cascavells.

cascurrar* *v. tr.* Pegar.

cascurrer, -era* *adj.* Que té el costum de pegar.

casera *f.* Criada major d'una casa. (DIEC)

caseta* *f.* Vestidor dels jugadors de futbol.

casi* *adv.* Gairebé, quasi.

casporra* *f.* Verga per a barroscar. / Mànec amb cabossa. / Rabassa.

casqueta *f.* Pastisset farcit de confitura.

cassigall *m.* Parrac, Tros de roba mig separat per un estrip de la resta d'una peça de vestir. / Pedaç mal cosit. (DIEC)

cassó ['kaso] *m.* Vas petit de metall amb mànec. (DIEC)

cassoleta *f.* Ròtula.

castanyetes *f.* Castanyoles.

castanyola* *f.* Insecte que es cria als fems. / Cant de la perdiu.

castanyola$_2$ *f.* Peix, *Brama brama.*

casulla* *f.* Caseta per guardar-hi els arreus o per fer d'aixopluc.

casulleta* *f. dim.* Casulla, caseta per als arreus.

casunyet *m.* Casa menuda i rústica.

casupet* *f.* Caseta.

cataifa *f.* Colla.

catiusques* *f. pl.* Botes d'aigua.

catòfia* *f.* Noia beneita.

catret* *m. dim.* Catre, cadira plegable sense respatller.

catxalot *m.* Mamífer cetaci del grup dels odontocets, que arriba a tenir fins a 20 metres de llargària, de cap enorme i gran capacitat d'immersió (*Physeter macrocephalus*). (DIEC)

catxamona *f.* Cop pegat a la galta, especialment el pegat suaument amb els dits índex i del mig. (DIEC)

catxap *m.* Conill jove.

catxapet* *m.* Catxap. / *per ext.* cadell.

catxassa* *f.* Calma, parsimònia.

catxassut, -uda* *adj.* Pacient, serè.

catxel *m.* Mol·lusc lamel·libranqui bivalve, de 3 a 5 centímetres de diàmetre, de perímetre arrodonit i d'un color blanc groguenc, comestible (*Cerastoderma edule*). (DIEC)

catxerulo *m.* Estel, grua, milotxa. / Catxel.

catxerulada* *f.* Menjada col.lectiva de catxels.

catxillada* *m.* Part múltiple. / Conjunt de nens.

catximba* *f.* Pipa.

catximona* *f.* Catxamona.

catxipallada* *f.* Catèrbola, multitud desordenada, esp. d'animals.

catxipanda* *f.* Samfaina.

catxo, -a *adj.* Baix, de poca alçada.

catxull* *m.* Fangutxer. / *fig.* Embolic, xivarri, desori, etc.

catxurrera *f.* Cospí. / Llapassó. / Repalassa, herba de la família de les compostes, robusta, de fulles basals molt grosses, ovades i cordiformes, i inflorescència ramosa, formada per nombrosos capítols purpuris, amb l'involucre constituït per una gran quantitat de bràctees ganxudes, que es fa als herbassars de tendència humida, les arrels de la qual són emprades en medicina popular (*Arctium minus* i *A. lappa*). (DIEC)

catxurro* *m.* Saltiró. / *Fer un catxurro,* a l'era, topar-se els animals.

catxutxa* *f.* Caputxa. / Caperutxa.

cavalcar *v. intr.* Algú, ésser portat sobre l'esquena d'un animal que dirigeix. / *v. tr.* Anar sobre l'esquena (d'un animal). / El cavall o un altre animal, cobrir (la femella). / *v. intr.* Una peça, estar damunt una altra cobrint-la parcialment. (DIEC)

cavalla *f.* Verat.

cavallar* *m.* Cavalló, llenca de terra entre dos solcs.

cavallet* *m.* Escala de fusta simètrica amb esglaons a les dues ales.

cavalló *m.* Munt de terra entre dos solcs. / Munt de terra més alt que separa un conreu de l'altre. / La part més alta de la teulada que la parteix en dos vessants. / Acabament en angle que hom dóna a les parets d'un tancat, a un mur, etc., perquè l'aigua de la pluja s'escorri pels costats. / Pila de deu a setze garbes que hom formava en el rostoll per recollir-les més fàcilment en el carro. (DIEC)

cavallonar *v. tr.* Fer cavallons.

cavallot *m.* Persona, especialment una noia, jove i esvalotada. (DIEC)

cavegó* *m.* Càvec, tipus d'aixada.

cavero, -a* *adj.* Natural de La Cava.

cavet *m.* Motllura còncava la secció de la qual és un quart de cercle. (DIEC)

ceba *f.* Cop de puny. / Borratxera. / Obstinació, dèria. *Ceba porrera** *f.* Ceba silvestre de la garriga, *Urginea maritima.*

cebera* *f.* Barraqueta o rafal per preservar les cebes.

cebollí *m.* Planter de ceba.

cebollot* *m.* Ceba collida tendra.

cec, cega *adj.* Tupit, *plantar cec.* / Una xarxa, tenir més o menys petites les seves malles. (DIEC)

ceguera *f.* Ceguesa.

cel *m. Aigua del cel**, aigua de pluja. / Zel.

celar *v. tr.* Amagar, vigilar, esperar que l'animal surti del cau.

celestia* *f.* Celístia, claror dels estels al cel.

cella *f.* Nuvolada que es forma damunt d'una serra.

celós, -osa* *adj.* Zelós, que sent gelosia.

celosia* *f.* Gelosia.

cels* *m. pl.* Zels, gels.

cementeri [semen̪'tɛɾi] *m.* Cementiri.

cèntims *m. pl.* Diners.

cera* *f.* Acera, vorera.

cerç *m.* Vent fred del nord-oest, generalment amb temps serè. (DIEC)

cerca* *f.* Revora de reforç o ornament d'una faldilla.

cercapous *m.* Peça de ferro proveïda de crocs o ganxos i fixada a l'extrem d'una corda, que serveix per a pescar les coses que hagin caigut al fons d'un pou, d'una cisterna, etc. (DIEC)

cerimenga* tb [siɾi'meŋga] *f.* Cerimònia.

certinitat* *f.* Certanitat, certesa.

ces *m.* Antiga grafia de *ses,* anus.

cigala *m.* Crustaci, *Scyllarus arctus.*

cigarro *m.* Cigarreta, cigarret.

cigronet* *m.* Nen petit. / Protagonista dels contes infantils.

cimal *m.* Cim de muntanya.

cingle *m.* Espadat de roca al cim o en el pendent d'una muntanya. (DIEC) *Lo Cingle Cacac, topòn.* Topònim de la serra del Montsià. *Lo Cingle Roig, topòn.* Topònim de la serra del Montsià.

ciprer* *m.* Xiprer.

circul* *m.* Cèrcol.

cirer *m.* Cirerer.

cirereta de pastor *f. pl.* Fruit de l'arç blanc, *Crataegus monogyna* .

ciringall* *m.* Xaragall, acumulació de pedres soltes d'un pendent.

cisa* *f.* Costura lateral d'un vestit. /Reforç del muscle d'una camisa.

cisar *v. tr.* Treure amb les tisores, la cisalla o un instrument anàleg tela, metall, etc., de les vores (d'una peça) perquè tingui la forma i les dimensions indispensables per a un ajust perfecte. / Distreure fraudulentament (part d'una quantitat). (DIEC)

cistell *m.* Recipient portàtil fet de vímets, de joncs, etc., entreteixits, generalment de base oval o rectangular amb una ansa semicircular travessera a la meitat de la seva llargària. / Cistellada. (DIEC)

citró *m.* Ravenissa groga, (Erucastrum nasturtiifolium). / Ravenell, (Rapistrum rugosum).

civada *f.* Planta de la família de les gramínies, que fa una gran panícula de nombroses espiguetes amb arestes, penjants, cultivada per a l'alimentació humana i animal (*Avena sativa*). (DIEC)

civera *f.* Baiard.

claca ['klɛka] *f.* Colla de gent pagada que acudeix a una representació teatral o a un espectacle qualsevol per aplaudir i assegurar-ne l'èxit. (DIEC)

claper *m.* Pila de llenya o pedra.

clariana *f.* Petit espai serè entre núvols. / Clar en un fullatge, en un brancatge, etc., per on passa la llum. / Clapa. / Espai sense arbres dins un bosc. / Defecte que a vegades presenten els teixits quan en certs espais tenen menys densitat de passades que la normal. (DIEC)

clarianda* *f.* Part d'una peça de roba més fina o transparent que la resta.

classe *f.* Mena.

clatell *f.* Nuca.

clatellada *f.* Cop al clatell donat amb el palmell de la mà.

clatellot *m.* Clatellada.

clau *f.* Interruptor, *la clau del llum.* / Clau de pas, *la clau de l'aixeta.*/ Ullal, dent canina.

clava* *f.* Cap del rossegall.

clavell *m. Clavell de moro, Tagetes patula.*

claver, clavera *m.* i *f.* Persona de confiança encarregada de guardar unes claus.

clavilló *m.* Escatós, peix de la família dels tríglids, de 10 a 20 centímetres de llargada, de color vermellós grisenc, amb un solc transversal molt marcat dalt del cap i amb escates aspres (*Lepidotrigla cavillone*). (DIEC) / Clavilla.

clec ['klɛk] *m.* Onomatopeia, clac.

clec₂ ['kɾɛk] *m.* Botó de pressió.

cleca* *f.* Claca.

cleca₂ *f.* Bufetada.

clementina *f.* Fruit comestible del clementiner, relativament petit, arrodonit, de polpa dolça i lleugerament àcida. (DIEC)

clementiner *m.* Arbre fruiter, de la família de les rutàcies, probablement híbrid del taronger agre i el mandariner. (DIEC)

clevill* *m.* Clivell.

clevillar* *v. tr.* Clivellar.

clevillat* *adj.* Clivellat.

clica* *loc. Estar de clica,* estar bé. / *Venir de clica,* venir bé.

clim* *m.* Costum, hàbit.

cloaca* [klu'aka] *f.* Claveguera.

cloc i piu* *loc.* Malalt, moribund, alacaigut, etc.

clofoll* tb [kla'foʎ] *m.* Clovella.

clofollada* *f.* Clofolles.

clot *m.* Concavitat en la superfície d'un cos sòlid. / Excavació feta en un terreny per a servir de receptacle, especialment per a plantar-hi una planta. / Fossa per als morts. (DIEC)

clotada *f.* Espai de terreny entre terrenys més alts. (DIEC) / Multitud de clots.

clotam* *m.* Multitud de clots.

clotet *m.* Clot de la barbeta o de la galta, *clotets de la simpatia.*

clotxa *f.* Pa buidat de molla i omplit de vianda.

clòtxina *f.* Copinya. / Petxina grossa.

cloure *v. tr.* Cobrir l'obertura (d'alguna cosa) de manera que resti aïllada de l'exterior. / Fer que (quelcom) cobreixi l'obertura d'alguna cosa. (DIEC)

coa ['koa] o ['koɣa] *f.* Cua. / *Coa de jonc m.* Ànec cuallarg, *Anas acuta.* / *Coa de rata f.* Cosit del cap d'una corda perquè no es desfilagarxi.

coada* *f.* Restes, acaballes, esp. d'una tronada.

coba* *f.* Donar coba, seguir el corrent.

cobertora *f.* Tapa d'una cassola.

còbit* *m.* Còlit gris, *Oenanthe oenanthe.*

cobla *f.* Estrofa. / Composició poètica breu que serveix comunament de lletra a una cançó popular. / Petita orquestra que toca en els balls populars i en les festes majors. / Conjunt d'instruments forts, la majoria de vent, per a tocar a l'exterior, especialment el que toca sardanes. / Canilla. (DIEC)

cobrar *v. tr.* Rebre (cops).

cobrir *v. tr.* Cobrir el mascle la femella, acoblar-s'hi.

cóc *m.* Bescuit.

coç* *f.* Coça.

coça *f.* Guitza.

cóc de soldó* *m.* Varietat de cóc.

coco* *m.* Oncle. / Ancià.

cóc ràpid* *m.* Varietat de cóc.

coca de panís* *m.* Coca de blat de moro.

coca de recapte* *f.* Coca amb recapte o coca enramada.

cocó *m.* Cadolla.

Cocó de jordi* *topòn.* Cocó de la serra del Montsià.

codina *f.* Forat fet al camp per aprofitar l'aigua del cel.

codonyat *m.* Confitura de codony.

coent *adj.* Picant. / Cursi, ridícul per presumpció.

coentor *f.* Qualitat de coent. (DIEC)

coetera* *f.* Caseta per protegir els coets.

cofa *f.* Cabàs de palma.

cofí *m.* Cabàs pla, d'espart, com l'usat per a posar-hi l'oliva mòlta al temps de premsar-la. (DIEC)

còfia *f.* Embolcall de roba que protegeix el cap.

cogombre *m.* Fruit comestible de la cogombrera, generalment cilíndric, llis o bé amb tubercles o acícules. / Cogombrera. (DIEC)

cogula* *f.* Cugula, herba que es cria entre el blat o l'ordi.

cogullada *f.* Cogullada vulgar, *Galerida cristata*.

coi *m.* Hamaca de barca.

coïssor *f.* Sensació anàloga a la que produeix una cremada. (DIEC) / Coentor.

coixim-coixam *adv.* Coixejant.

coixinera *f.* Funda d'un coixí.

coixo* *m.* Coix. / *adj.* Coix.

còlbia* *f.* Moixó, còlit, *Oenanthe.*

còlbit* *m.* Moixó, còlit, *Oenanthe.*

colera *f.* Herbacol, *Cynara cardunculus.*

coleta *f.* Alga, *Caulerpa prolifera.*

colflor* *f.* Col-i-flor.

colgar *v. tr.* Posar (alguna cosa) dins un clot i cobrir-la amb la terra, sorra, cendra, etc., que s'havia tret en fer el clot. / Arrambar terra al voltant (de certes hortalisses) perquè es facin blanques i tendres. (DIEC)

col·legi tb [ko'lɛjʒit] *m.* Establiment d'ensenyament primari o secundari. (DIEC)

coll de dama, figa* *f.* Varietat de figa.

collada *f.* Vall entre dos colls de muntanya.

collar* *v. tr.* Junyir. / Una pedra, un tret, arribar a certa distància.

collassa* *f.* Colla nombrosa.

collegut* *m.* Ànec cuallarg, *Anas acuta.*

collir [ku'ʎi] *v. tr.* Arrencar de la planta (una flor, un fruit, un branquilló, etc.). / Agafar (coses escampades a terra) per aplegar-les en un lloc. (DIEC)

collitor* *m.* Cistella de vímets.

collverd *m.* Mascle de l'ànec, *Anas boschas.*

colmateig* [golme'tetʃ] *m.* Tècnica d'omplir els camps d'aigua amb llims nous.

com *adv.* De quina manera. *Ex.*: *Hi anirem o com?*, Hi anirem o què?

comare *f.* Llevadora.

comboi* *m.* Tràfec, enrenou, ordits, etc. / Gresca.

combiant, -a *adj.* Que li agrada el comboi, l'enrenou.

combregar *v. intr.* Coincidir en idees, en sentiments, etc., amb una altra persona. (DIEC)

cometa *f.* Milotxa, grua.

comís* *loc. Tenir en comís,* tenir aversió a algú.

comparat, -ada* *adj.* Que s'acosta en la manera de ser a algú o a alguna cosa. *El meu cotxe és molt comparat al teu.*

compassat, -ada *adj.* Mesurat, pausat.

complit, -ida *adj.* Complidor. / Perfecte.

comportar *v. tr.* Permetre alguna malifeta podent-la evitar.

comptar [koṇ'ta] *v. tr.* Determinar el nombre d'objectes d'algun conjunt.

compte* ['koṇte] *m. Parar compte,* tenir cura.

comú *m.* Conjunt de béns d'un municipi. / *ant.* Impost general. / Conjunt de terrenys pertanyents a un municipi. / Excusat, vàter. / Cambra on hi ha la comuna.

còncau, ava* *adj.* Coincident, que encaixa.

concaure* *v. tr.* Fer encaixar.

coneixement [konejʃi'men] *m.* Mesura, prudència, cura.

congre *m.* Peix de la família dels còngrids, de cos molt allargat, que pot superar els 2 metres de llargada i els 30 quilos de pes, de color grisenc, amb el maxil·lar superior un poc prominent i l'aleta dorsal originada clarament per darrere de l'extrem de les pectorals (*Conger conger*). (DIEC)

congrell* *m.* Congreny, arreu per encolar fusta.

conhort *m.* Acció de conhortar o de conhortar-se; l'efecte. (DIEC)

conhortar *v. tr.* Consolar, animar algú que es troba abatut.

conillets *f.* Herba, *Antirrhinum majus.*

conjuminar *v. tr.* Ajustar, posar d'acord, (diverses coses, diversos afers, diverses circumstàncies) de manera que vinguin bé per al fi que es desitja. / Combinar (diversos elements) per obtenir una cosa semblant. (DIEC)

conlloga *f.* Acte de deixar-se mútuament els animals de càrrega o de treball els pagesos que només en tenen un, a fi de formar el parell necessari per a les feines agrícoles. (DIEC)

conrear *v. tr.* Cuidar amb moltes atencions.

consagrat, -ada *adj. fig.* Tossut.

consevol* *adj.* Qualsevol.

consonant* *loc. Estar al consonant,* consonar, estar conforme.

constipat [kosti'pat] *m.* Refredat en què les cavitats nasals són obstruïdes per abundants mucositats. (DIEC)

contindre* *v. tr.* Contenir.

contorbar [kontuɾ'βa] *v. tr.* Alterar l'ànim (d'algú). (DIEC)

contraroda *f.* Peça de fusta que va ajustada a la roda, per dins el buc de la nau, per reforçar aquella. (DIEC)

convindre* *v. tr.* Convenir.

conxamar* [koɲtʃa'ma] *v. tr.* Ordir una conxorxa, confabular.

conya* *f.* Gorra de barqueta.

cóp* ['kop] *m.* Bossa de xarxa del bou.

cop d'aire *m.* Estat d'inflamació per l'acció del vent fred.

copejar *v. tr.* Colpejar, donar cops.

còquera* *adj.* Fruita massa madura.

coqueta* *f.* Cop amb un regle o cinturó / Pasta dolça, *coqueta de maria,*
coqueta de sagí [sej'ʒi], varietats de coqueta.

coquets* *interj.* Equivalent a *caram.*

coradella *f.* Freixura.

coralet *m.* Pesteta, bitxo.

coranta* *adj.* Quaranta.

corba* ['kurβa] *f.* Revolt.

corball *m.* Peix de la família dels esciènids, de color bru obscur amb
reflexos daurats, amb el perfil dorsal molt arquejat i el ventral
subrectilini, amb el maxil·lar inferior sense barbelló, les aletes
ventrals i anal amb fortes espines i amb el marge anterior blanc
(Sciaena umbra). (DIEC)

corbella *f.* Falç.

corcar [kuɾ'ka] *v. tr.* El corc, rosegar (la fusta, els grans, etc.). / *v. intr.*
pron. Ésser rosegat pel corc. / Cariar-se. (DIEC)

corcó [kuɾ'ko] *m.* Corc. / *adj.* i *m.* i *f. fig.* Algú que no calla.

cordada *f.* Cop donat amb una corda. / Conjunt de coses penjades o
subjectades amb una corda. / Traca penjada de banda a banda
d'una plaça o d'un carrer. / Conjunt de persones o d'animals lligats
a una corda. (DIEC)

cordell *m.* Cordill.

94

corder *m.* Anyell, xai, be.

cordó* *m.* Cavalló o munt llarguer de terra que es fa per aturar l'aigua i separar una taula de l'altra en els arrossars i altres terres de reguiu. (DCVB)

cordonada* *f.* Restallera de pedres que senyalen el lloc per on s'ha de fer un marge, que aguanten terra, etc. (DCVB)

cormull* *m.* Caramull.

corneta *f.* Instrument músic de vent, de metall, semblant a la trompeta, però més petit i de sons més aguts. / *m.* i *f.* Persona, especialment soldat, que toca la corneta. (DIEC) / Corn de la mar, mol·lusc de vàries espècies, principalment del gènere *Murex.* (DCVB)

coronat, -ada* *adj.* Dit esp. d'un arbre que ha estat desprovist de totes les branques per transplantar-lo.

coronar *v. tr.* Podar totalment un arbre per trasplantar-lo.

coroneta *f.* Coronell. / *fig.* Rodanxa que enceta un meló.

corpenta *f.* Còrpora, tronc d'una persona o d'un animal. *Tenir bona corpenta,* ser corpulent.

corpó* *m.* Carpó / Pit del porc.

corralissa* *f.* Corral.

còrrec ['korek] *m.* Reguerall que fa l'aigua de pluja sobre la terra.

corre-corrents* *adv. A corre-corrents,* a pressa feta, ràpid, a tota velocitat.

corredor *m.* Passadís.

corregut, -uda* *adj.* Bregat.

correnteig *m.* Cant de la perdiu.

correntilla* *f.* Embranzida.

corrents *adv.* De pressa, corrent.

córrer* *v. tr.* Furtar fruita de l'arbre, *córrer el gínjol, córrer la taronja.*

córrer bous *loc. adv.* Torejar.

córrer l'andola *loc. verb.* Vagar.

corres *f. pl.* Curses populars.

corretja *f.* En construcció, biga que fa de suport als cabirons.

corretjola *f.* Planta enramadora, *Convolvulus arvensis.*

corretjut, -uda *adj.* Mal cuit, que no té la tovor que cal. (DIEC) / Corretjós, dur, resistent, coriaci.

correu* *m.* En la pesquera és la barca gran.

corrillo* *m.* Correguda. *En un corrillo,* en una correguda.

corrinyar *v. intr.* Córrer sense posar-hi una gran pressa. (DIEC)

corriol *m.* Corriol gros, *Charadrius hiaticula.* Corriol camanegre, *Chalandrius alexandrinus.* / Territ variant, *Calidris alpina.* / Territ becllarg, *calidris ferruginea.*

corriola *f.* Politja.

corriolet* *m.* Territ menut, *Calidris minuta.*

corrípies *f. pl.* Diarrea.

corró [ku'ro] *m.* Cilindre que, posat sota una cosa de molt pes, serveix per a arrossegar-la amb més facilitat. / Cilindre pesant de pedra o de ferro que, fent-lo rodar sobre quelcom, serveix per a aplanar-ho, compactar-ho, aixafar-ho, etc. / Objecte o part d'una màquina, cilíndric o cònic, que serveix per a enrotllar-hi quelcom, per a gravar, per a donar tinta a una forma d'impremta, etc. / Eina per a pintar formada per un cilindre dur folrat de matèria absorbent que gira sobre un eix metàl·lic, el qual, torçat convenientment, també serveix de mànec. (DIEC)

corrompre *v. tr.* Podrir, descompondre's.

corrompina* *f.* Olor putrefacta.

corronyer* *m.* Planta medicinal silvestre, corunyer, *Amelanchier ovalis.*

corruquejar [kurukej'ʒa] *v. intr.* Parrupejar, el colom o la tòrtora fer el parrup.

cosco* *interj.* Per indicar al gos on ha d'ensumar, on hi ha la presa .

coscoll *m.* Arbust perennifoli de la família de les fagàcies, de fulles coriàcies, lluents i espinoses, i fruit en gla, que es fa a la regió mediterrània, sovint formant extenses garrigues (*Quercus coccifera*). (DIEC)

coscorró* *m.* Cop al cap.

cosir [ku'zi] *v. tr.* Unir (dues o més peces de roba, de cuir, etc.), amb punts fets amb fil, cordill, o un altre filament passats mitjançant una agulla o un punxó. / Fer les costures. / Suturar. (DIEC)

cosset *m.* Peça de vestir que cobreix el cos o el bust, generalment sense mànigues. (DIEC)

cossi *m.* Test.

costellam *m.* Conjunt de les costelles d'una persona, d'un animal o d'una embarcació.

coster *m.* Terreny costerut.

costera *f.* Costa.

costereta* *f. dim.* Costa.

costerut, -uda *adj.* Que fa costa.

costura *f. ant.* Escola.

cot, -a *adj.* Inclinat avall, cap a terra. *Anar amb el cap cot.* (DIEC)

cota *f.* Sotana.

cotar *v. intr.* Un bou, abaixar el cap.

coter* *m. Coteret,* que confecciona sotanes. / Escolà.

cotet* *adj.* A poc a poc, *cotet, cotet.*

cotimanya* *f.* Insecte que viu als arrossars, de picadura viva.

cotna ['kɔna] *f.* Pell grossa i dura, especialment la de la cansalada. (DIEC)

cotó *m. Cotó en pèl*,* cotó fluix. / Cotó fluix, [koto'frujʃ] cotó descruat, blanquejat i disposat en napa, per a usos sanitaris. (DIEC)

cotx *interj.* Veu per cridar els porcs.

covar *fig.* Preparar, *covar un constipat.*

cove *m.* Cistell gran, de fondària major que l'amplària, més ample de la boca que del fons, fet de vímets o canyes, que serveix per a diferents usos. (DIEC)

cranc *m.* Cranc de mar comú, *Carcinus maenas./ Cranc verd*, Pirimela denticulata.*

cregut, -uda *adj.* Vanitós.

creixent *m.* Llevat.

creixidora* *f.* Rasora, pala per llevar les restes en una pastera.

cremafums* *m.* Dispositiu d'una xemeneia per completar la combustió.

cremaller *m.* Teiera.

crenxa* *f.* Clenxa.

cresol *m.* Gresol, vas petit en què es posa oli i un o més blens i serveix de llum. (DIEC)

cresp* *m.* Capa d'aspror que es forma a la superfície d'un terreny.

crespinell *m.* Planta de l'espècie *sedum.*

crestall *m.* Cresta d'una serralada. / Cavalló. / Part convexa de les teules entre dos recs d'una teulada. (DCVB)

crestar *v. tr.* Traure les bresques d'un rusc.

crestó *m.* Crestat, boc castrat.

crianxer, -era* *adj.* Criaturer.

crianxo* *m.* Nen petit.

criassó *f.* Canalla, conjunt de nens.

criaturer, -era *adj.* Amant de les criatures, dels infants. (DIEC)

cridar *v. intr.* Fer crits. / Parlar massa alt. / *v. tr.* Dir (alguna cosa) cridant. / Invitar (algú), especialment pronunciant el seu nom, a venir, a anar a un lloc. / Pronunciar el nom (d'algú) en veu alta. Han passat llista i no m'han cridat. / Atreure. (DIEC)

crio* *m.* Nen petit.

crivassa* *f. pl.* Penellons, inflor de la pell pel fred.

crosta* *f.* Closca.

cru, crua *adj.* Que no és cuit.

crudel* *adj.* Cruel.

cruixir *v. tr.* Cansar extremament.

cuc *m.* Animal invertebrat no artròpode, que té el cos tou, cilíndric, llarg i prim, generalment contràctil i dividit en segments. (DIEC) / *m.* Moc, *loc. fer cucs,* ficar-se el dit al nas.

cuca fera *f.* Animal imaginari, monstre de paper cartró de les festes.

cucanyes *f. pl.* Conjunt de proves festives.

cucar* *v. tr.* Ahucar, cridar, esp. per saludar-se a la garriga .

cucarda* *f.* Festa de bous del sud de França.

cugula *f.* Planta de la família de les gramínies, semblant a la civada, molt freqüent a les vores de camps i com a mala herba dels esplets (*Avena barbata* i espècies properes). (DIEC)

cuïc *m.* Mosquit.

cuina *f. Cuina econòmica,* aparell escalfador de ferro que sol constar de forn, dipòsit d'aigua i dos o més fogons. (DIEC)

cuit, -a *adj.* Fatigat en extrem d'alguna cosa que molesta, que dóna maldecaps, dóna disgustos, etc. (DIEC)

cuixera* *f.* Taula plana que uneix els dos laterals del carro.

cuixot *m.* Cuixa del porc o el bou. / Pernil salat.

culabanc* *adj.* Bogar assegut.

culastra* *f.* Part posterior d'un vehicle.

culató* *m.* Menys de mig sac. / Cavitat del cartutx per a la pòlvora.

culbufar* *v. tr.* Imbuir intencions pernicioses.

culejar* *v. intr.* Madurar irregularment (una mateixa espiga).

culer* *adj.* Inclinat cap enrere pel pes de la càrrega.

culera *f.* Pedaç que es cus a les peces de vestir foradades a la zona que va sobre el cul. (DIEC)

cullereta *f.* Capgròs. / Renoc.

cullerot *m.* Cria de la granota, capgròs. / Culler. / Ànec cullerot, *Anas clypeata.*

cullerota* *m.* Cullera de fusta per regirar l'arròs.

cultivador *m.* Conreador, arreu metàl.lic per remoure la terra.

cultivàs* *m.* Terra deixada en erm.

cuquello *m.* Cucut.

cura* *loc. Cura de matxo,* aplicar oli roent sobre la ferida de l'animal.

curandero, curandera *m.* i *f.* Persona que fa de metge sense ésser-ho. / Persona que usa procediments no verificats per la ciència per curar malalts o alleugerir els símptomes de les malalties. (DIEC)

curat *m.* Rector.

curiós, -osa *adj.* Net, endreçat.

curricà* *m.* Huracà, furacà.

curro, -a *adj.* Manc. / Animal sense una banya.

curumbela* *f.* Tombarella.

cusisacs* *m.* Bec d'alena, *Recurvirostra avosetta.* / Agulla per cosir sacs.

cutimanya* *f.* Insecte que viu als arrossars, de picadura viva.

cutxamander, -a* *adj.* Tafaner.

daga* *f.* Arreu, taula de fusta per colgar males herbes.

dalla *f.* Eina de segar herba, etc., formada per una fulla puntuda i tallant d'una vora, més llarga i menys corbada que la falç, i fixada per un extrem en un llarg mànec de fusta. (DIEC)

daller, -era* *m.* i *f.* Qui dalla.

dalló* *m.* Dallonet, dalla de fulla curta.

damajoana [dama'xuana] *f.* Atuell gros de vidre, de gres, etc., de ventre ample i coll curt, que s'usa per al transport de líquids. (DIEC)

damunt *prep.* A sobre. / *Damunt per damunt, loc. adv.* per sobre, sense atendre els detalls.

dansant *m.* Ball popular.

dar *v. tr.* Donar: *li va dar un pom de clavells.*

darrere *prep.* Darrera.

darreria *m.* Segon plat.

dàtil tb ['dɛtil] *m.* Fruit comestible de la palmera de dàtils, baia carnosa i amb una sola llavor de coberta dura. / *Dàtil de mar,* Mol·lusc de closca allargada, de color tirant a marró i amb les línies de creixement molt marcades (*Lithodomus lithofagus*). (DIEC)

dau *m.* Terreny quadrat.

dau* *m.* Plantar *a dau, loc.* dibuixant una quadrícula.

daurat, -ada [do'ɾat] *adj.* De color d'or. / *m.* Daurada grossa, *Pluvialis apricaria.*

davall *prep.* Sota.

davallant *m.* Vessant.

davant *m.* La part del davant. / Cap per atansar el car a la roda.

davantal [deβan̪'tal] *m.* Peça de drap o de cuir que serveix per a resguardar

el davant del vestit de la cintura per avall, o bé, de més, el pit. (DIEC)

de cop *loc. adv.* De sobte.

debades [da'βaðes] *adv.* En va, sense efecte, inútilment. / De franc. (DIEC)

de banda *loc. adv.* A part.

deble* *m.* Acudit, ocurrència.

de bursada *loc. adv.* D'un cop.

decantar *v. tr.* Fer passar suaument (un líquid) d'un vas a un altre de manera que resti el pòsit en el primer. / Inclinar lleugerament (un atuell i, per extensió, un objecte qualsevol). / *v. intr. pron.* Tendir. *A quin dels dos partits us decanteu?* (DIEC)

decrescuda* [dekɾejʃ'kuða] *f.* Minva.

defendre *v. tr.* i *intr. pron.* Defensar.

deixadesa [diʃa'ðeza] *f.* Qualitat de deixat. (DIEC)

deixamenta* [diʃa'meṇta] *f.* Deixadesa.

deixar [di'ʃa] *v. tr.* Cessar de tenir agafat, de portar al damunt, amb si. (DIEC) / *loc. Deixar anar*: deixar córrer algun assumpte.

deixat, -ada *adj.* Que no té cura d'allò que fa, o del propi aspecte.

dejecte, -a *adj.* Baix, vil.

dejú, -una tb [di'ʒu] *adj.* Que no ha menjat res des que ha començat el dia. / *En dejú, loc. adv.* Estant dejú. (DIEC)

delfí* tb [daw'fi][gaw'fi] *m.* Dofí.

dellà *adv.* A l'altra banda.

de matinet* *loc. adv.* Molt de matí.

delme [dew'me] *m.* Dret d'una desena part o d'una fracció variable de la collita, que es pagava a l'Església, al rei o a d'altres senyors. (DIEC)

demarrar* *v. intr.* Embranzida sobtada.

denou o **dènou** *adj.* i *m.* Dinou.

denteta *f. Fer dentetes* o *fer denteta, loc.verb.* Fer enveja.

déntol *m.* Peix, *Dentex dentex.*

depòsit* *m.* Dipòsit.

depositar* *v. tr.* Dipositar.

deprendre* *v. tr.* Aprendre.

de puntetes *f. pl. loc. adv.* Amb la punta dels peus.

de rampellada (de rampillada*)* loc. adv.* De resquitllentes, tocant-se de passada, superficialment, sense acció directa. (DCVB)

de rastell* *loc. adv.* De cantell.

desaforat, -ada *adj.* Desmesurat. / Fora de si, boig. (DIEC)

desaiguar *v. tr.* i *intr.* Desguassar.

desaigüe* *m.* Desguàs.

desangelat, -ada* *adj.* Sense gràcia, sense encant.

desanusar* *v. tr.* Desnuar.

desapegar* *v. tr.* Desenganxar.

desarropat, -ada* *adj.* Malvestit. / Sol.

desbrossar *v. tr.* Treure la brossa, les bardisses (d'un camí, d'un bosc, etc.). (DIEC)

desbrotar* *v. tr.* Desbrotar.

descabalar *v. tr.* Desordenar. / Perdre els cabals.

descabellar *v. tr.* Escabellar.

descabellat, -ada* *adj.* Escabellat. / Que duu els cabells despentinats.

descabestrar* *v. tr.* Llevar el cabestre.

descalibrat, -ada* *adj.* Boig.

descantellar *v. tr.* i *intr. pron.* Escantellar. / *intr.* Dir alguna cosa que seria millor, més prudent, de callar, que calia tenir callada. (DIEC)

descaragolar *v. tr.* i *intr. pron.* Fer cessar d'estar caragolat. (DIEC)

descàrrega* *f.* Comporta d'un canal.

descloscar* *v. tr.* Escloscar.

descoat, -ada* *adj.* Que ha perdut la coa.

descoscar* *v. tr.* Treure la calç d'una paret.

descovar* *v. tr.* Desllocar, deixar de covar. / Traure la roba del cove.

desdir *v. intr. pron.* Algú, no mantenir el que ha dit, el que ha promès, allò a què s'ha compromès. (DIEC)

desditxa* *f.* Dissort.

desduir* *v. intr. pron.* Entretenir-se, airejar-se.

desembotonar *v. tr.* Desbotonar.

desempellugar* *v. tr.* Desempellegar.

desena *f.* Conjunt de deu unitats.

desencaixonada* *f.* Desencaixonament, traure d'un caixó, esp. un bou.

desencomanar* *v. tr.* Desencossiar, traure alguna cosa del seu cossi.

desengany *m.* Acció de desenganyar-se; l'efecte. (DIEC)

desennusar* [dezannu'za] *v. tr.* Desnuar, desfer un nus.

desentendre's *v. intr. pron.* No voler intervenir en alguna cosa, prescindir-ne, fer-ne abstracció. / *Fer el desentès,* fer com qui no sent el que es diu, no donar-se per al·ludit. (DIEC)

desentès, -esa* *adj.* Que se'n desentèn, que no vol saber-ne res.

desermar *v. tr.* Convertir (un tros de terra erma) en conreu. (DIEC)

desfarjat, -ada* *adj.* Amb la camisa fora, els pantalons caiguts, etc.

desferrar *v. tr.* Traure les ferradures.

desficaci *m.* Disbarat.

desfici *m.* Agitació deguda a un mal físic o moral que provoca intranquil·litat, a una cosa que despacienta fortament, a les punyides d'un desig violent. (DIEC)

desfilagarxar* [desfilaɣar'sa] *v. tr.* Desfilar.

desfilagarxat, -ada* [desfilaɣar'sat] *adj.* Desfilat.

desgalgat, -ada* *adj.* Sense frens.

desgalitxat, -ada* *adj.* Sense gàlits, desairós.

desgana *f.* Falta de ganes per fer alguna cosa.

desganat, -ada *adj.* Mancat de gana per menjar. / Que pateix desgana.

desgavellar *v. tr.* Posar en complet desordre o en desconcert (un conjunt de coses o de persones). / *intr. pron.* Caure en un complet desordre o en desconcert. (DIEC)

desgel *m.* Desglaç.

desjecte, -ecta* [dez'dʒɛkte] *adj.* Dejecte, decaigut.

desllomar* *v. tr.* Esllomar, cansar en extrem.

desllorigar *v. tr.* i *intr. pron.* Desconjuntar, desarticular. (DIEC)

desllorigat, -ada* *adj. fig.* Baldat, cansat en extrem.

desmaduixat, -ada* *adj.* Defallit per cansament.

desmai *m.* Salze, *Salix babylonica* i *Salix sepulcralis*.

desmallar *v. tr.* Traure el peix de la xarxa.

desmamellar* *v. tr.* Retirar les cries d'algun animal de l'alimentació directa del pit de la mare.

desmanegar *v. tr.* Treure el mànec (d'una eina, d'un instrument). / Produir la sensació de crebant, de desconjuntament (a algú). / *Desmanegar un afer,* desorganitzar-lo. / *v. intr. pron. Desmanegar-se per obtenir una cosa,* treballar-hi afanyosament. (DIEC)

desmedrat, -ada* *adj.* Que ha perdut les bones qualitats.

desmenjat, -ada [desmiɲ'dʒat] *adj.* Que no té gana, que no troba gust a menjar. / *adj.* Desdenyós per allò que invita a gaudir-ne, que sembla haver de desvetllar cobejança. (DIEC)

desmerescut, -uda* *adj.* Que presenta un aspecte envellit o desmillorat.

desmesia* *f.* Demesia, excés.

desmuntar tb [dezmon̦'ta] *v. tr.* Una muntura, treure's (la persona que la cavalca) del damunt. / *v. intr.* Descavalcar. / *v. tr.* Desfer (una cosa que ha estat muntada) desajuntant-ne les parts./ *v. intr. pron.* Desmuntar-se un armari. / *v. tr.* Posar fora de servei. / *v. tr.* Confondre, desconcertar. / *v. intr. pron.* Confondre's, desconcertar-se, perdre la serenitat. (DIEC)

desnovar* *v. tr.* Esnovar.

desnugar* *v. tr.* i *intr. pron.* Desnuar, desfer un nus.

desocupar *v. tr.* Parir.

desordre [de'zoɾðe] *m.* Desori.

desori *m.* Desordre.

despagar *v. tr.* Decebre.

despatxar *v. tr.* Desfer-se (d'algú), donar-li comiat perquè no es necessiten o no es volen més els seus serveis. / per.ext. Desfer-se d'algú. / Vendre (un gènere) en una botiga. / Servir (un client) en un establiment públic, atendre'l. / Acabar (un afer). (DIEC)

despeat, -ada* *adj.* Cansat i adolorit, esp. dels peus.

despellerofar* [despaʎaɾo'fa] *v. tr.* Llevar la pellerofa.

despendotxat, -ada* *adj.* Brut, mal vestit.

despentinar *v. tr.* Desfer (a algú) el pentinat. / *v. intr. pron.* Amb aquesta ventada el president s'ha despentinat. (DIEC)

desperdigolat, -ada* *adj.* Escampat.

despit [des'pik] *m.* Despit. / Menyspreu, desafiament.

despitralat, -ada *adj.* Que duu el pit al descobert. (DIEC)

desposseir *v. tr.* Privar (algú) de la possessió d'alguna cosa. (DIEC)

despull *m.* Despullament.

despuntar *v. tr.* i *intr. pron.* Espuntar. / *v. intr.* Apuntar. *Despuntar el dia, l'alba. El sol ja despunta.* (DIEC)

despús-ahir [despweza'i] *adv.* Abans-d'ahir.

despús-demà [despwezde'ma] *adv.* Passat demà.

desqueferat, -ada *adj.* Sense quefers, que no té cap feina pendent.

desset o **dèsset** *adj.* i *m.* Disset.

dessubstanciat, -ada* *adj.* Insubstancial, de poca substància.

dessonillar *v. tr.* Traure la son.

destarotar *v. tr.* Desconcertar.

destarotat, -ada *adj.* Confós i atabalat.

destartalar* *v. tr.* Desmanegar.

destemplat, -ada* *adj.* Destemperat, que té ara calor, ara fred.

destemplat, -ada₂* *adj.* Que ha perdut les qualitats òptimes, esp. una aïna.

destemps* *adv.* A destemps, massa tard: *has parat el sac a destemps.*

desterrossar [destaro'sa] *v. tr.* Esterrossar.

destí *m.* Destinació.

destintar *v. tr.* i *intr. pron.* Destenyir.

destinyar* *v. tr.* Orejar la roba perquè se'n vagin les arnes o tinyes.

destorbar *v. tr.* Molestar, ésser un obstacle o posar un obstacle a algú en l'execució d'una cosa.

destorbat, -ada* *adj.* Avariat.

destral *f.* Peix, *Argyropelecus hemigymnus.*

destral₂ *f. Destral d'espollar*, destral menuda d'una sola mà. / *Destral de dos mans*, destral grossa. / *Destral de mà i mitja*, destral mitjana.

destraler, -era *adj.* Que té poca traça, que no té cura.

desullar *v. tr.* Deixar-s'hi la vista. / Treure els ulls d'una planta.

desunflar* *v. tr.* Desinflar.

desunglar *v. tr.* Arrencar les ungles (a algú). / *v. intr. pron.* Cansar molt els caps dels dits treballant. (DIEC)

desvalgut, -uda *adj.* Que no es pot valer sinó de l'ajut o socorriment dels altres. (DIEC)

desvari *m.* Acció de desvariejar. (DIEC)

desvariar *v. intr.* Delirar.

desvencillar* *v. tr.* Traure els vencills.

desventrar* *v. tr.* Esventrar, traure el ventre.

desvesar *v. tr.* Desavesar.

desvetllar [dezβe'la] *v. tr.* Treure la son (a algú). / *v. intr. pron.* Perdre la son. (DIEC)

devers *prep.* Cap a.

devesa *f.* Hàbit. / Terreny sense conrear.

devuit o **dèvuit** *adj.* i *m.* Divuit.

dia *loc. A punta de dia*: a trenc d'alba.

diarrea *f.* Evacuació de femta de consistència fluida, sovint líquida, que es produeix amb més freqüència de l'habitual. (DIEC)

didalera *f.* Petit canó de plàstic o d'altre material dur que s'usa per a protegir els dits, especialment quan hom fa labor. (DIEC)

didalet *m.* Didal, got molt petit, per beure esp. licors.

dido *m.* Didot.

dillums* *m.* Dilluns.

dimarts [di'matʃ] *m.* Dimarts.

dins *adv.* Dintre.

disfressar [disfra'sa] *v. tr.* Vestir (algú) amb un vestit inacostumat o que no és propi de la seva condició o sexe, amb què aparenta ésser una altra persona o d'una altra època. / Trasmudar (algú) per tal que no sigui reconegut. (DIEC)

disgust *m.* Fort desplaer que causa a algú un esdeveniment, el capteniment d'algú. (DIEC)

disgustat, -ada* *adj.* Que sent disgust.

dissabte *m.* Vigília, *dissabte de Nadal*: revetlla de Nadal.

distraure *v. tr.* Distreure.

dit *pl.* tb ['ditʃ] *m.* Membre, en nombre de cinc, amb què terminen les mans i els peus. (DIEC)

dita *f.* Refrany.

ditada *f.* Empremta.

doblada* *f.* Peix, oblada: *oblada melanura*.

doblària *f.* Gruix.

doble *adj.* Gruixut.

doble* *m. Doble del braç, loc.* Braó.

docte, -a *adj.* Que té molts coneixements. / *iròn.* Presumit.

doga *f.* Fusta que forma el cos d'una bóta.

dogal *m.* Llaç amb un nus corredor.

dolç, -a *adj.* D'una gran suavitat o blanor, d'acció moderada, sense res de violent, de rigorós, de fatigant. / Que no és amarg. / Que no és salat. (DIEC)

dolçaina *f.* Instrument aeròfon de fusta, de so agut, amb un tub cònic i llengüeta doble, semblant a la xeremia. (DIEC)

doldre *v. intr.* Causar sentiment, saber greu. / *intr. pron.* Sentir aflicció, dolor. / *intr. pron.* Manifestar aflicció, lamentar-se. / *Doldre's d'algú,* compadir-lo. / *Ésser de doldre,* ésser lamentable. (DIEC)

dolent, -a* *adj.* Malalt.

domenge* *m.* Diumenge.

dominant *adj.* Que pretén dominar els altres, que no sofreix que el contradiguin, que se li oposin, etc. / *adj. per ext. Té un caràcter, un geni, dominant.*

dòmino o **dominó** *m.* Joc que es fa amb vint-i-vuit fitxes rectangulars que tenen una cara dividida en dos quadrats iguals, en cadascun dels quals hi ha marcats de zero a sis punts, amb totes les combinacions possibles, des del doble blanc fins al doble sis. (DIEC)

donar-se *v. intr. pron.* Cedir, guanyar en amplada o llargària.

donzella *f.* Peix, *Coris julis.*

dorada *f.* Orada, moixarra.

doradet* *m.* Peix, llampuga: *Coriphaena hippurus.*

doral *m.* Martinet de nit, *Nycticorax nycticorax.*

dormiscar* *v. pron.* Endormiscar-se.

dos* *adj.* Dues.

dotze tb ['dodʒe] *adj.* Onze més un. / Que fa dotze. (DIEC)

dotzena tb [do'dʒena] *f.* Conjunt de dotze coses.

draga *f.* Arreu per a dragar.

dragó *f.* Rèptil, *Tarentola mauritanica.* / Garsa.

dragó₂ *m.* Peix, *Callionymus lyra.* / Drac.

droc* *m.* Peix semblant a l'anfós (o mero), però roig i gros.

droperia *f.* Qualitat de dropo.

dropo, -a *adj.* Que defuig la faena per mandra.

drot* ['drɔt] *m.* Peix, dot, pàmpol rascàs, *Polyprion anericanum.*

duïdor* *m.* Criat que duu el pa o la pasta del forn a casa.

dula *f.* Rabera d'animals fruit de la unió de més d'un ramat. / *f.* Terreny comunal no conreat. / *loc. Anar a la dula,* amb tota llibertat. / *loc. Córrer la dula,* estar fora de casa sense fer res.

duler, -a *m.* i *f.* Pastor que vigila la dula.

ec* ['ek] *interj.* Ep, per cridar algú.

eco* *loc. adv. Estar a l'eco,* estar atent, estar al corrent.

egemple* [ej'ʒemple][aj'ʒemple] *m.* Exemple.

egua ['ewa] *f.* Euga.

eix tb ['ajʃ] *m.* Peça cilíndrica, espiga, etc., al voltant de la qual giravolta una roda o que giravolta ensems amb la roda. (DIEC)

eixalafar* *v. tr.* Preparar les figues, pitjar-les per assecar.

eixalavar [ajʃala'βa] *v. tr.* Esbaldir.

eixam *m.* Multitud. / Multitud d'animals petits, particularment insectes. / Grup d'abelles que emigren plegades d'un buc en companyia d'una reina per formar una nova colònia en un altre indret. (DIEC)

eixamorar *v. tr.* Eixugar.

eixanglotar* *v. intr.* Sanglotar.

eixanguer *m.* Tira de cuir, especialment la que subjecta el camatimó de l'arada antiga al jou. (DIEC)

eixàrcia *f.* Xarxa.

eixarmentar *v. tr.* Plegar els sarments que s'han podat i fer-ne un garbó.

eixartell *m.* Aixadell.

eixartellar *v. tr.* Birbar. (DIEC) / Cavar les soques dels ceps.

eixartigar* *v. tr.* Remoure la terra per arrencar les males herbes.

eixarrancar* [astʃaraŋ'ka] *v. tr.* Eixancarrar.

eixarrancat, -ada* [astʃaraŋ'kat] *adj.* Amb les cames separades.

eixerit, -ida *adj.* Viu, despert, que sap manegar-se hàbilment. (DIEC)

eixermar *v. tr.* Desermar, artigar.

eixida *f.* Sortida. / Acudit.

eixidura *f.* Tumor, erupció.

eixobrir [ajʃo'βɾi] *v. tr.* Descalçar la soca de l'olivera, la vinya, etc.

eixombrar* *v. tr.* Eixugar, llevar la humitat.

eixorejar* [aiʃoɾej'ʒa] *v. tr.* Deixondir, orejar.

eixorovir* *v. tr.* Eixorivir.

eixorivit, -ida* *adj.* Despert, espavilat.

eixugada *f.* Acció de buidar l'aigua dels camps d'arròs.

eixugall *m.* Eixugador, drap per a eixugar.

eixugamans *m.* Eixugamà, drap per a eixugar-se les mans.

eixugar *v. tr.* Assecar.

eixut, -uta *adj.* De poques paraules, aspre en el tracte.

embabucar* *v. tr.* Enganyar amb bones paraules.

embadocar [ambaðo'ka] *v. intr. pron.* Abstreure's en la contemplació d'alguna cosa. (DIEC)

embafar *v. tr.* Una menja massa dolça o greixosa, esmussar l'apetit (a algú), fer-se-li de difícil empassar. / Una cosa, enutjar (a algú), per carregosa o insistent. (DIEC)

embalum *m.* Volum d'una cosa, especialment quan és desmesurat. / *m.* Cosa o pilot, munt, etc., de coses que, pel seu volum, és de difícil manejar, embarassa, etc. (DIEC)

embalumar *v. tr. fig.* Parlar amb guarniments, amb retòrica.

embaràs [am'bɾas] *m.* Estat de la dona després de la concepció i fins al part. (DIEC)

embaratir* *v. tr.* Abaratir.

embaratit, -ida* *adj.* Rebaixat de preu.

embarrera* *f.* Lloc on protegir-se de l'escomesa d'un bou.

embarrussar* *v. tr.* Embossar, obstruir.

embassar *v. tr.* Posar (aigua) en una bassa. / *v. intr. pron.* L'aigua, formar bassa, estancar-se. / Un líquid orgànic, acumular-se en alguna part del cos. (DIEC)

embastar *v. tr.* Ajuntar o assegurar provisionalment amb una costura de punts llargs o bastes (allò que s'ha de cosir després). / *v. tr. per ext. L'obra, tot just l'hem embastada: hi ha feina llarga a acabar-la.* (DIEC)

embastida* *f.* Bastida.

embastillar* *v. tr.* Fer un brodat baix d'un altre per fer-lo més alt.

embat *m.* Cop que dóna l'onada a la riba, a la nau. / *m.* Impuls del vent. (DIEC)

embeure *v. tr.* Un cos sòlid, absorbir (un líquid). / *v. intr. pron.* Impregnar-se d'un líquid. (DIEC)

emblanquinar *v. tr.* Pintar de blanc. / *v. tr.* Donar una capa de calç o de guix diluïts en aigua (a una paret, a un sostre, a una façana, etc.). (DIEC)

embolada* *f.* Acció d'embolar.

embolar *v. tr.* Empiular un bou, posar-hi foc a les banyes.

embós *m.* Embús.

embolat, -ada* *adj.* Que duu boles de foc a les banyes.

emborinada* *f.* Esca per a l'anguila.

emborlar* *v. tr.* Guarnir un cavall amb borles contra els insectes.

embornar* [ambur'na] *v. tr.* Un gos, bordar. / Precipitar-se.

emborratxat, -ada* *adj. Un color emborratxat,* viu, llampant.

emborrussar* *v. tr.* Posar el boç / Tapar la boca i el nas amb la bufanda.

embossar *v. tr.* Obstruir. / *v. intr. pron.* El peix, enxarxar-se.

embotament* *m. fig.* Tenir mal de cap.

embotar *v. tr.* Inserir la carn dins els budells per fer embotit.

embotellar *v. tr.* Posar en botelles, esp. conserva de tomàquets.

emboter, -era* *adj.* Que emboteix, que menja molt.

embotonar *v. tr.* Botonar, cordar els botons.

embràs* *m.* Embaràs.

embuder, -a *adj.* i *m.* i *f.* Embudaire, que fa embuts quan parla. (DIEC) / Que menja molt i no s'engreixa.

emburgada* *f.* Boirada, vent gelat.

emmallar-se *v. pron.* El peix, enganxar-se a la xarxa.

emmanisar *v. tr.* Recobrir de manises (un paviment o una paret). (DIEC)

emmarat, -ada *adj.* Que no sap estar sense la mare. (DIEC)

emmotlar* *v. tr.* Emmotllar, donar forma (a una matèria pastosa o líquida) per enduriment o solidificació d'aquesta substància dins d'un motlle. / *intr. pron.* Conformar-se exactament, ajustar la conducta a una pauta determinada. (DIEC)

empacadora* *f.* Màquina per empacar.

empacar *v. tr.* Disposar formant una paca o paques. (DIEC)

empall *m.* Palla sense batre. (DIEC)

empallada* *f.* Barreja de palla i segó que es dóna d'aliment als animals.

empanada *f.* Panada, pasta cuita al forn, farcida de cabell d'àngel, carn, peix o verdura. (DIEC)

empantanar *v. tr.* Concentrar en un terreny (una quantitat d'aigua) convertint-lo en un pantà. / *v. intr. pron. Amb tanta pluja l'aigua s'ha empantanat.* / *v. tr.* Aturar (algú) de seguir el seu treball, empresa o negoci. (DIEC)

empantullar* *v. tr.* Arreglar, preparar.

empapussar [ampapu'sa] *v. tr.* Péixer, fornir d'aliment (un ocell, un infant, una persona gran, etc.), ficant-l'hi a la boca. (DIEC)

empastrada* *f.* Disbarat, error.

empastrar* *v. tr.* Embrutar, fer malbé.

empastrar* *v. pron.* Endeutar-se.

empastre* *m.* Emplastre, cosa mal feta.

empastrer, -era* *adj.* Maldestre, brut, que fa les coses malament.

empatollar *v. tr.* Dir (coses sense solta, embrollades, empescades, etc.). / *v. tr. pron. Què t'empatolles?* (DIEC)

empatx *m.* Retenció d'aliments mal digerits a l'estómac. / *m. per ext. Tenir un empatx de ciència.* (DIEC)

empatxar *v. tr.* Causar empatx o indigestió (a algú). / *v. intr. pron. Si menges tant t'empatxaràs.* (DIEC)

empebrar *v. tr.* Assaonar amb pebre. (DIEC)

empeder, -era* *adj.* Malaltís.

empedrar *v. tr.* Formar, amb pedres convenientment tallades i ajustades, el paviment (d'un carrer, d'una plaça, d'un pati o de qualsevol altra superfície). (DIEC)

empegar *v. tr.* Untar amb pega, posar pega (en una cosa). / *v. tr.* Enganxar. (DIEC)

empelt *m.* Acció d'empeltar; l'efecte. / Part que es lleva d'una planta per empeltar-la en una altra. *Empelt de pua, d'escut.* / Part de teixit que es lleva d'un organisme per fer un empelt. (DIEC)

empeltador, -ora *m. i f.* Persona que empelta. / *m.* Instrument tallant que s'empra per a empeltar. (DIEC)

empeltar *v. tr.* Inserir (una part d'un arbre proveïda d'una o més gemmes) en una branca o tronc d'un altre arbre de manera que s'estableixi entre ambdós una unió permanent. (DIEC)

empenyar* *v. tr.* Empenyorar.

empenyorar *v. tr.* Donar en penyora. *Empenyorar les joies, el rellotge, en una casa de préstecs, en un mont de pietat. / v. intr. pron.* Carregar-se de deutes. (DIEC)

emperador *m.* Peix emperador, *Xiphias gladius.*

emperesit, -ida *adj.* Que té peresa.

empinat, -ada* *adj.* Costerut, rost.

empitjolar* *v. intr. pron.* El bestiar, resistir-se a ser agafat.

empitxolar* *v. tr.* Juntar les potes dels conills que es cacen per al transport.

empomar* *v. tr.* Tomar, entomar, agafar alguna cosa al vol.

emporlanar* *v. tr.* Cobrir una superfície amb ciment (Pòrtland).

empostar* *v. tr.* Passar la post per la terra.

emprar *v. tr.* Demanar en préstec.

emprat, -ada* *adj.* Aturat, de poca empenta, sense seguretat.

emprenyo* *m.* Acció d'enfadar-se fortament.

empudegar *v. tr.* Molestar, fer enfadar.

en* *prep.* Amb.

en acabat [aŋka'βat] *loc. adv.* En haver acabat, dins de poc temps. / Després.

en un demà* *loc. adv.* Al dia següent. / En un futur.

enagües *f. pl.* Enagos.

enans* *adv.* i *conj.* Abans.

encabeçar* *v. tr.* Ordir una rastellera d'alls.

encabit, -ida* *adj.* Capficat.

encaboriat, -ada *adj.* Ple de cabòries. (DIEC)

encanar* *v. pron.* Perdre la respiració per excés de riure o plor.

en candela *loc. adv.* En posició vertical, s'usa fent referència a un arbre o a un altre objecte d'una embarcació. (DIEC)

encangrenar* *v. tr.* Gangrenar. / *intr. pron.* Enrabiar-se.

encantar-se *v. pron.* Distraure's del que un fa, detenir-se.

encantat, -ada *adj.* Dit del que es distreu.

encanyar *v. tr.* Disposar una estructura de canyes per a les plantes.

encaparrar *v. tr.* L'estudi, una preocupació, la beguda, etc., fatigar, enterbolir, el cap (d'algú). / *v. intr. pron. No us hi encaparreu, que no serà res. Ja ho resoldràs un altre dia: no t'hi encaparris ara.* (DIEC)

encapir* *v. pron.* Obstinar-se.

encapotar *v. pron.* Cobrir-se el cel de núvols.

encapotat, -ada* *adj.* El cel, cobert de núvols.

encarabassinat, -ada* *adj.* Engrescat amb una idea.

encarnissar* *v. pron.* Obrar amb crueltat.

encartonar *v. intr. pron.* Una cosa flexible, adquirir un cert grau de rigidesa o encarcarament. / *v. tr.* Posar entre cartons, resguardar amb cartons. (DIEC)

encasacar* *v. tr.* Posar una segona capa de farina al peix per fregir.

encauat, -ada* *adj.* Que està dins d'un cau.

encavalçar* *v. tr.* Posar un objecte sobre un altre.

encavallar *v. pron.* Un animal, plantar-se sobre les potes de darrera.

encavar* *v. intr. pron.* Encauar-se, refugiar-se al cau.

encegar *v. tr.* Enlluernar. / *fig. pron.* Ofuscar, perdre el seny.

encelosit, -ida* *adj.* Engelosit.

encenall *m.* Objecte fàcilment combustible. (DIEC)

encendre* *v. intr. pron.* Exaltar-se.

encert *m.* Coincidència.

encès, -a [an'ses] *adj.* Irritat. / *fig.* una planta, estar plena de pugó o altres paràsits.

encetar [anse'ta] *v. tr.* Pelar o irritar la pell.

enciamada* *f.* Ensaïmada.

enclusa *f.* Bloc d'acer de forma característica que s'utilitza en els treballs manuals de forja i sobre el qual es treballen els metalls a cops de martell. / Part superior d'un núvol de tempesta desenvolupat, que s'estén horitzontalment i té un aspecte fibrós o nebulós. (DIEC) / Peça del torn mecànic, que és de ferro, acabada amb punta, i serveix per a fer voltar la peça que es torneja, quan ja està foradada (DCVB) / Comporta de pas d'un canal.

encofrat *m.* Motlle per a donar una forma determinada al formigó en pasta amb què s'omple. (DIEC)

encollit, -ida* *adj.* Encongit.

encomanar *v. tr.* Confiar a algú de fer (alguna cosa), de tenir cura (d'algú o d'alguna cosa). *La compra del paper, a qui l'has encomanada?* / *intr. pron.* Posar-se sota l'empara d'algú. *Encomanar-se a Déu, a tots els sants, abans d'envestir un perill.* / *v. tr.* Comanar, encarregar.

encomissar* *v. tr.* Enfrontar dues persones o animals.

encomissat, -ada* *adj.* Tenir algú entravessat, no suportar-lo.

encondolir* *v. intr. pron.* Condolir-se.

encondolit, -ida* *adj.* Condolit.

encorcobit, -ida *adj.* Alacaigut, arrupit. / Passatge fosc o estret.

encordar *v. tr.* Posar el seient de boga (a una cadira, a un sofà, etc.). (DIEC)

encotonar *v. tr.* Farcir de cotó. (DIEC)

encular* *v. tr.* Inclinar cap a darrera. / *v. intr. pron.* Vèncer la càrrega.

endanyar *v. tr.* Endenyar, danyar. / *intr. pron. Una ferida no s'endanya si es neteja de seguida.* (DIEC)

endemà *m.* Sendemà.

endevinar tb [aɲdiβi'na] *v. tr.* Descobrir per conjectures o sense fonament lògic (allò que un no sap). / *endevinar-la* Fer una acció encertada. (DIEC)

endicció* *f.* Injecció.

endívia *f.* Escarola.

endormiscar *v. tr.* i *intr. pron.* Mig adormir. (DIEC)

endret [aɲ'dɾet] *m.* Cara bona d'un teixit, d'un paper, d'una pell, etc. / *endret de, loc. prep.* Davant de. (DIEC)

endrino* [aɲ'dɾino] *m.* Pruna.

enfaixar *v. tr.* Faixar. / Enrotllar (al voltant d'un pal, d'un rem, etc.), una corda, un cordill, etc., formant diferents espires i de manera que en tapi un tros a tall de faixa. (DIEC)

enfarfollar* *v. tr.* Embolicar. / Omplir massa un sac.

enfarfollar-se *v. intr. pron.* Entrebancar-se parlant. / *tr. pron.* Empatollar-se.

enfilar *v. tr.* Fer passar un fil, un cordill, etc., pel forat (d'alguna cosa), travessar amb un fil, un cordill, etc., (alguna cosa). *Enfilar una agulla.* / Agafar tot dret (un camí). (DIEC)

enfit *m.* Empatx.

enfitar *v. tr.* Causar enfit. / *intr. pron.* Atipar-se.

enfitat, -ada* *adj.* Tip, embafat.

enflitar* *v. tr.* Aspergir un líquid, esp. insecticida (flit).

enfundar-se *v. intr. pron.* Lliurar-se a la consideració d'una cosa, fer-ne massa cas. (DIEC) / Distreure's, fixar-se en alguna cosa poc important.

engabiar *v. tr.* Tancar (un animal) dins una gàbia. (DIEC)

engallar* *v. tr.* Perdre una pilota, encallar-la a un lloc inaccessible.

enganxador* *m.* Lloc on solen enganxar-se les xarxes.

enganyador* *v. tr.* Als bous, refugi dels rodadors.

enganyar *v. tr. Enganyar la gana,* fer algun mos per fer passar la gana.

engargallar* *v. pron.* Ennuegar-se.

engargussar *v. tr.* Una cosa, obstruir la gola (d'algú). / *intr. pron.* Una cosa, entravessar-se, encallar-se, a la gola. (DIEC)

engarjolar *v. tr.* Ficar (algú) a la garjola, a la presó. (DIEC)

engarronada* *f.* Broma pesada.

engast* *m.* Encast.

engatar *v. tr.* i *pron.* Embriagar.

engegar [aɲdʒa'ɣa] *v. tr.* Fer que (una cosa) comenci a anar, a funcionar, a rutllar. (DIEC)

engerra* *f.* Gerra, alfàbia.

enginollar* *v. pron.* Agenollar-se.

engiponar *v. tr.* Arranjar de qualsevol manera, a corre-cuita. (DIEC)

engolfa* *f.* Golfa.

engolir tb [aŋgu'ʎi] *v. tr.* Empassar.

engollidor* [aŋguʎi'ðo] *m.* Xuclador.

engonal [aŋko'nal][aŋgo'nal] *m.* Part interior de les cuixes.

engordir [aŋgor'ði] *v. tr.* Engreixar.

engorronir *v. tr.* Fer perdre (a algú) el delit de fer qualsevol cosa que exigeix un esmerç d'activitat, un esforç. / *intr. pron.* Perdre el delit de fer qualsevol cosa que exigeix un esmerç d'activitat, un esforç. (DIEC)

engorronit, -ida* *adj.* Que no té ganes de fer res.

engraellamenta* *f.* Que té forma de graella, embolic d'arrels.

engranar *v. tr.* Posar el gra (a la tremuja del molí). / *intr.* Una roda dentada, transmetre moviment a una altra pel fet d'entrar les pròpies dents en els espais que separen les dents de l'altra. (DIEC)

enguany *adv.* Est any.

enjogassar [aɲdʒuɣa'sat] *v. tr.* Engrescar (algú) a lliurar-se als jocs propis dels infants o dels joves. / *intr. pron.* Quan s'enjogassen, no tenen aturador. (DIEC)

enjogassat, -ada *adj.* Delitós de jugar. / *adj.* Lliurat als jocs propis d'infants o de joves. (DIEC)

enjullat, -ada* *adj.* Enlluernat.

enllardar *v. tr.* Embrutar amb llard o qualsevol altra substància greixosa. (DIEC)

enllestida* *f.* Acció d'enllestir. / *En una enllestida,* en un tres i no res.

enllestir *v. tr.* Deixar llest, dur a terme. (DIEC) / Fer neteja a casa. / *intr. pron.* Vestir-se convenientment.

enllestit, -ida* *adj.* i *intr. pron.* Vestit convenientment. (DCVB) / Net, esp. dit de la casa. / Una feina, haver-se dut a terme.

enllorar* *v. tr.* i *intr. pron.* Enyorar.

enllumenar *v. tr.* Un llum, un foc, etc., fer claror (a algú o alguna cosa). / *v. tr.* Posar un llum o llums (en algun indret) (DIEC)

enquitranar *v. tr.* Untar o impregnar de quitrà. / Barrejar amb quitrà. *Aigua enquitranada.* (DIEC) / Asfaltar.

enramada* *f.* Enuig. / Adorn fet amb rames.

enramar* *v. pron.* Enutjar-se.

enraonar *v .tr.* Parlar.

enrasar *v. tr.* Posar a ras, al mateix nivell, al mateix pla. (DIEC)

enrasir-se* *v. intr. pron.* El cel, aclarir-se.

enrastellar *v. tr.* Passar (els fils d'ordit) per entre les pues o palletes d'un rastell. (DIEC) / Posar en fileres una damunt l'altra. (DCVB)

enrellamat, -ada* *adj.* Entremaliat. / Llampant, cridaner.

enrogallar *v. tr.* Fer agafar rogall (a algú). / *intr. pron.* Algú, agafar rogall. / La veu, enronquir-se. (DIEC)

enrojar* *v. tr.* Enrogir.

enrojolar *v. tr.* Un sentiment o una emoció, fer enrogir (algú). / *intr. pron.* Algú, enrogir-se per vergonya, còlera o algun altre sentiment o emoció. (DIEC)

enrònia *f.* Cabòria, idea fixa.

enruna* *f.* Runa, pedra i terra recollida per una riuada,o en un tarter.

ensacar *v. tr.* Posar en un sac.

ensaginada [anseʒi'naða] *f.* Coca típica del dijous llarder.

ensalada *f.* Amanida. / *Ensalada russa,* ensalada feta amb patates i verdures bullides i tallades a trossets, tot amanit amb maionesa. (DIEC)

ensapar* *v. tr.* i *pron.* Menjar massa.

ensapat, -ada* *adj.* Tip, inflat per haver menjat massa.

ensèmit* *adv.* De soca-rel.

enseuar *v. tr.* Untar de sèu.

ensinistrar tb [ansines'tɾa] *v. tr.* Comunicar (a algú) aptesa, destresa, en algun art, en algun treball, etc. / *v. tr. per ext. Ensinistrar un goril·la, una serp.* (DIEC)

ensobecar-se *v. intr. pron.* Endormiscar-se.

ensomiar* [ansumi'a] *v. tr.* i *intr.* Somiar.

ensomni tb [an'somit] *m.* Somni.

ensordar* *v. tr.* Eixordar.

ensordir *v. tr.* Fer tornar sord. / *v. intr. pron.* Esdevenir sord. (DIEC)

ensulfatar [ansofa'ta] [ansufa'ta] *v. tr.* Sulfatar, aplicar (a les plantes) una suspensió de preparats no solubles de coure a fi de combatre distintes malalties causades per fongs i altres paràsits. (DIEC)

ensumar *v. tr.* i *intr.* Olorar. / Aspirar fortament l'aire pel nas.

entabutxar* *v. pron.* Entabuixar, atabalar per excés de calor, per mirar una pantalla.

entaular* *v. tr.* Passar la post pel terreny.

entelat, -ada* *adj.* Cobert d'un tel.

enteranyinar [antaɾaɲi'nar] *v. intr. pron.* El cel ja no és tan clar: s'ha enteranyinat. (DIEC)

enteranyinat, -ada* *adj.* El cel, ennuvolat.

enterra* *m.* Terra. *Has enllestit l'enterra?*

entoldat* *m.* Envelat.

entolladura *f.* Teixit que formen els fils de dos caps de corda entollats. (DIEC)

entomar [ampo'ma] *v. tr.* Tomar, copsar alguna cosa que cau o que ens tiren.

entoquinat* *v. intr.* Pavimentar amb llambordes (toquins).

entornar *v. tr.* Recosir les vores d'un vestit per amagar-les.

entortillar *v. tr.* i *intr. pron.* Entortellar, doblegar el peu.

entortillada* *f.* Acció d'entortillar-se el peu.

entossudir* *v. intr.* Engrescar-se amb una idea, mostrar-se tossut.

entossudit, -ida* *adj.* Que es mostra aferrat a una idea.

entrada* *f.* Prova, cursa dels bous als matins. / Rebedor.

entrador* *m.* Camí per entrar a una finca. / Rebedor.

entrant* *m.* Entrada, rebedor.

entravessat, -ada* tb [antreβe'sat] *adj.* Tossut. / tenir algú entre cella i cella.

entrecuix *m.* Regió de separació entre les dues cuixes. (DIEC)

entredicte* *m.* Dificultat, entredit: prohibició, esp. eclesiàstica.

entrellat *m.* Manera com s'ha esdevingut o realitzat, com està conjuminada, alguna cosa, i que és l'objecte d'una indagació. (DIEC)

entremetent, -a* *adj.* Inoportú, tafaner, que es posa en els assumptes d'altri.

entrepis* *m.* Entresol.

entrepit *m.* Regió situada sobre l'estern, entre pit i pit. (DIEC)

entretant *adv.* Mentrestant.

entrevirat, -ada* *adj.* Barreja de colors, estràbic, tort.

entrompessar* *v. intr.* Entropessar, ensopegar.

entropessada *f.* Ensopegada.

entropessar [an̪trompe'sa] *v. intr.* Ensopegar.

entufat, -ada* *adj.* Enfadat.

enturmentar* *v. tr.* Importunar.

envelat *m.* Cobert fet amb veles, especialment el que imita una sala de ball.
(DIEC)

enverenar* *v. tr.* Enverinar.

enversar* *v. intr.* Recitar versos improvisats.

envestigat, -ada [ambesti'ɣat][imbesti'ɣat] *adj.* Envestigat, ben bestit
(també *averiguat*).

envidrir* *v. tr.* i *intr. pron.* Envidreir, fer semblant al vidre.

enviduar *v. intr.* Enviudar.

enxirivellar* *v. tr.* Entusiasmar, encantar.

enxís* *m.* Encís.

enxisar* *v. tr.* Encisar.

enze ['enza] *m.* Ocell de reclam en la caça amb teles. / *m.* i *f.* Persona
aturada, no gens deseixida. (DIEC)

equivaldre* *v. intr.* Equivaler.

era *f.* Espai aplanat, ferm, a vegades enrajolat o empedrat, on es baten les
messes. / Espai petit de terra destinada al conreu d'hortalisses,
flors, etc. (DIEC)

erar* *v. intr.* Preparar l'arròs a l'era per batre. / *v. tr.* Ventar l'arròs.

erer *m.* Garbell d'espart o jonc per a porgar el gra a l'era. (DIEC)

eriçó [aɾi'so] *m.* Mamífer insectívor de la família dels erinaceids, que té el
pèl de la part superior del cos barrejat amb punxes i és capaç

d'enrotllar-se formant una bola, propi d'Europa i de les seves illes (*Erinaceus europaeus*). / *m. Eriçó de mar,* garota. (DIEC) / *Eriçó de fusta, Cidaris cidaris.*

erm, -a *adj.* Inhabitat. / Estèril. / *m.* Lloc no conreat, desert, àrid, amb vegetació esclarissada, formada sobretot per plantes herbàcies o per petites mates. (DIEC)

ert, -a *adj.* Dret i rígid. (DIEC) / Mort.

èrtic, èrtiga *adj.* Ert.

esbajocar *v. tr.* Traure la tavella als llegums.

esbalafiador, -a* *adj.* Malgastador.

esbarrar *v. tr.* Excedir, esgarriar. / *v. intr. pron.* Un animal, fugir.

esbarrat, -ada* *adj.* Esbojarrat.

esblanquir* *v. tr.* Esblanqueir.

esbocar *v. tr.* Eixamplar la boca (d'un tub, d'una mànega, d'un canó de plom, etc.), per engalzar-lo amb un altre. (DIEC)

esbocat, -ada *adj.* Dit del coll o les mànigues d'una peça de roba quan s'ha donat excessivament.

esbombolar [azβambo'la] *v. tr.* Esbombar, divulgar una notícia.

esborcer* [azβor'se] *m.* Esbarzer.

esborronar *v. tr.* Posar els pèls de punta (a algú) per efecte del fred, de la febre, de la por, etc. / *v. tr.* Horroritzar. (DIEC)

esbrafar* *v. tr.* Esbravar, una beguda, quedar sense gas.

esbromadora *f.* Escumadora, cullera grossa, plana i amb forats amb què se separa l'escuma del brou o qualsevol altre líquid. (DIEC)

esbromar *v. tr.* Traure l'escuma.

esbroquellar *v. tr.* Trencar la vora d'un objecte de vidre o de fang.

esbrossar *v. tr.* Desbrossar. (DIEC)

esbudellar *v. tr.* Treure els budells (d'un animal), fer-los sortir a la part de fora. (DIEC)

esbufegat, -ada* *adj.* Que esbufega.

esbutzar *v. tr.* Traure la butza, les vísceres.

esc* *m.* Esca per al moixó.

esca *f.* Esquer.

escafinyat, -ada* *adj.* Esquifit, avar.

escafit, -ida* tb [askaw'fit] *adj.* Esquifit.

escaldar *v. tr.* Sotmetre a l'acció de l'aigua bullent o del seu vapor. / *v. tr.* Sorprendre (algú) amb un resultat desagradable i inesperat. (DIEC)

escàlem *m.* Tija vertical, fixada al forat de l'escalemera, a proa de la qual s'arma el rem mitjançant l'estrop. (DIEC)

escalemera [askala'mera] *f.* Peça on es fixa l'escàlem.

escalfar tb[askaw'fa][asko'fa] *v. tr.* Comunicar calor (a alguna cosa), especialment en un grau moderat, fer esdevenir calent. / *v. intr. pron.* Esdevenir calent, més calent. (DIEC)

escalivat, -ada *adj.* Arrugat, rebregat, poc fresc o natural. / *f.* Menjar fet al caliu, especialment pebrots, albergínies, cebes, tomàquets i patates. (DIEC)

escaló *m.* Esglaó.

escalzimar* *v. tr.* Estalzimar, traure l'estalzim del fumeral.

escamarrar* *v. tr.* Eixancarrar.

escamar* *v. pron.* Perdre les escames, *fig.* escarmentar.

escamarlanc* *m.* Crustaci, escamarlà, *Nephrops norvegicus.*

escambronera* *f.* Cambronera, argelaga. / *adj. fig.* Pervers, calumniador.

escampatall* *m.* Escampall.

escandall *m.* Càlcul.

escàndol *m.* Soroll, gatzara: *moure un escàndol.*

escanyar *v. tr.* Matar (algú, algun animal) privant-lo de respirar per compressió o obstrucció de la gola. / *v. intr. pron.* Morir per compressió o obstrucció de la gola. / *v. tr.* Privar momentàniament de respirar per compressió o obstrucció de la gola. / *v. intr. pron.* Tenir la respiració suspesa uns moments per compressió o obstrucció de la gola. / *v. tr.* Comprimir, estrènyer, fer estret en un dels seus punts. (DIEC)

escanyassia* *f.* Borm, malaltia pròpia dels cavalls, ases i muls.

escansar* *v. tr.* Posar-se a la mateixa alçada, atrapar.

escantellat, -ada* *adj.* Que ha perdut un tros, un cantell, etc., per trencament.

escanyapits *m.* Caliquenyo.

escarabat *m.* Insecte coleòpter.

escarabitxa* *f.* Panerola, cuca panera, escarabat de cuina.

escarbar* *v. tr.* Gratar.

escardalenc, -a *adj.* Prim, secall.

escardussar *v. tr.* Maldar, emprendre, pegar.

escarnat, -ada* *adj.* Descarnat.

escarot *m.* Conjunt d'animals dispersos, esp. aviram.

escarpell *m.* Part metàl.lica d'una aixada, fulla.

escarpellar *v. tr.* Treballar (un objecte) per mitjà de l'escarpell. (DIEC)

escarpi* *m.* Instrument metàl.lic per fer regates a la paret, etc.

escarransit, -ida *adj.* Fet mesquinament, d'una manera gasiva. / *adj.* Poc fet, mancat de desenrotllament normal. (DIEC)

escarrar *v. tr.* Refregar (les rames de certs arbres fruiters, especialment les oliveres) per collir-ne els fruits. (DIEC)

escarràs *m.* Penjoll de fruits. / *m.* Persona que fa la feina més pesada d'una casa, d'una treballada, etc. (DIEC)

escarrassar* *v. tr.* Collir olives amb les mans o amb una pinta.

escarritx *m.* Esquitx. / Grinyol.

escarritxar *m.* Esquitxar. / Grinyolar.

escarrot* *m.* Part d'una branca tallada que queda a l'arbre.

escarsa* *f.* Barra per impedir un animal fugir o cobrir una femella.

escata *f.* Placa petita que, imbricada o juxtaposada amb unes altres de semblants, forma la coberta externa del cos de certs peixos, rèptils i mamífers, i de les potes dels ocells. (DIEC)

escatar *v. tr.* Treure l'escata (d'un peix). / *v. tr.* Llevar gratant allò que forma una capa adherida a la superfície (d'alguna cosa). / *v. tr.* Arrencar un arrebossat, un estucat o un enguixat (d'una superfície). / *v. tr.* Netejar (especialment unes terres) llevant-ne les excrescències sobreres. / *v. tr.* Rentar a fons, fregant (algú o alguna cosa). (DIEC)

escatat, -ada* *adj.* Molt net.

escatxill* *m.* Esquitx.

escatxillar* *v. tr.* Esquitxar.

escatxir* *v. tr.* Esquitxar.

escaufir* [askaw'fi] *v. tr.* Escalfeir.

escaufit, -ida* [askaw'fit] *adj.* Escalfeït, tancat, escalfat, esp. una habitació.

esclafir *v. intr.* Fer un esclafit o esclafits. (DIEC)

esclafit *m.* Soroll sec, agut, sobtat, produït per un tret, una ruptura, un cop de fuet, etc. / *per ext. Esclafits de riure.* / *loc. Fer l'esclafit,* esclatar, rebentar-se. (DIEC)

esclatacor* *adv.* Amb totes les forces.

esclet, -a* *adj.* Molt net, impecable.

escletor* *f.* Netedat.

esclofollar *v. tr.* Llevar la clofolla (a un fruit). (DIEC)

esclop *m.* Calçat de fusta tot d'una peça, emprat per a caminar per llocs humits, treballar l'hort, etc. (DIEC)

escalunya [asko'luɲa] *f.* Planta semblant a la ceba, *Allium ascalonicum.*

escoar *v.tr.* Escuar.

escolanet, -eta *m.* i *f.* Infant que fa d'escolà. (DIEC)

escomençar**v. tr.* Començar.

escopeta* *f.* Peix, *Chimaera monstrosa.*

escopinyada* *f.* Escopinada.

escopinyar* *v. intr.* Escopinar.

escoquerar* *v. tr.* Collir les figues cóqueres.

escorpa* *f.* Peix, escórpora, *Scorpaena porcus.*

escorporar* *v. tr.* Anar de ventre. / Produir diarrea (DCVB).

escorredor *m.* Lloc disposat perquè s'hi escorri un líquid. (DIEC)

escorrentiu *m.* Filtració d'aigua. / Lloc per on s'escorre l'aigua.

escórrer *v. tr.* Treure mecànicament el líquid que impregna (els teixits, les troques, etc.), mitjançant un premsatge, una centrifugació o per aspiració. (DIEC)

escorxeria* *f.* Escorxador.

escota [as'kɔta] *f.* Cap lligat al puny inferior d'una vela que serveix per a caçar-la o amollar-la. (DIEC)

escriptor, -ora [askɾi'to] *m.* i *f.* Persona que escriu llibres, que es dedica a la composició literària. (DIEC)

escrita *f.* Peix, *Raja ondulata.*

escròfula *f.* Inflamació dels ganglis limfàtics.

escrúpol *m.* Fàstic.

escudellar *v. tr.* Distribuir (sopa, escudella, brou, etc.) posant-ho en les escudelles o els plats. (DIEC)

escuixolar *v. tr.* Traure o trencar les cuixes. / Trencar-se una cama.

escullós, -osa *adj.* Amb forma d'escull. / *fig.* Imponent, ben plantat, sa.

escuranda *f.* Obra, plats bruts.

escurar *v. tr.* o *intr.* Rentar els plats.

escurçar *v. tr.* o *intr. pron.* Fer més curt, menys llarg. / *Escurçar la ració,* disminuir-la. (DIEC)

escurçó *m.* Serp, *Vipera latasti.*

escut* *m.* Escudet, punt d'unió d'un empelt.

escut$_2$ *m.* Conquilla, closca calcària d'un mol·lusc, *escut de sépia.*

esfollinar* [asfuʎi'na] *v. tr.* Traure l'estalzim d'una xemeneia.

esfondrar *v. tr.* Fer anar a fons. / *intr. pron.* Anar a fons. / *v. tr.* Ensorrar, destruir (un edifici). (DIEC)

esgallar *v. tr.* i *intr. pron.* Esberlar, obrir en dues o més parts per ruptura del lloc que ofereix menys resistència. (DIEC)

esgambi *m.* Esbargiment. / Lloc esbarjós. (DIEC)

esgarrany *m.* Esgarrinxada.

esgarranya* *f.* Conjunt de plantes que esgarranyen.

esgarranyar* *v. tr.* Esgarrinxar.

esgarrap *m.* Esgarrapada.

esgarrapada *f.* Acció d'esgarrapar; l'efecte. (DIEC)

esgarrapar *v. tr.* Esquinçar lleugerament la pell (d'una part del cos) amb les ungles, les urpes. / Treure profit d'una cosa, especialment per mitjans il·lícits o poc delicats. (DIEC)

esgarrar *v. tr.* Esquinçar, esgarrinxar. / *v. tr.* i *intr. pron.* Esguerrar.

esgarrifança *f.* Estremiment involuntari dels músculs, acompanyat per un petament de dents i una sensació intensa de fred, que generalment és produït per una emoció, per un accés de febre o pel fred. (DIEC)

esgarrifar *v. tr.* Una emoció, fer estremir. / *v. tr.* Esborronar, horripilar. / *intr. pron. M'esgarrifo de pensar els danys que en provindran.* (DIEC)

esgarrinxada [asɣariɲ'tʃaða] *f.* Acció d'esgarrinxar; l'efecte. (DIEC)

esgarrinxar v. tr. Esquinçar lleugerament la pell (d'una part del cos) amb una agulla, amb una punxa qualsevol. (DIEC)

esgarro* *m.* Esguerro.

esgarronar *v. tr.* Estalonar.

esgatinyar-se *v. intr. pron.* Barallar-se a esgarrapades. (DIEC)

esgatissar-se* *v. intr. pron.* Esgatinyar-se, barallar-se a esgarrapades.

esglai *m.* Por causada per la imminència d'un gros perill, d'una desgràcia sobtada. (DIEC)

esglaiar *v. tr.* Causar esglai (a algú). / *intr. pron.* Ésser pres d'esglai. (DIEC)

esglevar *v. tr.* Desglevar.

esgolar* *v. tr.* Esgargamellar-se, cridar molt.

esgotar *v. tr.* Buidar, esp. buidar un canal.

esgramellar* *v. pron.* Exclamar-se.

esgroguissat, -ada *adj.* Groguenc.

esguerrada* *f.* Esguerro, esquinç a la roba.

esguerrar [azɣa'ra] *v. tr.* No reeixir en l'execució (d'alguna cosa), fer-la malament. / *v. tr.* Fer malbé. / *intr. pron.* Esguerrar-se un projecte, una collita. (DIEC) / Esgarrar.

esguerrat, -ada *adj.* Pobre, malmès, dit esp. d'una planta.

esguerro [az'ɣaro] *m.* Acció d'esguerrar o d'esguerrar-se; l'efecte. (DIEC)

esguinçar* *v. tr.* Esquinçar.

esllacar* *v. tr.* Traure el llac, el llot.

esllanguit, -ida tb [ezʎiŋ'git] *adj.* Esprimatxat.

esllavassar* *v. tr.* Rentar excessivament, esp. l'excés de pluja.

esllavassat, -ada* *adj.* Que ha perdut propietats per un excés d'aigua.

esllemenar *v. tr.* Treure el rebrotim (d'un arbre). (DIEC)

esllomar *v. tr.* Crebantar, fer malbé els lloms (d'algú, d'alguna bèstia). / *intr. pron.* Algú o algun animal, consentir-se els lloms. (DIEC) / *intr. pron.* Cansar-se en extrem. / *fig.* Esforçar-se a fer alguna cosa.

esllomat, -ada* *adj.* Cansat en extrem.

esma ['ezme] *f.* Aptesa a fer instintivament, maquinalment, alguna cosa. (DIEC) / *Fer alguna cosa amb esme*, fer-la amb cura. *Tenir esme*, tenir cura a l'hora de fer alguna cosa.

esmargenar [azmardʒe'ra] *v. tr.* Desfer els marges (d'un camp). (DIEC)

esmelegar-se* *v. intr. pron.* Posat el crit al cel.

esmerçar *v. tr.* Emprar (diners). Aquests diners, no els podràs esmerçar millor que en obres de beneficència. En aquesta empresa, ja hi he esmerçat molts diners. / *v. tr. per ext.* Esmerçar energia, activitat, esforços, etc., en una empresa. (DIEC)

esmillar *v. tr.* Treure el mill.

esmolet *m.* Persona que té per ofici esmolar ganivets, tisores, etc. (DIEC)

esmorrar *v. tr.* Rompre la cara, inflar els morros (a algú). / *intr. pron.* Caure de cara, trencar-se el nas. / *tr.* Despuntar, esdentar (una eina). / *intr. pron.* El ganivet s'ha esmorrat i ja no talla.

esmossat, -ada* *adj.* Que té mosses, dit esp. d'un ganivet.

esmotxar *v. tr.* Trencar la punta d'un ganivet.

esmussar *v. tr.* Fer menys agut, menys tallant, llevar l'agudesa del tall, de la punta (d'una eina, d'una arma). / *intr. pron.* Un instrument tallant, perdre el tall. / *tr.* Una substància àcida, un soroll estrident, un carrisqueig, produir una impressió aspra i desagradable (a les dents). (DIEC)

esnovar *v. tr.* Tallar els brots nous o tendres (d'un arbre). (DIEC)

espadana* *f.* Fil on s'insereixen els peixos pescats.

espadanar* *v. tr.* Enfilar el peix a l'espadana per la galla.

espadar* *v. tr.* Segar de brossa les vores d'una canal.

espadella *f.* Costella del collar de l'animal.

espai* *adv.* Poc a poc. *A espai,* a poc a poc.

espaiet* [aspa'et] *adv.* Espai, poc a poc.

espaït, -ïda* *adj.* Lent.

espaladrap* *m.* Esparadrap.

espallar* *v. tr.* Traure la palla de la batuda.

espalmador *m.* Raspall.

espalmar *v. tr.* Netejar la cara exterior (del buc d'una nau) i pintar-la. / *v. tr.* Raspallar. / *intr. pron.* Esglaiar. (DIEC)

espalmatòria *f.* Palmatòria, canelobre per a una espelma.

espampolar *v. tr.* Treure els pàmpols (d'un cep, d'una vinya). / *tr.* Furtar. (DIEC)

espanotxar *v. tr.* Espellofar.

esparallofar* *v. tr.* Espellofar, traure la parallofa (pellerofa).

espardenyer, -era *m.* Que fa espardenyes. / *adj.* Groller.

espargir *v. tr.* i *intr. pron.* Escampar, dispersar, disseminar. (DIEC)

esparpillar *v. tr.* i *intr. pron.* Obrir l'ull, fer obrir l'ull (a algú), despertar-li l'enteniment. (DIEC)

esparpollar* *v. tr.* Airejar.

esparpotar* *v. tr.* Airejar.

esparralló* *m.* Esparrall: *Diplodus annularis.*

espart *m.* Fregall.

esparverada* *f.* Vol d'estornells.

esparverat, -ada* *adj.* Astorat.

espatlla [as'pala] *f.* Part superior i lateral del cos a cada costat del coll formada pels ossos que uneixen el braç al tronc i els músculs que els recobreixen. (DIEC)

espatllar [aspa'la] *v. tr.* Fer malbé, perdre el color per excés d'ús.

espatllat, -ada [aspa'lat] *adj.* Gastat.

espatllera [aspa'leɾa] *f.* Respatller.

espavil* *m.* Vivesa. *Anar espavil,* estar alerta.

espeat, -ada* *adj.* Despeat, cansat, dolorit dels peus.

espedrar* *v. tr.* Espedregar.

espedregar *v. tr.* Traure les pedres del camí.

espellerofar* *v. tr.* Traure la pellerofa.

espelletar *v. tr.* Llevar la pell.

espelunca *f.* Cova.

espendotxat, -ada* *adj.* Esparracat, esguerrat.

espenta* *m.* Empenta.

espentejar* *v. tr.* Empentejar, empènyer.

espentolat, -ada *adj.* Amb la roba feta malbé, a péntols.

esperellofar* *v. tr.* Traure la pellerofa, espellerofar.

espessor* *f.* Brutícia.

espet *m.* Peix de la família dels esfirènids, de cos molt llarg i poc comprimit, amb el maxil·lar inferior prominent i acabat en punta cònica, dents punxegudes, i dues aletes dorsals molt separades (*Sphyraena sphyraena*). (DIEC)

espicarrassar* *v. tr.* Espicassar, picar amb un bec. / *fig.* Jugar a barallar-se.

espicarrassar[2]***** *v. tr.* Picar, menjar a bocins petits (esp. d'un pastís).

espigat, -ada *adj.* Que ha fet una bona creixença. (DIEC)

espígol *m.* Mata aromàtica de la família de les labiades, de fulles molt estretes i flors blaves o violàcies en inflorescència terminal interrompuda, en què s'intercalen bràctees membranoses ovades, pròpia sobretot de prats i matollars secs de la muntanya mediterrània i cultivada per extreure'n un oli essencial emprat en perfumeria i com a aromatitzant (*Lavandula angustifolia* o *L. officinalis*). (DIEC)

espigolar *v. tr.* Collir les espigues que han quedat després de la sega.

espia* *f.* Gamba roja vulgar, *Tringa totanus*.

espia[2]***** *f.* Espia pescadora, Gamba roja pintada, *Tringa erythropus*.

espia[3]***** *f.* Espia pescadora, Gamba verda, *Tringa nebularia*.

espill *m.* Mirall.

espinada *f.* Columna vertebral.

espinal *m.* Arbust, arç, *Lycium europaeum.*

espitjar *v. tr.* Prémer, comprimir.

esplugabou* *m.* Ocell, esplugabous, *Bubulcus ibis.*

esplugar *v. tr.* Netejar de polls, de puces. (DIEC)

espollar *v. tr.* Treure les branques seques (dels arbres). (DIEC)

espollegar* *v. tr.* Esllemenar, traure els nous o les branques mortes.

espolsar *v. tr.* Sacsejar (alguna cosa) per fer-ne caure allò que està adherit a la seva superfície, que en penja, etc. / *v. tr.* Agitar (extremitats) per alliberar-se d'alguna cosa, netejar-se, gratar-se, etc. / *v. tr. pron.* Treure's de sobre (algú o alguna cosa que molesta). (DIEC)

esponja* *f.* Invertebrat marí, esponja de mar, *Phylum porífera.*

esporgar *v. tr.* Netejar (una planta) de les branques inútils o supèrflues. (DIEC)

espotrancat, -ada* *adj.* Cansat dels peus.

esprenydre* *v. tr.* Esprémer.

espuma *f.* Escuma.

espumós, -osa *adj.* Escumós.

espurna *f.* Partícula inflamada que es desprèn d'un cos en combustió o fortament rascat. / *f.* Petita quantitat d'una cosa. / *f.* Persona espavilada. (DIEC)

espurnegall* *m.* Espurnall.

espurnejar *v. intr.* Ploure poc.

esqueix *m.* Rama esqueixada d'una planta herbàcia, que s'enterra per la seva part inferior en terra humida perquè hi arreli. (DIEC)

esquella *f.* Campana petita, cilíndrica o quasi cilíndrica, com les que es posen al coll dels bous, dels moltons, etc., que guien un ramat. (DIEC)

esquellada *f.* Dring d'esquelles, adreçada esp. als vidus que es casaven.

esquellat, -ada* *adj.* Amb esquella, esp. gra d'arròs sense blanquejar.

esquellot *m.* Esquella grossa.

esquerda *f.* Obertura longitudinal més o menys pregona que es produeix a la terra, en un mur, en un cos dur. En aquella paret hi ha una esquerda que va de dalt a baix. En aquest càntir hi deu haver alguna esquerda: mira com vessa. / *f.* Esquerdill. / *f.* Estella llarga i prima. (DIEC)

esquerp, -a *adj.* Aspre, intractable, que defuig el tracte de la gent, que es mostra irritable amb els que s'hi acosten. (DIEC)

esquerrer, -a *adj.* Esquerrà.

esquif *m.* Embarcació menuda per atansar-se a terra. / Nen mogut.

esquilar *v. tr.* Talar el pèl a ran, esp. la llana de les ovelles.

esquitllar *v. tr.* Trencar ametlles.

est, -a *adj.* i *pron.* Aquest.

estable *m.* Establia.

estacada *f.* Cop d'estaca. / *f.* Obra feta d'estaques clavades a terra. / *f.* Conjunt d'estaques de fusta, de formigó, etc., que, clavades en un terreny poc consistent, n'augmenten la compacitat, o bé, fent-les penetrar a més profunditat, permeten de fer descansar els fonaments sobre llurs testes. / *f.* Barrera feta amb estaques per protegir una riba dels embats de l'aigua. (DIEC)

estacador* *m.* Lloc fangós.

estacar *v. pron.* Trobar-se amb el peus immòbils al fang.

estall* *m.* Destall. / *loc. A estall*: treballar a preu fet. / Treballar al màxim.

estalviar [astuβi'a] *v. tr.* No consumir, no despendre, no esmerçar, no emprar (alguna cosa). / *v. tr.* Fer estalvi o estalvis (d'alguna cosa). Estalvia pa, que no en quedarà per sopar. / *tr.* Evitar, no imposar, deslliurar. / *tr.* Salvar d'un infortuni. (DIEC)

estalzí *m.* Estalzim.

estalzim *m.* Sutge.

estamordir *v. tr.* i *intr. pron.* Atordir, deixar com mort, sense sentits. (DIEC)

estamordit, -ida* *adj.* Atordir.

estampa *f.* Estampació / Presència. / Cromo.

estandard* *m.* Estendard.

estanteria *f.* Prestatgeria

estany *m.* Massa d'aigua relativament poc extensa dipositada en una depressió del terreny. (DIEC)

estaquilla* *f.* Cada estaca que marca els vèrtex del carro.

estaquirot *m.* Estaferm, persona aturada, inútil, que fa nosa. (DIEC)

estarrufar *v. tr.* Fer dreçar (el pèl, les plomes d'un ocell, etc.). / *intr. pron.* Envanir-se. (DIEC)

este, -a *adj.* i *pron.* Aquest.

estelat, -ada *adj.* Ple d'estels. / *adj.* Que té una clapa blanca al front. (DIEC)

estella [as'teʎa] *f.* Tros que s'ha desprès d'una fusta per esqueixament. (DIEC)

estenalles *f. pl.* Tenalles.

estenedor *m.* Lloc, corda, etc., destinat a estendre-hi alguna cosa perquè s'assequi. (DIEC)

esteranyinadora* *f.* Esteranyinador, canya llarga amb un plomall.

esternudar [astarnu'ða] *v. intr.* Fer pel nas una inspiració brusca, seguida d'una expiració violenta, espasmòdica i oïble. (DIEC)

esternut [astar'nut] *m.* Acció d'esternudar. (DIEC) / *Fer (alguna cosa) amb un esternut*, fer-la fàcilment, ràpidament.

esterrossar *v. tr.* Esclafar els terrossos que presenta (un terreny, una substància, etc.). (DIEC)

estevat, -ada* tb [asti'βat] *adj.* Que té les cames aquejades.

estiba *m.* Pila de sacs plens. / *No tenir estiba*: no tenir paciència.

estimar* *v. tr.* Donar un petó / *v. intr. pron.* Preferir: *m'estimo més...*

estirandes* *f. pl.* Regnes, tirandes.

estirassó* *m.* Estirada forta.

estisora* *f.* Tisora.

estisores *f. pl.* Tisores.

estol *m.* Colla, grup, esp. de moixons.

estolada* *f.* Estol.

estómac [asto'mek] *m.* Porció dilatada del tub digestiu en la qual té lloc la quimificació dels aliments. (DIEC)

estopenc, -a *adj.* Tou, flonjo, com l'estopa. (DIEC) / Aspre, corretjut.

estora *f.* Catifa.

estordir *v. tr.* Estabornir.

estordit, -ida *adj.* Irreflexiu.

estoret [asto'ret] *m.* Ventall d'espart per atiar el foc.

estornell [astur'neʎ] *m.* Ocell de la família dels estúrnids, de 21 centímetres de llargada, plomatge negre amb reflexos verdosos i vermellosos i pigallat de blanc, que vola en estols, sovint de milers d'individus, que és un dels ocells més comuns de l'avifauna europea (*Sturnus vulgaris*). (DIEC)

estossolar* *v. tr.* Trencar el cap.

estovar *v. tr.* Fer blan, apallissar algú.

estoviar* [astuβi'a] *v. tr.* i *intr.* Estalviar.

estovor [astu'βo] *f.* Xafogor.

estrafolari [astɾafu'laɾi] *adj.* Que és estrany i extravagant pel seu caràcter absurd, còmic o ridícul. (DIEC)

estragat, -ada* *adj.* Cansat en extrem, asedegat.

estral* *f.* Destral.

estralejar* *v. tr.* Destralejar.

estrambòtic *adj.* Que se separa d'allò que hom considera normal i usual. (DIEC)

estrassa *f.* Paper gruixut, de poca qualitat, per embolicar.

estrella *f. Estrella de mar,* equinoderm de la classe *Asteroïdeus.*

estrella$_2$ *f.* Estel.

estrellat, -ada *adj.* Estelat.

estret *m.* Congost, escanyall.

estrínjol* *m.* Estríjol, raspall de ferro per als animals.

estuba *f.* Inhalacions de vapor; estovor.

esturió *m.* Peix, *Acipenser esturio.*

esvanit, -ida* *adj.* Envanit.

esverar *v. tr.* Fer perdre (a algú) la presència d'esperit, l'esma, alarmar granment. / *intr. pron.* Perdre la presència d'esperit, l'esma, alarmar-se granment. (DIEC)

esverat, -ada* *adj.* Que s'esvera fàcilment.

esxarrancar* [astʃaraŋ'ka] *v. tr.* Eixancarrar.

eu *interj.* Oh, ah, s'usa en to d'admiració, de sorpresa.

exemple [ej'ʒemple] *m.* Fet que se cita com a suport d'una asserció. (DIEC)

expressió tb [aspɾe'zjo] *f. pl.* Salutacions, records; esp. adreçades a una

tercera persona.

extraure *v. tr.* Extreure.

faca* *f.* Ganivet de fulla plegable, ganivet caçador, navalla.

fàcil* *adj.* Beneit.

facir* *v. tr.* Farcir.

fadrí, -ina *adj.* Jove, esp. en edat de casar-se. / Solter.

faena *f.* Feina.

faenada* *f.* Feinada.

faener, -era* *adj.* Feiner.

faixa *f.* Llenca de terra.

faixó *m.* Vorada d'una vela. / Llenca de terra. / Esglaó de terra.

fal·lera *f.* Inclinació envers alguna persona o cosa que ens porta a pensar-hi tothora, a desitjar-la a tot moment, a no saber estar de freqüentar-la, etc. (DIEC)

falaguer, -a *adj.* Que afalaga. / Que fa plans que no duu a terme.

falcilla tb [fal'ziʎa] *f.* Falciot negre, *Apus apus.*

falda *f.* Faldilla. / Replà que formen les cames d'una persona asseguda, des del ventre als genolls. / Part inferior d'una muntanya, d'una serralada. (DIEC)

faldar *m.* Falda d'una muntanya.

falder, -a *adj.* Que li agrada d'estar sempre a la falda d'algú. / *adj.* Que es pot tenir còmodament a la falda, s'aplica a animals de companyia. (DIEC)

faldeta *f.* Faldilla.

faldetes* *adj.* Falder.

faldut,* -uda* *adj.* i *m.* i *f.* Natural d'Ulldecona.

fallar *v. tr.* Algú, no encertar, errar, (allò que vol tocar, atènyer). / *intr.* Frustrar-se, no reeixir. / *tr.* Matar (una carta) amb un atot quan no

se'n té cap del mateix coll per a jugar. (DIEC)

fallat, -ada *adj.* Dit esp. dels cacaus o grans d'arròs buits.

falleba *f.* Barreta de ferro que es posa en sentit vertical a les cares interiors de balcons, de finestres, etc., la qual, a l'alçada convenient, té una maneta amb què es transmet a la barra un gir que fa que els dos extrems colzats de la barra s'encaixin en els tancadors que es col·loquen en els travessers dels bastiments. (DIEC)

fals, -a *adj.* Dit esp. d'un animal que no és de fiar.

falsa* *f.* Golfa, part més alta d'una casa.

faltar *v. intr.* Perdre la consideració.

faltat, -ada *adj.* Mancat d'una qualitat, d'una característica determinada. / *adj.* Que no té seny. (DIEC)

faltriquera* *f.* Butxaca interior d'una faldeta.

falzilla* *f.* Falcilla.

familiada* *m.* Reunió de famílies. / Família nombrosa.

familieta* *f.* Els menuts d'una família.

fandango *m. fig.* Enrenou.

fanguejar *v. intr.* Anar pel fang. / *v. intr.* Remenar fang. (DIEC)

fangutxer* *f.* Vessament d'aigua sobre el terra esp. d'una casa.

faràndula *f.* Colla de comediants ambulants que recorre els pobles fent espectacles populars i generalment còmics. (DIEC)

farcidura* *f.* Aliment per farcir, esp. les botifarres.

farcir [fa'si] *v. tr.* Omplir de carn trinxada i d'altres ingredients (un ocell, un pastís, etc.). / *v. tr.* Omplir fins a l'atapeïment. (DIEC)

farcit [fa'sit] *m.* Farciment.

farcit, -ida* *adj.* Ple de carn picada o d'altres ingredients (un ocell, un pastís, etc.).

farda *f.* Conjunt d'objectes que es duen amb si en un viatge, una excursió, etc., especialment provisions de boca. / *f.* Conjunt de coses més aviat inútils que fan d'embaràs, de què es podria prescindir, que enfarfeguen. (DIEC) / Residus d'una obra, d'un enderroc.

fardar* *v. tr.* Presumir.

fardatxo *m.* Rèptil, *Lacerta ocellata.*

fardell *m.* Roba, paper o altra mercaderia posada ben pitjada dins un embolcall d'arpillera, roba enquitranada, etc., per a ésser així convenientment transportada. / *m.* Farcell. DIEC) / Conjunt de coses rebregades.

fardellot* *m.* i *f. fig.* Dit de qui s'abandona el cos o el vestir.

farfallejar *v. intr.* Tartamudejar.

farfallós, -a *adj. m.* i *f.* Xafallós, farfall, que s'entrebanca al parlar .

farfoll* *m.* Que farfalleja.

farfollejar* *v. tr. fig.* Remenar vianda mentre es tria.

farga* *adj.* Varietat d'olivera. / *f.* Fargalada.

fargalada *f.* Solatge esp. de l'oli, solatge de fang en el calçat.

farigola ['fri□ola] *f.* Mata de la família de les labiades, molt aromàtica, de fulles oblongues i petites, i flors bilabiades, rosades, violàcies o blanques, en inflorescències terminals, freqüent a les timonedes i als matollars mediterranis, de la qual s'obté el timol (*Thymus vulgaris*). (DIEC)

farinassa* *f.* Resultant farinós de la refinació d'arròs.

farinetes *f. pl.* Menja, sobretot per als nens, feta de farina de diversos cereals i d'aigua bullent i condimentada amb oli i sal o bé amb sucre. (DIEC)

farinosa* *f.* Coca de farina farcida de cabell d'àngel.

farjat, -ada* *adj. Mal farjat*: mal vestit esp. nens i iaios.

farjup* *m.* Bossa que fa la roba quan va gran o està mal ajustada.

farnaca *f.* Llebre jove.

faro* *m.* Far.

farol* *m.* Faró.

Faroleta* *topòn.* Platja del Fangar (també anomenada *Xip-Xap*).

farollonada* *f.* En aigua soma: eixir de roques sobre el nivell del mar.

faroner, -a *m.* i *f.* Qui s'encarrega del manteniment d'un far.

faronera* *f.* Foguerada.

farragós, -a* *adj.* Pesat, empalagós.

farratge [fe'radʒe] *m.* Verd que es dóna com a aliment al bestiar. (DIEC)

farro *m.* Farina de les farinetes, sedassada més d'un cop.

fart [pl. 'fars] *m.* Acció d'ingerir una quantitat d'aliment excessiva; l'efecte. Fer-se algú un fart de pa, de faves, d'arròs. / *m.* Excés en qualsevol acció. *Un fart de riure, de plorar.* / *fart de llenya,* pallissa (DIEC)

fart, -a* *m.* i *f.* Fartaner, fartanera. / *adj.* Que ha menjat fins a no poder més. / *adj.* Satisfet d'una cosa fins a sentir-ne fàstic, cansat d'una cosa. (DIEC)

fartallada* *f.* Fartanera.

fartanera *f.* Acció d'afartar-se.

fartapobres* *m.* Afartapobres, varietat de raïm.

fartar* *v. tr.* i *intr. pron.* Afartar.

fartera *f.* Fartanera. / Abundància de menjar. (DIEC)

fartum *m.* Fart, acció d'ingerir una gran quantitat d'aliments.

fasset *m.* Peça de vestir llarga per als nadons.

fato *m.* Vianda, equipatge, tràfec.

fatxa *f.* Imatge, esp. en sentit despectiu .

fatxa₂ *adj.* i *m.* i *f.* Feixista.

fatxada *f.* Façana.

fatxós* *adj.* Que té mala imatge.

fava* *f.* Joc infantil: l'escanyada, fava, cavall fort.

fava₂ *adj.* Tou de caràcter.

fava₃ *f. Faves ensabatades,* amb clofolla.

favat, -ada* *adj.* Dit de les aus amb el plomatge tacat: *gallina favada.*

favera *f.* Planta anual de la família de les papilionàcies, robusta, de fulles paripinnades i de flors blanques amb les ales negroses, conreada per les propietats alimentoses de les seves llavors, les faves, i dels seus llegums tendres (*Vicia faba*). (DIEC)

febre ['feβra] *f.* Elevació de la temperatura del cos que manifesta la reacció de l'organisme a algun procés patològic. (DIEC)

febres* *f. pl.* Paludisme.

fècula *f.* Midó que es troba en forma de grànuls en les cèl·lules vegetals dels tubercles, els rizomes i altres arrels d'algunes plantes, com ara patates, mandioca i sagú. (DIEC)

feix *m.* Conjunt de tiges, branquillons, bastons, etc., disposats paral·lelament i lligats ensems. / Gran quantitat. (DIEC)

feixa *f.* Bancal de terra en forma de terrassa.

feixar *v. tr.* Reunir formant feix. (DIEC)

fel *f.* Bilis.

felimidet, -a* *adj.* Prim.

feltre *m.* Collar que subjecta el jou quan es llaura a parell.

fem *m.* Escombraries.

femat* *m.* Camp adobat amb fems.

femater* *adj. Cuc femater,* cadell: *Gryllotalpa gryllotalpa.*

fembril* *m.* Cànem bord.

femer *m. fig.* Lloc brut.

femta *f.* Excrements.

femtar *v. intr.* Defecar.

fenàs *m.* Herba de la família de les gramínies, de fulla dura, que sol fer poblacions als marges i als prats secs, de diversos gèneres i espècies. (DIEC)

fenoll *m.* Fonoll.

fenyedor *m.* Taula per fènyer el pa.

fer palmes* *v. tr.* Aplaudir.

feram *f.* Animal salvatge. / Monstre infantil.

feredat [fɾe'ðat] *f.* Horror, por terrible. (DIEC)

feréstec, -ega ['fɾestek] *adj.* Indòmit, no domesticat. / *adj.* Esquerp, intractable. / *adj.* Que fa feredat. (DIEC)

feridura *f.* Apoplexia, extravasació sobtada de sang a l'interior d'un òrgan, d'una manera espontània, no traumàtica, per hemorràgia, embòlia o trombosi. (DIEC)

fer la cameta* *loc. adv.* Fer entrebancar algú.

ferm *m.* Terra ferma.

ferma *f.* Peça de roba que reforça la trinxa o les vores.

ferrada *f.* Poal.

ferramenta *f.* Dentadura. / Eina.

ferrar *v. tr.* Posar les ferradures (a un cavall, a un mul, etc.). (DIEC)

ferrat, -ada *adj.* Guarnit de ferro. *Ou ferrat,* ou fregit.

ferrets *m. pl.* Instrument musical: triangle.

ferritja *f.* Pols, llimalla o encenalls de metall que es desprenen en serrar, llimar, tornejar, etc., una peça metàl·lica. (DIEC)

ferro *m.* Àncora, ruixó.

ferro *m. Ferro colat,* aliatge de ferro que conté més d'un 2 % de carboni i que s'empra per a fabricar objectes emmotllats. (DIEC)

ferros *m. pl.* Suport de tres peus per posar-hi una cassola al foc.

ferum *f.* Pudor de fems o de putrefacció.

fesol *m.* Mongeta seca.

festejar *v. tr.* Fer festes (a algú), afalagar-lo, amb la intenció de tenir-hi relacions. / *intr.* Tenir relacions amoroses amb la intenció de casar-se. / Celebrar (una festa). (DIEC)

feta *f.* Jugada, en les birles deixar-ne només una de dreta.

fetgenc, -a* *adj.* Sec, dit d'un terreny.

fetiller, -a tb [fati'ʎe] *adj.* Llepafils.

fiar *v. tr.* Confiar. / *v. intr. pron.* Refiar-se.

fibló *m.* Agulló.

fiblonada* *f.* Picadura coent.

ficar *v. tr.* Posar, introduir.

fidel* *m.* Cadascuna de les marques de pes d'una balança.

fideuada [fiðe'wa] *f.* Guisat de fideus cuits en una paella amb un sofregit, peix i marisc. (DIEC)

figa* *f.* Anemone, planta del gènere *Anemone.*

figa$_2$ *f.* Infructescència de la figuera, especialment la que ve al començament de la tardor, de forma de pera, tova i vermellosa de dins, amb innombrables fruits petitíssims, i coberta d'una pell verdosa, morada o negra. (DIEC) *figa alfarenca* f.* Figa menuda i tardana. / *figa julienca* f.* Figa negra, de gra blanc, de primers d'agost. / *figa de moro f.* Figa de pala. / *figa de pala f.* Figa de moro. / *figa rosada* f.* Que ha estat exposada a la rosada una nit o dos. / *figues esbardades* f. pl.* Paracota, menjar fet de figues seques fregides.

figaflor *adj.* De caràcter tou.

figuera *f.* Arbre de la família de les moràcies, laticífer, de grans fulles lobulades i flors unisexuals, reduïdes i molt petites, agrupades dins d'un receptacle carnós, propi de les terres mediterrànies i conreat pels seus fruits, les figues (*Ficus carica*). (DIEC) *figuera dama blanca* f.* Varietat de figuera. / *fig. dama negra* f.* Varietat de figuera. / *figuera de pala f.* Figuera de moro, *Opuntia ficus-indica.* / *fig. de pell verda* f.* Varietat de figuera. / *fig. de vagatxona* f.* Varietat de figuera. / *fig. faltabilitre* f.* Varietat de figuera. / *fig. figa flor* f.* Varietat de figuera. / *figuera (de) la llei* f.* Varietat de figuera i de figa, d'un color verd clar. / *figuera parretjal* f.* Varietat de figuera.

figuereta *f.* Tombarella.

fil d'aram* *m.* Filferro.

filabarquí* *m.* Estri de fusteria, mena de barrina de grans dimensions.

filagarxo* [fila'□artʃo] *m.* Filagarsa.

filat *m.* Xarxa per a pescar, caçar. (DIEC)

filatada* *f.* Estirada que atrapa la presa al filat. / Captura del filat.

filater, -a *m.* i *f.* Qui fa filats.

finella* *f.* Esquerda de la roca.

finolis *adj.* i *m.* i *f.* Artificiosament ben educat, de finor amanerada. (DIEC)

finor *f.* Qualitat de fi. (DIEC)

fireta *f.* Obra de joguet, conjunt d'aïnes menudes per a jugar.

fistó *m.* Ornament compost de flors i fullatge en forma d'arc que es posava a les portes dels temples, de les cases, etc., on se celebrava alguna festa. / Retallat de la vora d'un vestit, d'un objecte qualsevol, en forma de dents corbes, quadrades, etc. / Brodat que es fa en la vora d'una peça de roba així retalada. (DIEC)

fit *m.* Fitó, punt on s'apunta amb una arma.

fit₂ *m.* Erupció cutània, berruga, granet.

fita *f.* Pedra o altre senyal clavat a terra que assenyala el límit d'una heretat, d'una contrada, etc., d'una distància a recórrer. (DIEC)

fitora *f.* Forca que s'empra per a pescar. (DIEC)

fitorada *f.* Cop de fitora. / Conjunt de les captures amb fitora.

fitorar *v. tr.* Clavar la fitora (a un peix, un mol·lusc, etc.). (DIEC)

flagell *m.* Càstig.

flamerada *f.* Flamarada.

flassada *f.* Abrigall, llençol, esp. manta.

flastomar *v. tr.* i *intr.* Blasfemar.

flat *m.* Olor, olfacte, rastre.

flatejar* *v. tr.* Olorar, ensumar, seguir un rastre. / Bufar el vent.

flaterol *m.* Embat suau, vent suau.

flaterós, -a* *adj.* Flatós.

flatiller* *adj.* Llepafils, que ho tot ensuma amb meticulositat.

flatós, -osa *adj.* Malsofert, perepunyetes. / Vanitós. / Que produeix gasos.

fleitera* *f.* Motlle per fer formatges.

flendi* ['flendit] o ['fendit] *m.* Joc d'infants.

flit *m.* Insecticida per aspersió.

floc *m.* Manyoc, petita porció, de llana, de seda, de cotó, etc., de cabell. / Vela triangular hissada a proa del trinquet. (DIEC)

flocall *m.* Floc, plomall. / *m.* Cabellera del blat de moro. (DIEC)

floquejar* *v. tr.* Sembrar a flocs. / Presentar un aspecte amb flocs.

flor* *adj.* Tou de caràcter. / Part inferior del meló. / *f. de carabassera* f.* Flor comestible de la carabassera que no dóna fruit. / *flor de col* f.* Coliflor.

florada *f.* Floret, conjnt de persones o de coses triades entre les millors. (DIEC) / Florida.

florir *v. intr.* Les plantes, treure flor. / *intr. pron.* Una cosa, cobrir-se de floridura. / Consumir-se. (DIEC)

floritura *f.* Ornament artificiós. (DIEC)

floronco *m.* Inflamació circumscrita de la pell.

fofo, -a *adj.* Tou i d epoca consistència. (DIEC)

fogardal* *m.* Foc gran.

fogardina* *f.* Foguera de camp.

fogassa *f.* Pa bast de forma plana i rodona. / *f.* Pastís fet de farina semblant a una coca. (DIEC)

foguerada *f.* Foc de molta flama. (DIEC) / Foguera de Sant Joan.

foguerill* *m.* Estri de ferro per cuinar.

foia *f.* Fondalada originada per l'acció erosiva de les aigües o relacionada amb una fossa tectònica. (DIEC)

follar* *v. tr.* Traure els moixons d'un niu, prendre'n els ous.

folro ['foro] *m.* Folre.

fona *f.* Instrument per a tirar pedres que consisteix en una tira curta d'una matèria flexible, especialment cuir, on es posa la pedra, unida en els seus extrems a dues trenes d'espart, de cànem, etc. (DIEC)

fondo, -a *adj.* Pregon. / *adv.* Amb profunditat. / (DIEC) *m.* Fons.

fondre *v. tr. part.* fus.

fondre's los segins* *expr.* Dit d'algú malalt sense recuperació possible.

fonoll *m.* Herba, fenoll: *Foeniculum vulgare.*

Font d'en Burgà* [del mur'ɣa] *topòn.* Font la serra del Montsià.

fora* *adv.* Prou.

foradada* *f.* Pa foradat.

foradada₂*f.* Forat que travessa una massa rocosa. / *topòn.* Foradada del Montsià.

foràstic* *adj.* Feréstec.

forc *m.* Mesura que va de l'extrem del dit índex al del polze.

forces* *f. pl.* Prova d'arrossegament de pes amb animals.

forcó *m.* Forca menuda per cuinar a la brasa.

forfollo* *m. pl.* Tumult, borboll. / *loc. A forfollons,* a borbolls, tumultuosament i amb intermitències.

formatgera *f.* Motlle de fer formatges. / *f.* Receptacle, generalment en forma de campana, per a guardar-hi formatge. (DIEC)

formatget* *m.* Part comestible de la malva semblant a un formatget.

formiga *f.* Insecte himenòpter que fa galeries sota terra o en el tronc dels arbres, on viu en societats compostes de tres menes d'individus: mascles, femelles i obreres. *formiga alada*, formiga casera*, formiga de pugó*, formiga del cul alt*, formiga picadora*,* *formiga roja*.*

formigor* *f.* Pessigolleig.

formosera* *f.* Bellesa.

fórmula ['fɔrmula] *f.* Forma establerta, prescrita, d'expressar alguna cosa. / En mat., fet general, regla, principi, expressat en símbols algebraics. (DIEC)

forrar* *v. tr.* Folrar.

forratge* *m.* Farratge, verd que es dóna als animals.

forrellat [fora'ʎat] *m.* Barreta de ferro que va subjecta amb dues argolles a una porta o a una finestra i que fent-la lliscar es fica per un dels extrems en una argolla o en un forat que hi ha en el bastiment o en l'altra fulla i tanca així la porta o la finestra. (DIEC)

foscam *m. Entre dos foscams*: al tard, en fer-se de nit.

fosquejant* *adj.* Que fosqueja.

fosques *f. pl. A fosques*,* a les fosques.

fossar *m.* Cementiri.

fosser, -era *m.* i *f.* Persona que obre les fosses en un cementiri. (DIEC)

fotedor* *m.* Bromista, que se'n fot.

fotesa *f.* Broma, presa de pèl.

fotja *f.* Ocell de la família dels ràl·lids, de 38 centímetres de llargada, de formes massisses i de plomatge negre amb una placa còrnia de color blanc al front, freqüent a les vores dels llacs i dels aiguamolls (*Fulica atra*). (DIEC)

fotracada* *f.* Futral, gran quantitat.

fotre *v. tr.* Furtar, prendre. / Prendre el pèl. / Pegar, etc. / *Fer-se fotre,* fotre's. / *Fotre-se-la,* anar-se'n, caure violentament.

fou *f.* Barranc, pas estret. (DIEC)

franja *f.* Llenca de terra. / Serrell.

franquesa *f.* Confiança, sinceritat.

frare tb ['fɾaɾe] *m.* Religiós de certs ordes, especialment dels mendicants. (DIEC)

frare₂* *m.* En el joc del trinquet, angle d'una paret.

fraret* *m.* Cames llargues, *Himantopus himantopus.*

frau *m.* Congost.

fredolenc, -enca* *adj.* Fredolic.

fregadora* *f.* Manyoc de fibres amb un mànec per fregar els terres.

fregall *m.* Manyoc d'espart o d'altre material que serveix per a fregar. (DIEC)

fregall₂* *adj. fig.* Gent poca-solta: *tot fregalls.*

freginal* *m.* Tros de terra prop de casa destinat al farratge.

fregir [fɾe'dʒi] *v. tr.* Coure (un menjar) en oli, llard, mantega, bullents. (DIEC)

fregitel·la *f.* Acció de fregir. / *f.* Conjunt de coses fregides. (DIEC)

freixura *f.* Entranyes d'un animal.

freixurada* *f.* Guisat de freixura amb patates.

frenet* *f.* Tel de la llengua.

fresa *f.* Eina rotativa de tall.

fresa₂* ['fɾeza] *f.* Maduixa.

fresada* *f.* Fems d'animal salvatge.

fresar* *v. intr.* Deixar marques, rastre.

fresat* *m.* Lloc especialment carregat de fresada.

frescor *f.* Qualitat de fresc. (DIEC)

frescorada* *f.* Gran fred.

frescoreta* *f. dim.* Frescor.

fréstec* *adj.* Feréstec.

frígola *f.* Farigola.

frontera *f.* Façana.

frontis *m.* Façana.

frontissa [froṇ'tiza] *f.* Conjunt de dues planxetes subjectes per un de llurs costats a un mateix eix al voltant del qual poden girar, cosa que permet variar la inclinació de l'una respecte a l'altra. (DIEC)

fruix* *adj.* Fluix.

fua* *f.* Fuet fet amb el penis d'un bou.

fuent *adj.* Rabent, animat d'un moviment ràpid. (DIEC)

fuet *m.* Corretgeta, cordeta, etc., fixada a un mànec, amb què es colpeja els cavalls, els muls i altres bèsties. / *m.* Llonganissa llarga i prima deixada assecar. (DIEC)

fugir [fu'dʒi] *v. intr.* Allunyar-se corrent per tal d'evitar un dany, un perill. / Escapar-se. (DIEC)

fuler, -a* *adj.* Animal que no és de fiar.

fullaraca [fuʎe'raka] *f.* Fullam sec. (DIEC)

fullarasca* [fuʎe'raska] *f.* Fullaraca.

fullola *f.* Làmina comestible del margalló. / Pellerofa.

fum *f. La fum*: el fum. / Gran quantitat, *ex: un fum*.

fumadell *m.* Fumarell.

fumadeta* *f.* Fumat, fumada, ocell negre que cria per les roques.

fumar* *v. tr.* Fúmer, equivalent eufemístic de *fotre*.

fumarell *m.* Fumarell negre, *Chlidonias niger.* / *fumarell m.* Fumarell carablanc, *Chlidonias hybridus.* (DIEC) / *fumarell** *m.* Xatrac menut, *Sterna albifrons.*

fumeguera *f.* Fumaguera.

fumera *f.* Massa de fum que es desprèn d'un cos que fuma. (DIEC)

fumerada *f.* Fumada, massa de fum que s'aixeca d'una foguera. (DIEC)

fumeral *m.* Xemeneia.

fumerola *f.* Fumerol, fumera tènue. (DIEC)

funció *f.* Representació teatral.

funyar* *v. tr.* Fènyer, treballar la massa del pa.

funyidor* *m.* Fenyedor, taula per treballar el pa.

funyir *v. tr.* Fènyer.

fura *f.* Mamífer: *mustela putorius.*

furacà* *m.* Huracà.

furany* *m.* Rateta de morro llarg, fura.

furga *f.* Morro del porc. / Barra de ferro per furgar el foc.

furgall *m.* Terra somoguda furgant. (DIEC) / Furgador, persona que furga o incita. (DCVB)

furgallar* *v. tr.* Furgar el terra, dit esp. del senglar.

furgar *v. tr.* Remenar (el foc) amb la furga. / *v. tr.* Remenar (un munt de coses) ficant-hi la mà, la burxa, etc. / *v. tr.* El porc, somoure i remenar (la terra).

furguejar* *v. tr.* Furgar.

furibund, -a *adj.* Ple de fúria. (DIEC)

furient *adj.* Que es mou amb fúria, amb impetuositat. (DIEC)

furó *m.* Fura.

furoner, -a *adj.* Tafaner.

furricà* *m.* Furacà, huracà.

furtar *v. tr.* Robar d'amagat, sense violència ni intimidació. (DIEC)

furtiu *m.* Caçador furtiu, matuter.

fusta blanca* *f.* Fusta lleugera, de poca qualitat.

futboliste* *m.* Futbolista.

gafa *f.* Frontisa metàl·lica esp. de portes grans.

gaia *f.* Tros de terra triangular o esbiaixat.

gaiata *f. Temps de la gaiata*: temps antics.

gaiatada* *f.* Cop de bastó.

gaiato *m.* Gaiata, bastó.

gaita *f.* Instrument tradicional.

gal *m.* Broc.

galatxo* tb [gala'tʃo] *m.* Galarxo, sèquia, canal secundari.

galdir* *v. tr.* i *pron. Menjar*, engolir.

galdirot* *m.* Xuclador, borboll d'aigua del riu.

galdufa* *f.* Cercle lluminós que envolta la lluna; anuncia pluges.

galèpia* *f.* Gana.

galera *f.* Crustaci: *Squilla mantis.*

galerenc, -a* *adj.* Natural de la Galera.

galeria *f.* Faixa d'arbres i vegetació que segueix la vora d'un riu.

galet *m.* Broc petit d'un càntir, d'un porró, etc., per on, en inclinar convenientment l'atuell, brolla el líquid formant un raig prim. (DIEC) *loc. A galet, beure a galet.*

galfí* *m.* Dofí.

galga *f.* En un carro, barra de fusta que fa de fre .

galgar *v. tr.* Instal·lar les galgues d'un carro.

galifardeu *m.* Home capaç de fer-ne de totes. (DIEC)

galindaina *f.* Cosa de poc valor, embolic. *Ex.: només dius galindaines.*

galiota *f.* Barra de fusta que, en el sentit de popa a proa, descansa sobre els paraescuts i serveix de sosteniment dels quarters. (DIEC) / *fig.* Persona poca-solta.

galipàndria* *f.* Galapàndria, calapàndria, refredat.

galipau* *m.* Xiquet entremaliat.

gàlits* *m. pl.* Empenta, ganes, vitalitat.

gall* *m.* Grill, cadascun dels grans d'una fruita, esp. la taronja.

gall$_2$ *m.* Peix de Sant Pere, *Zeus faber.*

gallejar *v. intr.* Fer el gall, presumir, fer-se l'important.

gallet *m.* Úvula.

gallinassa *f.* Femta de les gallines.

galliner *m.* Lloc o cobert que serveix de jóc de les gallines. / *m. Ésser un galliner,* haver-hi una gran cridòria que fa que no s'entenguin els uns amb els altres. / *m.* El pis més alt d'una sala d'espectacles. (DIEC)

galló ['gaʎo] *m.* Grill, gallet.

gallofa* *f.* Llibre que indica l'ofici litúrgic. / Mentida. / *adj.* Gandul.

gallofer, -a* *adj.* Mentider.

gallufa *f.* Argelaga.

galó* *m. fig.* Mentida per guanyar-se l'aprovació dels altres.

galotxa *f.* Banderilla.

galtada *f.* Bufetada.

galtera *f.* Galter, vessant d'una muntanya.

galvana *f.* Peresa.

galze *m.* Broc. / Rebaix d'un bastiment per encabir-hi la porta.

gamarús *m.* Moixó, *Strix alauco.* / Persona poc espavilada.

gamarussada* *f.* Bestiesa, situació esperpèntica.

gamba *f.* Cama. / Ocell de la família dels escolopàcids, d'uns 30 centímetres de llargada. / Crustaci del gènere *Palaemon,* de l'ordre

164

dels decàpodes macrurs, de colors rosats o vermells i de carn molt saborosa. (DIEC)

gambairot* *m.* Gambirot, poca-solta.

gambal *m.* Corretja que uneix l'estrep a la sella.

gambalatxo* *m.* i *f.* Persona de vida desarreglada.

gambejar *v.* *intr.* Caminar per fer anar el peix cap a la xarxa.

gamber *m.* Aparell de pesca.

gamberada* *f.* Captura de gambes. / Gran quantitat de gambes.

gambeto *m.* Capot que arriba fins a mitja cama.

gambosí* *m.* Animal imaginari, se li atribueix la remor del vent.

gandaia* *f.* Gandalla, malla per subjectar els cabells.

gandalla *f.* Lligadura de malla de seda.

gandul, -a *adj.* i *m.* i *f.* Que es lliura a la peresa, que no vol treballar. (DIEC)

gandulejar *v.* *intr.* Fer el gandul. (DIEC)

gandungues* *adj.* i *m.* i *f. pl.* Hipòcrita, astut.

gangalla* *f.* Peça metàl·lica per collar bé el mànec d'una aixada .

gànguil *m.* Art de pesca fix que consisteix en una nansa múltiple formada per xarxa armada en un conjunt de cèrcols, que es cala amb unes altres xarxes per dirigir-hi el peix, emprat per a pescar anguiles. (DIEC)

ganivet [gaβi'ɲet] *m.* Instrument per a tallar que consisteix en una fulla, generalment d'acer, amb una vora afilada, proveït d'un mànec de fusta, de metall, etc., a vegades formant una sola peça amb la fulla. Ganivet de taula, de cuina, de llescar el pa. (DIEC)

gansalla *f.* Funda del rodet, tub per embolicar-hi un fil o cordill.

gansell* [gan'zeʎ] *loc.adv. De gansell*, de gairell, obliquament.

gansot, -a* *adj.* Ganso, que fa les coses lentament.

ganxarrinós, -a* *adj.* Apegalós.

ganxo *m.* Peça de metall o altre material tenaç, corba i acabada en punxa, que serveix per a penjar-hi, agafar-hi, etc., alguna cosa. / *Ganxo de sequier,* instrument per a fer moure les parades o les fustes que tanquen les preses. (DIEC)

ganxos* *m. pl.* Estri metàl·lic per a traure aïnes del foc. / *m. pl.* Forca de ferro amb les pues corbades.

ganya *f.* Obertura dels òrgans de la respiració dels peixos als dos costats de la faringe. / Peça que reforça la unió de la roda de proa amb l'amura d'una nau. (DIEC)

ganyir* *v. intr.* Ganyolar.

ganyit* *m.* Ganyol.

ganyol *m.* Udol.

ganyolar *v. intr.* Udolar.

ganyota *f.* Carassa, contorsió de la cara.

garba *f.* Feix d'espigues talades. (DIEC)

garbejar *v. intr.* Carretejar les garbes del camp a l'era.

garber, garbera *m.* Segador. / Qui reparteix les garbes de planter.

garbera *f.* Munt de garbes apilades ordenadament contra la pluja.

garberador* *m.* Qui fa les garberes.

garbí *m.* Vent que ve del sud-oest, originat pel gir de la marinada a la tarda en alguns sectors de la costa catalana. / *m.* Sud-oest. (DIEC)

garbó *m.* Feixet de llenya per encendre el foc.

garbo* *m.* Gràcia, entusiasme, e*sp.* del treball o el ball.

garbuix *m.* Embolic.

garfia* *f.* Garfi.

garganxó [garɣan'tʃo] *m.* Laringe, nou del coll.

gargoll* *m.* Borboll.

garguirot *m.* Com donat amb el dit del mig fent-lo lliscar amb força sobre el polze.

garlar *v. intr.* Parlar de coses fútils.

garneu *m.* Peix, *Trigla lyra.*

garo* *m. Fer el garo,* disposar un lloc ombrívol per dinar.

garra *f.* Part de la cama que va del genoll al turmell.

garracurt, -a *adj.* Que té les garres curtes. (DIEC)

garrafa *f.* Ampolla grossa de coll curt, que sovint va encistellada. (DIEC)

garrama* *f.* Trampa, engany en un joc.

garramanxo* *m.* Gargot.

garramós, -a* *adj.* Que fa garrames.

garranxa *f.* Perxa rústega amb ganxos que se subjecta al sostre i serveix per a penjar-hi alguna cosa, com el llum, les cistelles, les botifarres. (DIEC)

garranxinat, -ada* *adj.* Recargolat.

garranyic *m.* Soroll sec, estrident, produït pel fregadís de dos cossos, de dues peces d'un mecanisme, etc. (DIEC)

garrell, -a *adj.* Que té les cames arquejades.

garrí, -ina *m.* Porc petit. (DIEC)

garriga *f.* Terra de secà.

garriguenc, -a *adj.* Relatiu o pertanyent a les garrigues, als boscos. (DIEC)

garrit, -ida *adj.* Galà, que captiva per les seves gràcies, pels seus encants.

(DIEC)

garró *m.* Turmell.

garró, -nera* *adj.* Garroner, persona bruta.

garrofa *f.* Fruit del garrofer, bru, indehiscent, polisperm, de coberta coriàcia i polpa carnosa, amb diverses llavors. / *f.* Mentida. (DIEC) / *Garrofeta del papa,* pasta dolça feta de sucre i rovell d'ou.

garroferar *m.* Lloc plantat de garrofers. (DIEC)

garrofí *m.* Llavor del garrofer, de la qual s'obtenen substàncies que faciliten la gelatinització, i també gomes i additius per a la indústria alimentària i farmacèutica. / *m.* Garrofina. (DIEC)

garrofina *f.* Garrofa quan tot just neix de la flor a la tardor. (DIEC)

garroner, -a *adj.* Garró, brut.

garropassa* *f.* Borradura, erupció cutània.

garrotada *f.* Cop de garrot, bastonada.

garrotxa* *f.* Perxa per emprendre el bou de cara i saltar-lo.

garrut, -uda *adj.* Que té bones garres. / *adj.* Que ja ha passat l'etapa de creixement. / *adj.* Garrell, que té les cames arquejades. (DIEC)

garrutxera**f.* Garrutxa, Corretjola, *Convolculus arvensis.*

garsadura**f.* Que s'ha garsat, guerxo.

garull*tb [gu'ruʎ]*f.* Garulla, xivarri de gent.

Garxal*[gar'ʃaw] *topòn.* Llacuna del Delta de l'Ebre.

garxar* tb [gar'sa] *v. tr.* Guerxar, deformar torçant (un pla, un cos pla), especialment per contracció. / *intr. pron.* Un cos pla, especialment de fusta, torçar-se prenent forma helicoïdal. (DIEC)

gassar* *v. tr.* Ajuntar dues xarxes de pescar.

gassejar* *v. tr.* Afalagar.

168

gastar *v. tr.* Fer servir habitualment.

gat *m.* Peix, *Scyliorhinus canicula.*

gat cerval *m.* Linx.

gat, -a *pl.* tb ['gatʃ] *adj.* Ebri.

gata *f.* Femella del gat. / *Gata maula,* persona que afecta aires de quieta, d'innocent, etc. (DIEC)

gatera *m.* Forat per on entra i surt el gat d'una casa.

gatifell* *m.* Designa algun objecte quan no ens en surt el nom.

gaufí* *m.* Dofí. / *Gaufí sepier,* dofí comú.

gavell *m.* Feix. / *m.* Munt. (DIEC)

gavella *f.* Feix petit de blat, branquillons, etc. (DIEC)

gavellam* *m.* Conjunt de gavelles.

gavilà* *m.* Gavinot, *Larus marinus.* / *m.* Gavià argentat, *Larus cachinnans.* / *m.* Gavià fosc, *Larus fuscus.*

gavina *f.* Ocell de la família dels làrids, de 38 centímetres de llargada, amb el plomatge de tons brunencs i grisencs de distribució diferent segons l'època de l'any i amb el marge anterior de les ales blanc, propi del litoral mediterrani (*Larus ridibundus*). (DIEC)

gavineta* *f.* Curroc, *Gelochelidon nilotica.*

gavinyet* *m.* Ganivet.

gebrada *f.* Dipòsit de gebre damunt els objectes. (DIEC)

gebre tb ['dʒeβra] *m.* Cristalls de glaç que en temps fred la boira diposita principalment sobre superfícies verticals, a les puntes i a les arestes dels objectes, i poden formar gruixos considerables creixent de cara al vent. (DIEC)

gec ['dʒak] *m.* Peça de vestir que cobreix el tronc fins a la cintura, amb mà\nigues i sense faldons. (DIEC)

gel *m.* Glaç. / Glaçó.

gelada *f.* Formació de cristalls de glaç damunt les herbes i damunt els objectes mals conductors de la calor, deguda al refredament d'aquests durant les fortes radiacions nocturnes. / *f.* Glaçada. (DIEC)

gelar *v. tr.* Glaçar. / Refredar, esp. el menjar.

gelat, -ada *adj.* Fred.

gemec *m.* So planyívol, inarticulat, que ens fa exhalar un dolor, una pena que ens afligeix. (DIEC)

gemma ['dʒema] *f.* Botó, propàgul d'algunes flors. / *f.* Nom propi de dona.

gener [dʒi'ne] *m.* Primer mes de l'any.

generació *f.* Gernació, gran quantitat de gent.

geni ['dʒɛnit] *m.* Caràcter fort.

genoll [dʒi'noʎ] *m.* Regió anatòmica formada per l'articulació de la cuixa amb la cama i les parts dures i blanes que l'envolten, especialment articulació de la cuixa amb la cama en la seva part anterior. (DIEC)

genollons *loc. adv.* A genollons, de genollons.

gentada *f.* Concurrència d'un gran nombre de persones en un indret. (DIEC)

genteta *f.* Gent roïna. (DIEC)

gentilles* [dʒeɲ'tiʎes] *f.* Llenties.

gentiscla* *f.* Llentiscle, arbust, *Pistacia lentiscus.*

gentola *f.* Gentalla.

gep *m.* Convexitat exagerada de l'esquena o del pit produïda per una

170

desviació de la columna vertebral o de l'estern. (DIEC)

gepa *f.* Gep, convexitat exagerada de l'esquena o del pit produïda per una desviació de la columna vertebral o de l'estern. / Joc que consisteix a tirar-se amb força una pilota a l'esquena els uns als altres. (DIEC)

germà, -ana [dʒer'ma] *m.* i *f.* Persona o animal en relació amb altres nats dels mateixos pares, o del mateix pare o mare. (DIEC)

gernació *f.* Gran quantitat de gent.

gerra *f.* Atuell gran de terrissa, vidre o metall, de boca ampla, la secció circular del qual va augmentant fins a certa distància de la boca i després va disminuint fins a la base. / *f.* Got alt amb ansa. (DIEC)

gerret *m.* Peix, *Spicara smaris.*

ges *m.* Guix.

gibrell *m.* Vas rodó de poca alçària més ample de la boca que de la base, emprat per a rentar-hi plats i per a altres usos. (DIEC)

gibrella *f.* Vas semblant al gibrell però més alt i de base més petita. (DIEC)

ginebre *m.* Arbret o arbust de la família de les cupressàcies, de fulles linears punxants, amb una ratlla blanquinosa a la cara superior i gàlbuls de color blau fosc emprats en farmàcia i per a aromatitzar la ginebra (*Juniperus communis* ssp. *communis*). (DIEC)

gínjol *m.* Fruit comestible del ginjoler, en drupa ovoide i negrosa. (DIEC)

giny *m.* Maquinació. / *Portar una cosa mal giny,* ésser de mal averany. (DIEC)

gipó *m.* Armilla, jupetí, peça de vestir que cobreix el tronc des dels muscles fins a la cintura, cenyida i ajustada al cos, amb mànigues. (DIEC)

giracamises *m.* i *f.* Algú que canvia fàcilment d'opinió.

girada *f.* Acció de girar; l'efecte. *La girada dels llençols.*

giradora *f.* Pala metàl.lica de la xaruga. / Estri per tombar truites.

giramantells* *m.* i *f.* Giracamises, que canvia fàcilment d'opinió.

girar *v. intr.* Un cos, moure's com una roda al voltant del seu eix. / Deixar la direcció que hom seguia per agafar-ne una altra. / Trabucar (un receptacle, un gerro, etc.). / *Girar en rodó,* girar fent mitja volta. (DIEC)

giratòria* *f.* Aparell de la xaruga.

giriblau* *m.* Lliri blau.

girigonsa* *f.* Giragonsa.

giripiga* *f.* Poema irònic. / Pols amarga per fer avorrir la pipa.

giroflé *m.* Planta, *Erysimum cheiri* o *Cheiranthus cheiri.*

gironi* *m.* Jeroni, heroi dels contes.

gitada* *f.* Volta, curvatura d'un sostre entre dues bigues.

gitana* *f.* Peix, *Blennius gattorugine.*

gitanam* *m.* Colla de gitanos. / *fig.* Regateig.

gitar *v. tr.* i *intr. pron.* Ajaure al llit.

glatir* *v. intr.* Glapir.

glapir tb [gla'ti] [kla'pi] *v. tr.* El gos, agafar; bordar de forma peculiar quan caça.

glapit *m.* Clapit, lladruc sec d'un gos quan caça.

gleda* *m.* Cleda, tancat de fusta per al bestiar.

glera *f.* Llit de grava d'un riu.

gleva *f.* Pa de terra cohesionat per les arrels de les herbes, que s'aixeca llaurant, cavant, etc. / Antigament, camp o conjunt de terres sense solució de continuïtat. / Bufetada. (DIEC)

glevar* *v. tr.* Fer gleves.

glever *m.* Terreny sense arbre ni arbustos. / Munt de gleves.

glop* *m. Vent del glop,* vent que bufa just abans d'una tronada.

glopada *f.* Bufada del vent.

glopejar *v. tr.* Tenir per un temps dins la boca agitant-lo (un glop d'un líquid) per rentar-se la boca, per assaborir-lo, etc. (DIEC)

godall *m.* Cria de porc.

godallenc, -a* *adj. m.* i *f.* Natural de Godall.

goig *m.* Emoció causada per la contemplació d'una cosa que plau granment, per l'esperança d'obtenir allò que abelleix, per l'adquisició del bé desitjat. / *Fer goig una cosa,* fer bo de mirar-la per la seva ufana, la seva bellesa, etc. / *m. pl.* Composició poètica en llaor de la Verge o d'un sant. (DIEC)

goixa* *f.* Arrel que s'amaga baix terra a l'hivern.

gola *f.* Part anterior del coll. / Pas estret d'entrada a certs indrets. / Paratge de molta profunditat en el curs d'un riu. (DIEC)

goleró *m.* Gorg. / Platja entre els termes de l'Ampolla i Deltebre.

goleta* *f.* Antiga gola de l'Ebre, platja del Goleró.

golut, -uda *adj.* D'apetit insaciable. (DIEC)

góndol ['goņdo] *m.* Anella que casa amb l'agullot del timó d'una barca.

gondó* *m.* Ferro per clavar l'anella d'una porta.

gonia* *f.* Agonia. / Angúnia, molèstia. / Pressa.

gord, -a *adj.* Gras.

gordària* *f.* Qualitat de gord.

gordilló, -ona* *adj.* Gras, en un to afectiu.

gorg *m.* Clot pregon en el llit d'un corrent d'aigua, on aquesta s'entolla o alenteix el curs. (DIEC)

gorja *f.* Gola. / *f.* Pas estret entre cingleres. / *f.* Avenc. (DIEC)

gorradura* *f.* Borradura, granellada causada per la calor.

gorropassa* *f.* Borradura, erupció de grans menuts.

gos *m.* Mandra.

gossa *f.* Mandra.

gossera *f.* Canera, lloc on es tanquen els gossos abandonats o perduts. / Peresa. (DIEC)

gosseria* *f.* Peresa.

gosset* *m.* Martell percutor d'una arma de foc.

gossina* *f.* Peresa.

got *pl.* tb ['gotʃ] *m.* Vas de vidre, de metall, etc., cilíndric o lleugerament cònic, sense peu, que serveix per a beure. / Quantitat de líquid que cap en un got. (DIEC)

gotaina* *f.* Gota grossa, quan comença a ploure.

goteig* *m.* Sistema de reg.

gotejar *v. intr.* Plovisquejar.

gotellera tb [goti'ʎeɾa] *f.* Gotera.

gotellot* *m.* Gota grossa.

gotgeria* *f.* Qualitat de gotzo.

gotzo, -a tb ['godʒo] *adj.* Obès.

governar *v. tr.* Alimentar. / Dirigir la conducta d'algú.

graciosa* *f.* Gasosa.

gram *m.* Herba, *Cynodon dactylon.*

granada *v. intr.* Una planta, produir el gra.

granel* *loc. adv. A granel,* sense envasar.

granellada [gɾaniˈʎaδa] *f.* Erupció cutània en forma de petits grans. (DIEC)

granera *f.* Escombra.

granet, -a* *adj.* Grandet.

granís *m.* Calamarsa.

gransa* *f.* Grava usada en construcció.

granullada *f.* Granellada.

grapal* *m.* Gripau.

grapatada* *f.* Grapat, almosta.

grapejar *v. tr.* Palpar grollerament, regirar amb la mà. (DIEC)

gras, grassa *adj.* Greixós.

grassa* *f.* Greix.

grataculs* *m. pl.* Lliscador.

grau *m.* Desembarcador natural d'un riu.

grava *f.* Còdol.

graval *adj.* Que té grava.

gravera *f.* Lloc d'on hom extreu grava. (DIEC)

greala [ˈgɾɛla] *f.* Griala, gresala, gibrella. / Rentamans.

grela* *f.* Greala.

grenya *f.* Floc de cabells embullats. (DIEC)

gresar* *v. tr.* Guerxar.

gresol [kɾeˈzɔl] *m.* Vas petit en què es posa oli i un o més blens i serveix de
llum. (DIEC)

grèvol [ˈgɾeβol] *m.* Arbre perennifoli de la família de les aquifoliàcies,
dioic, sovint en estat arbustiu, de fulles brillants, ordinàriament
molt ondulades i espinoses al marge, flors blanques i fruits de color
vermell, les branques en fruit del qual s'usen com a ornament

nadalenc (*Ilex aquifolium*). (DIEC)

griba* *f.* Garbell.

grifó *m.* Grífol, brot d'un tubercle. / Aixeta.

grifonar *v. intr.* Grifollar, brotar.

grill *m.* Brot que surt d'una llavor, d'un tubercle, d'un bulb. / *m.* Part de certs fruits com la taronja, separada de les altres parts per membranes. (DIEC)

grillar *v. intr.* Una planta, treure grills. / *v. intr.* Germinar. *Humitejar les llavors perquè grillin.* / *intr. pron.* Fer-se grills en un tubercle, en un bulb. / *intr. pron.* Consumir-se. *M'he grillat esperant-lo.* (DIEC)

grillat, -ada* *adj.* Que ha tret grills, que ha brotat, esp. un tubercle.

grillat, -ada$_2$* *adj.* Guillat, que ha perdut l'enteniment.

gripau [gri'po] *m.* Amfibi anur cobert d'una pell berrugosa, sovint amb glàndules que contenen líquid irritant, de costums menys aquàtics i moviments més lents i feixucs que la granota. (DIEC)

griset* *m.* Serení, aire fred i suau.

grisós, -a *adj.* Que tira en gris.

grívia *f.* Peix, *Labrus bergylta* o *Labrus viridis.*

gronxadora *f.* Gronxador.

gronxar *v. tr.* Imprimir un moviment de vaivé (a un cos suspès, a un cos flexible que té un punt fix). (DIEC)

gros, grossa *adj.* Gran, greu.

grúmol* *m.* Mol·lusc marí, de molla roja o blanca i closca negra.

grunyir *v. intr.* El porc, fer grunys. / *v. intr.* El gos i altres animals, rondinar. / *v. intr.* Una persona, rondinar. (DIEC)

guà* *interj.* De sorpresa, d'admiració.

guai* *interj.* De sorpresa, de contrarietat.

guaitar *v. tr.* Vigilar amb l'esguard (un indret). / *v. tr.* Mirar. (DIEC)

guaix *m.* Tija que, juntament amb d'altres, neix d'un gra, d'una llavor. (DIEC)

guaixar *v. intr.* Una planta, treure guaixada. (DIEC)

guano ['wano] *m.* Substància que es troba en algunes costes freqüentades per ocells marins, formada principalment per llurs excrements, molt rica en fosfats i en substàncies nitrogenades i per això emprada com a adob de les terres. (DIEC)

guapo* *interj.* De sorpresa.

guardacaps *m.* Peça de fusta o de metall destinada a protegir una gassa del fregadís de la corda que hi passa per dins. (DIEC)

guardacendres* *m.* Planxa per impedir que les espurnes surtin d'un fogar.

guardapols *m.* Protecció de llenç, de posts, de tapes o d'altres materials que es posa sobre allò que es vol preservar de la pols. (DIEC)

guarda-rodes *m.* Guardacantó. / Piló que, col·locat a les vores dels camins o de les carreteres, serveix per a evitar que els vehicles surtin fora de la calçada. (DIEC)

guaret *m.* Terra de conreu que hom deixa sense sembrar durant un o més anys per tal que reposi. (DIEC) / Saó, gruix de terra conreable.

guarnir *v. tr.* Fornir (quelcom) d'allò que li és necessari o li està destinat. / Completar amb ornaments, amb accessoris. / *Guarnir un cavall,* posar-li els guarniments. (DIEC)

guatla ['wala] *f.* Guatlla.

guàtlera *f.* Guatlla.

guenyo, -a ['giɲo] *adj.* Estràbic. (DIEC)

guerxar tb [gaɾ'ʃa] *v. tr.* Deformar torçant (un pla, un cos pla), especialment per contracció. / *intr. pron.* Un cos pla, especialment de fusta, torçar-se prenent forma helicoïdal. (DIEC)

guerxo, -a tb ['gaɾʃo] *adj.* Estràbic. / Borni.

guilindraina* *loc. adv. A la guilindraina,* de qualsevol manera.

guilopando, -a* *adj. intens.* Picardiós, murri.

guilopo, -a *adj.* Astut, entremaliat.

guineu *f.* Rabosa, mamífer carnívor de la família dels cànids, d'uns 60 centímetres de llarg, musell estret, orelles dretes, peus curts, cua llarga i grossa i pelatge rogenc (*Vulpes vulpes*). (DIEC)

guinyot* *m.* Joc de cartes semblant al tuti.

guió *m.* Rasclet. / Part més estreta d'un rem, entre el galló i la pala.

guirigall *m.* Confusió de molts que parlen alhora. (DIEC)

guisander, -era* *m. i f.* Cuiner.

guit, -a *adj.* Dit del cavall que no és de fiar.

guitarra* *f.* Coc estret i llarg. / Pa de talls longitudinals.

guitarró *m.* Guitarra petita de quatre cordes. (DIEC)

guixa* *f.* Guixera, *Lathyrus sativus.*

gúmena *f.* Corda grossa que serveix per a enferir l'àncora. (DIEC)

haca ['aka] *f.* Cavall menut que no supera el metre i mig d'alçada.

halar *v. tr.* i *intr. pron.* Menjar.

ham *m.* Peça de metall corbada que, penjada d'un fil i proveïda d'esquer, serveix per a pescar. (DIEC)

hamaca *f.* Xarxa que, suspesa horitzontalment pels seus dos extrems en dos arbres, en dues estaques, etc., serveix com a llit o gronxador. (DIEC)

hamer *m.* Que pesca a l'ham.

harca* *f. loc. Fer harca,* fer guerra de dàtils, pedres o terrossos entre els menuts.

haure *v.* Haver. *Hi haure* correspon a *haver-hi.*

Havana* *topòn.* Partida del delta de l'Ebre. / *loc. Fer l'Havana,* fer un gran negoci.

havanera *f.* Dansa i cançó de ritme lent, d'aire crioll antillà. (DIEC)

hectàrea tb [ak'taɾia] *f.* Unitat de superfície equivalent a 100 àrees, que són 10.000 metres quadrats (símbol, ha). (DIEC)

hedra *f.* Heura.

hèlice *f.* Aparell mecànic de propulsió format per un eix amb diverses pales corbades de superfície helicoïdal, utilitzat en vaixells, aeronaus, etc. (DIEC)

helicòpter* *m.* Libèl·lula.

herba* *f. pl.* Aiguardent barrejat amb diferents herbes medicinals.

herba amarga* *f.* Dent de lleó, *Taraxacum officinale.* / *Herba colera f.* Alga, herba de col, *Laminaria rodriguezii.* / *Herba de pou* *f.* Falzia, *Andiantum capillus veneris.* / *H. de sant josep* *f.* Planta medicinal, amb aiguardent per al mal de cap.

herbada *f.* Gran quantitat d'herbes. (DIEC)

herbassal* *m.* Herbassar.

herbassar *m.* Conjunt d'herbes altes i esponeroses. (DIEC)

herbassejar *v. intr.* Birbar.

Herbesset* *topòn.* Topònim de Morella.

heretar [aɾe'ta] *v. tr.* Succeir en la propietat (dels béns, dels drets, de les obligacions) d'un difunt. / *v. tr.* Fer hereu (algú). / *v. tr.* Els descendents, rebre (característiques físiques o psíquiques, normals o patològiques) dels genitors. (DIEC)

heretat [aɾe'tat] *f.* Propietat rústica, encara que no sigui heretada.

heretgia [aɾi'dʒia] [eɾi'dʒia] *f.* Acció cruel contra algú.

hereu [e'ɾew] *m. i f.* Persona que rep una herència o part d'ella per heretament, disposició testamentària o legal, a títol universal. (DIEC)

hèrnia *f.* Sortida total o parcial d'un òrgan per una obertura anormal del seu receptacle. (DIEC)

herniar *v. tr.* Produir hèrnia (a algú). / *intr. pron.* Contraure una hèrnia. (DIEC)

heroïna *f.* Derivat diacetil de la morfina, de fórmula $C_{21}H_{23}NO_5$, de la qual és obtingut per tractament d'aquesta amb anhídrid acètic, i el consum del qual crea dependència. / Semideessa. / Persona que es distingeix pel seu alt coratge, per la seva fortitud en el sofriment. / Personatge principal d'una llegenda, d'una narració, etc. (DIEC)

herpes *m.* Inflamació de la pell d'origen víric, caracteritzada per la formació de petites vesícules que suquegen i que en assecar-se formen crostes o escames. (DIEC)

hisenda *f.* Finca rural. (DIEC)

hissar *v. tr.* Fer pujar enlaire (alguna cosa) estirant la corda de la qual penja. (DIEC)

hisop [i'ʃop] *m.* Salpasser, manoll per espargir l'aigua beneita.

honra* *f. Fer honra,* fer profit, fer bon servei.

hora *f.* Estat del temps. / *loc. adv. A no cap hora*,* aviat. / *loc. adv. A tal i quina hora*,* tard. / *loc. A hora horada*,* massa tard.

hospitaler, -era* *m.* i *f.* Pertanyent a l'orde de l'Hospital de Sant Joan.

hortolà, -ana *m.* i *f.* Horticultor, horticultora.

huai* *interj. ant.* Guai.

hule *m.* Tela impermeabilitzada mitjançant un recobriment de materials diversos. (DIEC)

hurtes* *loc. adv. pl. A les hurtes,* a les palpentes.

iaio, -a tb ['jɛjo] ['ɛa] *m.* i *f.* Avi. / Vell.

ideós, -osa* *adj.* Maniàtic, perepunyetes.

ieic* tb ['jek] o ['ek] *interj.* De salutació. / *ant.* Ec, equivalent de *vetaquí.*

iguala* *f.* Abonament que es pagava a metges i menescals.

illar* *m.* Illada, regió lateral del cos, costelles flotants.

illegible *adj.* Il·legible.

imbècil *adj.* i *m.* i *f.* Estúpid.

imbuïdor, -ora* *adj.* Que intenta condicionar maliciosament l'opinió.

immortalitzar [immortali'za] *v. tr.* Fer immortal, fer perpetu en la
memòria dels homes. (DIEC)

impedit, -ida *adj.* i *m.* i *f.* Que no pot usar els seus membres per a caminar.
(DIEC)

imperdible *adj.* Que no es pot perdre. / *m.* Agulla imperdible. (DIEC)

inclús *adv.* Fins i tot.

infel* *adj. m.* i *f.* Infeel, infidel.

intervindre* *v. tr.* i *intr.* Intervenir.

investigar* *v. tr.* Vestir amb roba elegant.

investigat, -ada* *adj.* Envestigat, ben bestit.

I

ja ['ja] *adv.* Des d'abans, no més tard, d'un temps determinat del passat, present o futur. (DIEC)

jac* *m.* Gec.

jaç *m.* Llit o cosa disposada per a jeure-hi al damunt. (DIEC)

jaca* ['dʒaka] *f.* Gec.

jacint [dʒak'sin] *m.* Planta de la família de les liliàcies, bulbosa, de fulles totes basals, linears o lanceolades, i inflorescència en raïms, originària de l'Àsia sud-occidental i cultivada per les seves flors molt oloroses, de color rosa, vermell, morat, blanc o blau (*Hyacinthus orientalis*). (DIEC)

jaient *m.* Eix d'una sínia. / Peça que forma la proa d'una barca.

jaques *m.* i *f.* Que duu la roba gran, (fig.) beneit.

jarder* *adj.* Llarder, dijous gras, *dijous llarder.*

jardí [dʒaɾ'ði] *m.* Lloc gairebé sempre clos on es conreen sobretot flors i plantes ornamentals, generalment destinat a l'esbarjo. / Comuna en els vaixells a vela. (DIEC)

jas ['jas] *interj.* Expressió amb què s'indica a algú que prengui allò que hom li ofereix. (DIEC)

jasp* *m.* Jaspi, varietat criptocristal·lina de quars, de colors variats. (DIEC)

jàssena *f.* Biga gruixuda que sosté altres bigues. (DIEC)

Jaume* ['dʒawme] *m.* Nom propi d'home.

jaumet* [dʒaw'met] *m.* Albercoc de Sant Jaume.

jaure *v. intr.* Jeure, algú o algun animal, estar estès ben llarg a terra, en un llit, sobre un suport qualsevol. (DIEC)

jazz band* ['dʒazβan] *m.* Bateria, instrument musical.

jersei [dʒar'se] *m.* Peça de vestir exterior, de gènere de punt, tancada i generalment amb mànigues, que cobreix el tronc. (DIEC)

Joan, -a* [dʒu'an][dʒu'ana] *m.* i *f.* Nom propi.

joca* ['dʒoka] *adj.* Lloc on el caçador s'ajoca. / Caçar *a la joca.*

jocall* *m.* Lloc on dormen les gallines.

jocasapos* *f.* Herba pucera, se'n feia un fixador per als cabells .

jogarrí, -ina* *adj.* Joganer.

joguet *m.* Joguina.

joia* *f.* Cursa a peu, esforç gratuït.

jonça ['dʒunsa] *f.* Herba, *Aphyllantes monpeliensis.*

joncat, -ada* *adj.* Que pren la forma del jonc, esp. les fulles ertes.

jònec, -ega *m.* i *f.* Bou o vaca de menys de dos anys. (DIEC)

jonquera [juŋ'keɾa] *f.* Jonc. / Lloc poblat de joncs. (DIEC)

jonquet [dʒuŋ'ket] *m.* Roba ratllada dels antics, *pantalons de jonquet.*

joquer *m.* Jóc, joca. *Anar a joquer,* plegar de la feina.

Jordi, -ina* *m.* i *f.* ['dʒɔɾði] Nom propi.

jornal *m.* Mesura superficial agrària equivalent a l'extensió de terra que un animal pot llaurar en un dia normal de feina, de valor variable segons les comarques. / *m.* El que guanya un obrer pel treball d'un dia. / *A jornal, loc. adv.* A tant per dia treballat. / *m.* Feina que fa un treballador en un dia. (DIEC) / *m. Jornal de vila*,* dia destinat a contribuir al comú.

jota ['kota]['dʒota]['xota] *f.* Ball popular de caràcter viu i ritme ternari. / f. Música, cançó, pròpia d'aquest ball. (DIEC)

jove *f.* Nora.

jovençà, -ana *m.* i *f.* Casat de poc. (DIEC)

jovenel·lo* *adj.* i *m.* Jove, encara no adolescent.

jueu [dʒu'ɛw] *adj.* Varietat de caragol.

jugament [dʒua'men] *m.* Articulació.

jugar [dʒu'a] *v. intr.* Passar el temps en quelcom que es fa amb l'objecte

      d'entretenir-se, de divertir-se. (DIEC)

jugarró* *m.* Joguina. / Broma.

juí *m.* Judici.

juli *m.* Crit dels nois quan anaven a beneir la palma el Diumenge de Rams. /

      Fer juli, en el joc de saltar a corda, fer-la rodar molt ràpidament.

      (DIEC)

juliol [dʒuɾi'ɔl] tb [dʒoɾi'ɔl] *m.* Setè mes.

juliola [dʒuɾi'ɔla] *f.* Donzella, peix de la família dels làbrids, de cos allargat,

      de 10 a 25 centímetres de llargada, les femelles de color bru

      vermellós amb dues línies blanquinoses sobre els costats, els

      mascles amb el dors bru verdós o blavenc, i els costats amb una

      vistosa banda longitudinal vermella o ataronjada de marges

      sinuosos, amb la boca petita i les dents agudes (*Coris julis*).

      (DIEC)

juliverda* *f.* Julivertassa.

junc *m.* Jonc. / *junc negre** *m.* Jonc moresc. / *junc tou** *m.* Jonc boval.

junquera* *f.* Jonquera, joncar.

junta* *f.* Juntura, articulació.

junyida *f.* Acció de junyir. (DIEC)

junyir *v. tr.* Posar el jou (a un bou, a una mula). / *intr. pron.* Dos rius, ajuntar les seves aigües. (DIEC)

jupa *f.* Peça de roba que cobreix des del coll fins al tronc .

jupetí *m.* Armilla de pagès. (DIEC)

justet *adv.* Just.

jute *m.* Fibra tèxtil d'origen indi.

jutjat tb [dʒuz'ɣat] *m.* Lloc on es jutja. (DIEC)

lelo, -a* ['lɛlo] *adj.* Beneit.

lert* *adj.* Just, equitatiu.

lic* *m. Fer el lic,* fer-se el desentès, no voler intervenir.

litina *f.* Òxid de liti, per fer potable l'aigua de les cisternes.

llac *m.* Llot.

llacada *f.* Llot d'una riuada.

llaccins* [ʎek'sins] *m. pl.* Jacint.

llacós, -osa *adj.* Llotós, llefiscós.

lladregot, -a *m.* i *f.* Lladre que comet robatoris de poca importància. (DIEC)

lladronejar *v. intr.* Lladreguejar.

lladruc *m.* Crit curt, fort i explosiu del gos. (DIEC)

llaga *f.* Nafra, úlcera.

llagar *v.tr.* i *intr.* Ulcerar.

llagat, -ada* *adj.* Ple de llagues, encetat.

llagot *m.* Adulació.

llagrimeig *m.* Acció de llagrimejar. (DIEC)

llagut [ʎa'ut] *m.* Bastiment català no cobertat, amb corredors o sense, no gaire gran, de dues rodes, d'aparell llatí d'un sol arbre inclinat endavant i al bell mig de la carena, amb cap de mort, rems, etc., i destinat a la pesca o al tràfec. (DIEC)

llambroix *m.* Botavant, instrument de ferro en forma de pala amb què els ferradors rebaixen i igualen les peüngles dels cavalls, dels muls, etc. (DIEC)

llamp *m.* Descàrrega elèctrica, acompanyada d'una resplendor instantània, que es produeix entre dos núvols, entre diferents parts d'un mateix núvol o bé entre un núvol i la terra. (DIEC)

llampada *f.* Esclat de llum viu i instantani. (DIEC)

llampadissa* *f.* Llampegadissa.

llampant *adj.* Cridaner, lluent.

llampar *v. intr.* Llampegar.

llampat, -ada *adj.* Boig, tocat del bolet.

llampresa [ʎam'pɾea] *f.* Peix, *Petromyzon marinus.*

llampuga *f.* Llampó, llampec llunyà de què no se sent el tro. (DIEC)

llançar *v. tr.* Deixar anar amb fort impuls (alguna cosa) de manera que recorri una distància en l'aire. (DIEC)

llanda tb ['ʎanta] *f.* Eina de metall, llauna.

llander* *m.* Llauner.

llangardaix tb [reɣan'dajʃ] *m.* Rèptil saure de diferents espècies de la família dels lacèrtids, de mida mitjana o gran, cos robust, dors cobert de petites escates granulades, cua llarga i cònica, i extremitats ben desenvolupades amb dits llargs i prims, acabats en ungles. / Dragó.(DIEC) / Fardatxo.

llangosta* *f.* Llagosta.

llangostí* *m.* Llagostí. / *Llangostí de rostoll,* llagost.

llangosto* *m.* Llagost.

llanós, -a *adj.* Fanfarró.

llàntia *f.* Taca.

llanut, -uda *adj.* Fanfarró.

llanxó* *m.* Llanxa menuda.

llaó* *m.* Llegó, aixada menuda.

llaona* *f.* Llegona.

llaonet* *m.* Llegó.

llaparassa tb [ʎepaˈrasa] *f.* Planta, *Xanthium echinatum.*

llapissó* *f.* Llapissa, rogeta: *Rubia peregrina.*

llapó *m.* Capa d'algues filamentoses o microscòpiques i bacteris, generalment llefiscosa, que recobreix el fons de bassals i rierols, parets de basses, etc. (DIEC)

llarder *adj. Dijous llarder,* dijous gras, darrer dijous abans de la quaresma. (DIEC)

llarg, -a [ˈʎɛrk] *adj.* Que té una llargada considerable d'un extrem a l'altre.

/ *m.* Llargada d'una cosa, d'una superfície. (DIEC)

llargarut, -uda tb [ʎarɣeˈrut] *adj.* Molt llarg en comparació de la seva amplària. (DIEC)

llassa* *f.* Trena d'alls o de corda que protegeix les estovalles.

llata *f.* Corda prima, bau, llistó de fusta o metall, sola d'espart.

llatís* *m.* Mossegada d'un animal.

llauner, -era *m.* i *f.* Persona que repara cossis i estris de llauna.

llaurador, -ora *m.* i *f.* Persona que llaura la terra. / *m.* i *f.* Conreador del camp. / *adj.* Que hom pot utilitzar per a llaurar. (DIEC)

llaurejar* *v. tr.* Llaurar.

llauró *m.* Llauronet, llaurada.

llaüt *m.* Llagut, bastiment català no cobertat, amb corredors o sense, no gaire gran, de dues rodes, d'aparell llatí d'un sol arbre inclinat endavant i al bell mig de la carena, amb cap de mort, rems, etc., i destinat a la pesca o al tràfec. (DIEC)

llaüter* *m.* Llaguter, tripulant d'un llaüt.

llautó *m.* Aliatge de coure i de zinc, de color groc, susceptible de gran poliment. (DIEC)

llavadora *f.* Rentadora.

llavar *v. tr.* Rentar.

llavi tb ['ʎɛβi] *m.* Part carnosa mòbil que limita l'obertura de la boca per sobre o per sota. (DIEC)

llavor tb [ʎa'o] *f.* Germen pluricel·lular, sovint tancat dintre d'un fruit, que, un cop madura i es desenvolupa en condicions adequades, dóna naixença a una planta. / Gra que conté una llavor. (DIEC)

llavors [ʎa'βɔns] *adv.* Aleshores.

llebre tb ['ʎeβra] *f.* Mamífer lagomorf del gènere *Lepus*, de la família dels lepòrids, d'orelles llargues i pèl curt i dens, de color terrós mesclat amb negre, amb les potes posteriors llargues adaptades al salt i a la cursa. (DIEC)

llecsins* *m.* Llaccins, jacint. / *Arracades de llecsins.*

lledó *m.* Fruit del lledoner.

lledoner *m.* Arbre caducifoli de la família de les ulmàcies, d'escorça grisenca, branques primes i flexibles, fulles amplament lanceolades, asimètriques a la base, serrades i aspres, flors unisexuals molt poc vistents i fruit drupaci, el lledó, cultivat i sovint subespontani (*Celtis australis*). (DIEC)

lleganya [ʎa'ɣaɲa] *f.* Matèria blana produïda per la solidificació d'una secreció de les glàndules sebàcies de les parpelles. (DIEC)

llegó [ʎa'o] *m.* Aixada petita. (DIEC)

llegona [ʎa'ona] *f.* Aixada ampla. (DIEC)

llei *f.* Afecte.

lleixa *f.* Prestatge.

192

lleixiu *m.* Barreja d'aigua i cendres de soses per esbandir la roba.

llémena *f.* Branca seca o nova d'un arbre. / Ou dels polls del cabell.

llenca *f.* Franja estreta i llarga de terra o de pedra.

llenç *m.* Tela de lli o de cànem. (DIEC)

llença *f.* Ormeig de pesca que consisteix en un ham lligat a un cordill que es cala amb un pedral o plom i un suro. / *f.* Cordill posat tibant entre dos punts en pujar una paret, un marge, etc. (DIEC)

llençol [ʎanˈsɔl] *m.* Peça de llenç, de cotó o d'altres fibres tèxtils que es posa al llit per a abrigall immediat al cos. (DIEC)

llengua bovina *f.* Paradella mollerosa, *Rumex crispus.*

llengua d'oca* *f.* Herba aquàtica, *Alisma mutans.*

llenguallarg, -a *adj.* Que és llarg de llengua. (DIEC) / *fig.* Que xerra molt i massa.

llengüet* *m.* Llonguet, pa menut.

llengüeta de bou *f. Llengua de bou.*

llentilla [dʒeⁿˈtiʎa] *f.* Llentia.

llentuga *f.* Lletuga, enciam.

llenya *f.* Part dels vegetals que, tallada i feta trossos, es destina a fer foc. / Pallissa. (DIEC) / *Fer llenya,* anar a tallar llenya.

lleó [ʎaˈo] *m.* Mamífer carnívor de la família dels fèlids, d'una gran corpulència, pèl entre roig i groc, cua acabada en un pinzell de cerres, les espatlles i la nuca cobertes en el mascle d'una espessa crinera, que habita a l'Àfrica subsahariana i en una reserva del nord-oest de l'Índia (*Panthera leo*). / *Ésser algú un lleó,* ésser valent, coratjós. (DIEC)

llepacrestes *m.* i *f.* Adulador.

llepar *v. tr.* Adular. / Fer una feina baixa.

llepassa *f.* Senyal que deixa una escombra, un fregall, un pinzell, etc., sobre la superfície d'una cosa, quan es deixa part de la brutícia que es tractava de treure, quan el color no resta uniformement repartit, etc. / *Fer una llepassa,* escombrar malament. (DIEC)

llepat, -ada *adj.* Excessivament adornat, falsament elegant, pretensiós, d'un perfeccionisme exagerat. (DIEC)

llepó, -ona *m.* i *f.* Llepaire.

llépol *adj.* Llaminer.

llepolanda* *adj.* Llépol

llepoleria *f.* Llaminadura.

llepolia *f.* Llaminadura. / Llamineria.

llescar *v. tr.* Fer llesques.

llest, -a *adj.* Enllestit, acabat.

lletada *f.* Lletó, excrescència carnosa, com el timus o el pàncrees, que es forma a diferents indrets glandulars dels moltons, cabrits, vedells, etc. (DIEC) / Quantitat de llet munyida.

lletera *f.* Recipient per a transportar o guardar la llet o per a servir-la a taula. / *f. Herba lletera,* lleteresa, *Euphorbia.* (DIEC)

lleterola *f.* Carn adherida a les vísceres dels mamífers.

lletigada *f.* Conjunt de porcs joves. / Cadellada de llops.

lletó *m.* Excrescència carnosa, com el timus o el pàncrees, que es forma a diferents indrets glandulars dels moltons, cabrits, vedells, etc. (DIEC)

lletós, -osa *adj.* Semblant a la llet en color o consistència. (DIEC)

lletra *f. Saber de lletra,* saber llegir, tenir cultura.

lletsó [ʎik'so] *m.* Herba del gènere *Sonchus,* de la família de les compostes, laticífera, de fulles sèssils i amb aurícules basals i capítols grocs. (DIEC)

lleu *m.* Pulmó.

lleuger, -a [ʎaw'ʒe] *adj.* Àgil, ràpid.

lleute* *m.* Llevat, creixent, llevadura.

llevadora *f.* Persona que assisteix les dones durant el part.

llevantada *f.* Ventada forta de llevant. (DIEC)

llevar *v. tr.* Traure, separar. *Llevar taula*: desparar-la. / *intr. pron.* Aixecar-se, alçar-se.

llevat *m.* Massa fermentada que es mescla amb una altra per fer-la fermentar. / *Llevat que, loc. conj.* Exceptuant el cas que. (DIEC)

llévens* *m. pl.* Lleves, ganxos per traure una olla del foc.

llibant *m.* Corda d'espart que uneix els cadups d'una sínia.

llicsó* *m.* Lletsó, *Sonchus oleracerus.*

lligacama *f.* Cinta, cordó, etc., elàstics, amb què se subjecten a la cama o a la cuixa els mitjons o les mitges per a evitar que caiguin cames avall. (DIEC)

lligallo *m.* Comunitat ramadera de municipis d'una comarca, amb la funció de recollir, custodiar i lliurar als propietaris els caps de bestiar sense amo, perduts o esgarriats. / Carrerada, camí de ferradura, camí ramader, que segueix el bestiar quan puja a muntanya o en baixa. (DIEC)

lligarnó* *m.* Membrana que subjecta la llengua per la part inferior.

lligassa *f.* Corda, cinta, etc., que serveix per a lligar o fermar. / Unió, enllaç, lligam, de dues coses. (DIEC)

llima *f.* Llimona.

llimant* *m.* Llibant, corda d'espart.

llimera *f.* Llimoner.

llimpiar* *v. tr.* Fer neta alguna cosa.

llims *m. pl.* Llim.

llindar *m.* Part inferior de l'obertura d'una porta, especialment la d'entrada d'una casa, formada per una fusta o una pedra travessera que ve a un nivell més alt que el sòl exterior. / Llinda, fusta o pedra travessera que descansa sobre els dos muntants d'una porta i descarrega la paret superior. (DIEC)

llindar₂* *v. intr.* Limitar, un terreny, una casa, tenir uns límits comuns amb un altre.

llisa* *m.* Roca llisa per on llisquen els més menuts.

llissa *f. Llissa de ratlles,* llissa morruda.

llissada* *f.* Relliscada.

llissador* *m.* Llisa, lloc que fa lliscar, esp. de la muntanya.

llissal* *m.* Peix de la classe de les llisses, *Mugil cephalus.*

llissar* *v. intr.* Relliscar.

llissenc, -a* *adj.* Llissador.

llíssera *f.* Llissa.

llista* *f.* Compte, llistat de les coses a rebre o a pagar.

llit *m. Llit del riu,* llit fluvial.

llitotxa *f.* Jaç, llit fet amb quatre posts, sobre un banc, una caixa, etc., per a dormir-hi el matalot, un mosso, etc. (DIEC)

lliura *f.* Unitat de pes que equival a 400 grams.

lliurador* *m.* Pala metàl·lica per servir, esp. aliments a granel.

llobada *f.* Interrupció en un solc per haver trobat un obstacle. / *Fer llobada,* fer campana.

llobarro *m.* Llobina, llop, peix de la família dels serrànids, de cos fusiforme, que pot atènyer els 100 centímetres de llargada, amb el dors de color gris plom i el ventre blanc argentat, amb una taca negrosa sobre la part posterior de l'opercle, de cap i boca grossos, amb forts maxil·lars, d'hàbits costaners i de carn molt apreciada (*Dicentrarchus labrax*). (DIEC)

llobater, -era* *m.* i *f.* Caçador de llops. / *adj.* Propi de llops, *gos llobater.*

llobatera *f.* Terra, cau, de llops.

llobatí* *m.* Llobató.

llobatinada* *f.* Conjunt de llobatins.

llobatiner, -era* *m.* i *f.* Llobater, caçador de llops.

lloca *f.* Gallina que cova. (DIEC)

llocada *f.* Conjunt de pollets que neixen dels ous covats alhora per una mateixa lloca. (DIEC)

llodriguera [ʎuðri'ɣeɾa] *f.* Lloriguera.

llom *m.* Cavalló. / [usat sovint en pl.] Part del tronc de l'ésser humà i dels quadrúpedes que s'estén a cada costat de la columna vertebral des de les falses costelles fins a la pelvis. / Peça de carn de l'esquena del porc, sobretot de les parts davantera i mitjana, magra, gustosa i molt apreciada. / *Llom embotit,* llom de porc posat sencer en salmorra i adobat amb pebre vermell o cuit, embotit dins un budell. / Part superior i convexa d'una cosa. / m. Part d'un llibre oposada al tall, on s'uneixen els fulls o els plecs. (DIEC)

lloma *f.* Llom d'una muntanya. / Muntanya de poca alçada i de forma planera o arrodonida. (DIEC)

llomanto* *m.* Llamàntol, *Homarus gammarus.*

llomillo* *m.* Llom de porc.

llonganissa [ʎaŋgo'nisa] *f.* Tros de budell llarg i prim ple de carn de porc picada i adobada. (DIEC)

llop, lloba *m.* Mamífer carnívor de la família dels cànids, de pèl gris fosc, orelles erectes, cua llarga i peluda, molt voraç, que emet un udol característic (*Canis lupus*). / *Llop de mar*, vell marí intrèpid. / Llobarro. (DIEC)

llord, -a *adj.* Brut. / *Llorc* per dessignar una varietat de porc.

llorer *m.* Arbre perennifoli de la família de les lauràcies, dioic o polígam, de fulles lanceolades i coriàcies, molt aromàtiques, flors d'un blanc groguenc, en petits grups axil·lars, i fruit en baia negra, originari de les terres mediterrànies calentes i molt cultivat com a ornamental i per les seves fulles, emprades com a condiment (*Laurus nobilis*). (DIEC)

lloriguera [ʎuðɾi'ɣeɾa] *f.* Lloriguera, cau de conills o altres animals.

llosa *f.* Part més dura que es forma al voltant d'un gra.

llosc, -a tb ['ʎosko] *adj.* Molt curt de vista, que no hi veu bé. / Obtús. (DIEC)

llosco, -a* *adj.* Llosc, molt curt de vista, que no hi veu bé. / Obtús. (DIEC)

lluc *m.* Aptitud de comprendre. / Brasa d'una metxa. / Brot.

llucar *v. tr.* Saber veure, copsar, el sentit, l'essència, la qualitat, etc., (d'alguna cosa). (DIEC) / Veure.

lluç *m.* Peix de la família dels merlúccids, de color gris cendrós o gris argentat amb tons metàl·lics al dors, més clar als costats, i blanc argentat al ventre, amb la boca grossa proveïda de moltes dents en forma d'agulla, amb escates petites que es desprenen fàcilment i amb dues aletes dorsals separades, que viu a la plataforma continental i també al talús i és de carn molt apreciada (*Merluccius merluccius*). / Persona poc espavilada. (DIEC)

llucada *f.* Conjunt de brots o llumeners.

llucar *v. tr.* Veure alguna cosa. fig. entendre. / Brotar.

llúcera *f.* Maire.

llúcio* *m.* Lluciperca, *Stizostedion lucioperca.*

lluent* *m.* Camp d'arròs encara sense el verd dels brots. / Aiguamoll.

lluenta* *f.* Mol·lusc, *Callista chione.* / Juliola, *Trigla corax.*

lluentol* *m.* Bassa menuda d'aigua, cocó.

llufa *f.* Expulsió de gasos intestinals per l'anus sense estrèpit. / *Fer llufa,* una bomba, un petard, cremar-se sense explotar. / Tros de drap, de paper o de qualsevol altra cosa que es penja, per burla, al vestit d'alguna persona sense que ella se n'adoni. (DIEC)

llumenària* *f.* Lluminària.

llumener [ʎuma'ne] *m.* Llum d'oli.

llumeta *f.* Llum portàtil que s'apaga amb una caputxa.

llunada* *f.* Acció insperada d'algú. / Clariana de sol entre els núvols.

llunt* *adv.* Lluny.

lluny, -a ['ʎun] *adj.* Llunyà, llunyana.

llúpia *f.* Quist.

lluquera* *f.* Iuca.

lluquet *m.* Tros de palla, de caramuixa, etc., ensofrat que, acostat a una brasa, crema amb flama. (DIEC)

llustre *m.* Brillantor d'un objecte brunyit, d'un mineral, d'una gemma. / Brillantor, esplendor. (DIEC)

llustrós, -osa *adj.* Que té llustre.

lo *art.* Forma del masculí singular, plural *los*.

ma *adj.* Forma del femení de l'adjectiu possessiu *mon*. (DIEC)

mà *f. Mà de morter,* maça amb què es pica o remena el que hi ha en el morter. (DIEC) / *Mà de les abargues*,* peça que s'agafa amb la mà i té el moviment per a picar el cànem damunt la caixa de les abargues. (DCVB) / *Tenir (alguna cosa) per la mà*,* estar-hi avesat.

mabre *m.* Peix de la família dels espàrids, de cos comprimit i moderadament allargat, de color gris argentat, blanc al ventre, amb de 10 a 12 ratlles verticals negroses sobre els costats (*Lithognathus mormyrus*). (DIEC)

macabeu [maka'mɛw] *m.* Varietat de cep.

maçana tb [man'sana] *f.* Poma.

maçanera *f.* Pomera.

macarota* *f.* Macarulla, ballaruc.

macat, -ada* *adj.* Que té una macadura, un cop. Esp. dit de la fruita.

macet* *m.* Cabdell de cordill. / Feix de lligasses.

maceta *f.* Martell gros usat pels mestres de cases.

maco, -a ['mako] *adj. pop.* Bell, bonic. / *adj. pop.* Agradable, simpàtic, eficient, etc. (DIEC)

madeixa *f.* Fil tret de l'aspi o de qualsevol altre aparell sobre el qual ha estat obligat a enrotllar-se regularment i plegat de manera que no s'embullin les voltes les unes amb les altres. (DIEC)

madeixeta* *f. dim.* Madeixa, *madeixeta de cordellet.*

madona *f.* Tractament de cortesia per a les dones dels menestrals.

madrastra *f.* Muller d'algú respecte dels fills que aquest té d'un matrimoni anterior. / *f.* Mare que es porta malament amb els fills. (DIEC)

madrilla *f.* Peix de riu, *Chondrostoma toxostoma.*

madrina *f.* Corretja que lliga els musells de dos cavalls.

magarrufa *f.* Mostra d'afecte exagerada, enganyosa.

magasím* *m.* Magatzem.

magdalena [maδa'lena] *f.* Pastís petit ovalat o rodó, de massa esponjosa, fet de farina, llevat, llet, sucre, ou i oli. (DIEC) / Persona no gens espavilada, mancada de vivor, de tremp.

magrejar *v. tr.* Grapejar, palpejar.

mairam *m.* Desgavell de gent en moviment, desordre de coses.

maire ['majɾa] *f.* Peix de la família dels gàdids, de cos allargat, de mida no gaire gran, amb el dors de color gris blavós i el ventre blanc, amb tres aletes dorsals i dues d'anals (*Micromesistius poutassou*). (DIEC)

maixella *f.* Mandíbula, barra. / *fig.* Banc d'arena.

mal *m. Mal de cor,* gana. / *Mal de masclí*: còlic intestinal.

mal vell* *m.* Mal que fa temps que es pateix.

malabonança* *f.* Malaltia en els animals i plantes. / Clima advers.

malaconsellar *v. tr.* Donar mals consells (a algú). (DIEC)

malacostumar *v. tr.* i *intr. pron.* Acostumar malament. (DIEC)

malagana* *f.* Peresa.

malagraït, -ïda *adj.* i *m.* i *f.* Que no agraeix el que hom ha fet per ell, els beneficis rebuts. (DIEC)

malaguanyat *loc. adv.* Equival a *això faltaria.*

malaigua* *f.* Medusa.

malamorós, -osa *adj.* Aspre en el tracte.

malànima *adj.* i *m.* i *f.* De mals sentiments, de naturalesa cruel. (DIEC)

malària *f.* Malaltia infecciosa deguda a la presència a la sang de protozous del gènere *Plasmodium*, transmesos a l'home per mosquits del gènere *Anopheles*. (DIEC)

malarmat *m.* Peix de la família dels peristèdids, de cos protegit per diverses sèries de plaques dèrmiques ossificades, i amb un apèndix rostral forcat (*Peristedion cataphractum*). (DIEC)

malastrugança tb [malastru'γansia] *f.* Mala sort.

malaventura *f.* Desgràcia, infortuni. (DIEC)

malavingut, -uda *adj.* Que no s'avé amb altri. (DIEC)

malbaratar *v. tr.* Algú, deixar perdre (els béns propis o que té al seu càrrec). (DIEC)

malcarat, -ada *adj.* Malcarós, que acostuma a fer mala cara a tothom. (DIEC)

malcompost, -a *adj.* Malendreçat, disposat o arranjat malament, de qualsevol manera. (DIEC)

malcorar *v. tr.* Desencisar algú. / Irritar algú.

malcregut, -uda* *adj.* Malcreient, que no creu.

malcremat *m.* Brasa que fa fum.

malcriador, -a* *adj.* Que consent, que permet qualsevol cosa als menuts.

malcriat, -ada *adj.* Mancat de bona educació, de cortesia. (DIEC) / Consentit, aviciat.

maldament* *adv.* i *conj.* Equival a *encara que.*

maldar* *v. tr.* Renyar, advertir d'una mala conducta.

maldecap *m.* Allò que pertorba i inquieta l'ànim, que preocupa pregonament. (DIEC)

maldentat, -ada *adj.* Que té les dents tortes.

malecó* *m.* Terraplè que hi ha a les vores d'un canal o d'un riu.

maleguera* *f.* Erupció cutània.

maleïdor, -a *adj.* Que maleeix.

malencaminar *v. tr.* Encaminar malament.

malendreçat, -ada *adj.* Disposat o arranjat malament, de qualsevol manera.
(DIEC)

malesa *f.* Grans desperfectes o pèrdues. / Terreny d'arbustos.

malestar *m.* Molèstia, incomoditat.

malfaixat, -ada *adj.* Mal vestit, amb la roba gran, mal posada, etc.

malfaràs* *adj.* Malfeiner, maldestre. / Gandul.

malfiat, -ada* *adj.* Desconfiat.

malforjat, -ada *adj.* Que porta roba que no li cau bé, mal feta, mal posada.
(DIEC)

malfull* *m.* Marfull, mosquit.

malgarbat, -ada* *adj.* Malgirbat.

malgirbat, -ada *adj.* Malforjat.

malíccia* *f.* Malícia.

mall *m.* Martell gros, de mànec llarg, com els que usen els forjadors, els picapedrers, etc. (DIEC)

malla *f.* Obertura quadrada o rombal formada pels fils d'una xarxa. / Teixit de xarxa. / Taca que tenen alguns ous damunt el rovell. (DIEC) / Gota d'oli o d'altra matèria greixosa que sura visiblement damunt un altre líquid (DCVB)

mallada *f.* Tancat, pleta, lloc on els animals es recullen.

malmarrós, -osa* *adj.* Malmirrós.

malmenjar* [malmiɲ'dʒa] *v. intr.* Menjar poc o malament.

malmenjat, -ada [malmiɲ'dʒat] *adj.* Que menja poc o malament.

malmerrós, -osa* *adj.* Malmirrós, taciturn, de mal humor.

malmés, -a* *adj.* Fet malbé.

malmesa* *f.* Acció i efecte de malmetre.

malmetedor, -a *adj.* i *m.* i *f.* Que malmet, esp. que es gasta tots els diners.

malmetició* *f.* Malmesa.

malmetre *v. tr.* Posar en mal estat. (DIEC)

malmirar *v. tr.* Mirar-se algú amb mals ulls.

malmirrós, -osa tb [malme'ros] *adj.* Taciturn. / *adj.* Temporalment o habitualment malaltís, que no es troba prou bé. (DIEC)

malmòs* *m.* Maledicció, encís.

malnom *m.* Sobrenom, a vegades de caràcter pejoratiu, que es posa a algú, pres d'alguna qualitat, d'algun defecte, d'algun vici, etc. (DIEC)

malparat, -ada *adj.* En mal estat. (DIEC)

malparlar *v. intr.* Dir mal. (DIEC)

Malpàs* *topòn.* Topònim del Montsià.

malpensat, -ada *adj.* i *m.* i *f.* Que és propens a pensar mal. (DIEC)

mals endreços *m. pl.* Estris, mobles, etc., inservibles, que hom té arraconats. (DIEC)

malta* *f.* Malt, ordi germinat i assecat que substituia el cafè.

maltrabaca* *adj. (cast.)* "Mal trabaja", dropo.

malura *f.* Malaltia, sobretot epidèmica, especialment de les plantes. (DIEC)

malva *f.* *Portar-se com una malva,* portar-se bé. / *Ser una malva,* ser dòcil. / *Anar com una malva,* anar fi, suau.

malvesar* *v. tr.* Malavesar, acostumar malament.

malví *m.* Planta: *Althaea officinalis.* Se'n fan infusions.

malvinera* *f.* Malví.

mam *f. infant.* Aigua.

mamar *v. tr. loc. A mamar!,* equivalent de *a pastar fang.*

mamarrones* *f. pl.* Pessigolles que rep el que no vol pagar en un joc.

mambo* ['bambo] *m.* Camisa ampla de costures rectes.

mamella* *f.* Desenvolupament vertical dels cúmulus.

mamella de monja* *f.* Ser de qualitat superior, exquisit: *ser mamelleta.*

mamelló* *adj. m.* i *f.* Animal que encara mama.

mameu* *m.* Marrameu, crit del gat quan està enfurismat.

mameus* *m. pl.* Ganyotes, ximpleries, tonteries.

màmia *f.* Femella amb alguna mamella que no porta llet. (DIEC)

manaia *m.* Persona de caràcter autoritari. / *Fer el manaia,* presumir d'ésser
qui té més força, qui mana més. (DIEC)

marrameus [amata'mɛws] *loc. adv. A marrameus,* a quatre grapes.

mana* *f. infant.* Germana.

manada *f.* Quantitat d'alguna cosa que cap en una mà.

manat *m.* Quantitat de tiges que es pot agafar amb una mà.

manc, -a *adj.* i *m.* i *f.* Mancat d'una mà o d'un braç. (DIEC)

mancal* *m.* Davantal.

mançana *f.* Poma.

mançanella* *f.* Sempreviva, *Helichrysum orientale.*

mançanera *f.* Pomera.

mançana *f. Mançana del ciri,* classe de mançana.

manco *adv.* Menys.

mandarina *f.* Fruit comestible del mandariner, semblant a una taronja però
més petit i generalment deprimit, de bon pelar i amb els grills

aromàtics i de sabor suau, que se separen fàcilment. (DIEC)

mandariner tb [maⁿdeɾi'ne] *m.* Arbret de la família de les rutàcies, poc o molt espinós, de fulles persistents i coriàcies, relativament estretes, flors blanques, solitàries o en petits ramells, i fruits carnosos, les mandarines, originari de l'Àsia sud-oriental i extensament cultivat en climes poc freds (*Citrus reticulata* o *C. deliciosa*). (DIEC)

mandaüler, -a* *m.* i *f.* Tafaner.

mandil *m.* Davantal llarg fins als turmells.

mandonguilla *f.* Bola de carn trinxada pastada amb pa ratllat, ous batuts i espècies. / *Fer mandonguilles,* fer burilles. (DIEC)

mandruc, -uga *adj.* Deixat, brut.

mandruquejar *v. tr.* Grapejar.

mànec ['manik] *m.* Part adaptada a una eina, a un instrument, per on s'agafa en servir-se'n. (DIEC)

manejar [menej'ʒa] *v. tr.* Fer funcionar, fer anar, (un instrument) amb la mà o les mans. / Moure (alguna cosa) d'una banda a l'altra, fer bellugar. (DIEC)

manerós *adj.* Amanós, fàcil de manejar. (DIEC)

manet, -a* *m. dim.* Mano: germà menut. / Familiarment, company.

maneta *f.* Peça o part d'una màquina o d'una eina destinada a posar-hi la mà o aplicar-hi una força per imprimir-hi un moviment de rotació, manejar-la, dirigir-la. / Busca d'un rellotge. (DIEC)

manetxeu* *m.* Cap de colla dels segadors.

mangotxejar* [maⁿgotʃej'ʒa] *v. tr.* Grapejar, regirar.

mangotxos* *f. pl.* Mànigues amples. / *Fer mangotxos,* menjar malament.

mangrana* *f.* Magrana.

mangraner* *m.* Magraner.

manifasser, -a *adj.* i *m.* i *f.* Que manifasseja, que maneja arbitràriament afers que afecten una col·lectivitat o a altri. (DIEC)

màniga *f.* Part del vestit que cobreix totalment o parcialment el braç. (DIEC)

Manigueta* *topòn.* Barranc i tossal de la serra de Montsià.

manil *m.* Drap de cuina emprat per a eixugar-se les mans. / *m.* Davantal. (DIEC)

manilla *f.* Maneta d'un rem. / *f.* Botifarra. *Jugar a la manilla.* / *f.* Carta del número nou, en el joc de la botifarra o manilla. *Tenir totes quatre manilles.* (DIEC)

manillar *m.* Mànec doble col·locat a la part anterior de les bicicletes i motocicletes, que serveix per a agafar-s'hi el ciclista o motorista i per a controlar la direcció. (DIEC)

manisa *f.* Rajola lluent que vesteix les parets esp. cuines i lavabos.

mano, -a* *m. infant.* Germà. / Familiarment, company.

manobre tb [me'nɔβɾe] *m.* i *f.* Obrer que ajuda el paleta en totes les feines que no necessiten gaires coneixements de l'ofici. (DIEC)

manoll *m.* Manat, feix de tiges, de bastons, etc., que es pot agafar i dur amb la mà. (DIEC)

manotada *f.* Cop donat amb la mà. / Marca d'una mà a una paret.

manrúbio* *m.* Planta, malrubí, *Marrubium vulgare.*

manso, -a* *adj.* Mans, dòcil. / *m.* Bou castrat que dirigeix el ramat.

mansorro, -a* *adj.* Mans, dòcil.

manta* *adj.* Mandrós, mandrosa.

mantecado* *m.* Embolic. / Panet amassat amb mantega de porc.

mantejar *v. tr. Fer la baca a algú,* fer-lo anar enlaire, posat sobre una vela, una lona, etc., estirant la vela, la lona, bruscament al mateix temps les persones que la tenen agafada per les vores. (DIEC)

manteleta *f.* Esclavina que usen les dones com a abric o adorn. (DIEC)

mantellina *adj.* Mandrós. / *f.* Mocador de seda per cobrir-se el cap.

mantornar *v. tr.* Donar (a la terra) la segona llaurada, la segona cavada. (DIEC)

mantós, -osa* *adj.* Arrupit per malaltia. / Que no vol estar mai sol, dit esp. d'un animal.

manxa *f.* Instrument d'accionament manual que serveix per a fer vent, per a fornir aire. (DIEC)

manxar *v. intr.* Fer vent, fornir aire, amb una manxa. / *v. intr.* Bombar. (DIEC)

manxar₂* *v. intr. Anar a manxar-la,* equivalent a *anar a pastar fang.*

manxiulot *m.* El·lèbor, herba curativa del gèn. *Helleborus.*

manya *f.* Destresa, habilitat. / *Donar-se manya,* apressar-se. (DIEC)

manyana* *f.* Matí. / *loc. Fer la manyana,* desdejunar-se esp. amb llet i pa.

manyo, -a* *adj. m.* i *f.* Natural d'Aragó.

manyofla* *f.* Mà, en sentit despectiu o augmentatiu.

manyós, -osa *adj.* Que té manya. (DIEC)

manyut, -uda* *adj.* Manyós.

maó *m.* Bloc d'argila cuita per fer xemeneies, voltes, etc.

mapa *f.* Qualsevol dels braços d'una àncora.

maqui *m.* i *f.* Maquisard, especialment membre de les guerrilles antifranquistes. (DIEC)

màquila *f.* Mesura d'oli o de gra equivalent a 0.18 litres.

màquina* *f.* Bicibleta.

maquineta* *f. Maquineta d'embotella*r, màquina embotelladora.

maquinista [maki'niste] *m.* i *f.* Persona que governa una màquina motora, especialment de vapor. (DIEC)

marbre ['maβɾe] *m.* Roca calcària, metamòrfica, cristal·lina, granular i de gra macroscòpic, blanca, negra o de diversos colors deguts a la presència de substàncies estranyes, que mostra sovint clapes o venes i és susceptible d'un gran poliment. (DIEC)

mardà *m.* Marrà, mascle de l'ovella.

mar *f. Mar de dins**, mar interior, Badia dels Alfacs. / *Mar de fora**, mar de fons, enllà del Trabucador. / *Mar gran**, mar de fons, enllà del Trabucador. / *Mar menuda**, mar interior, Badia dels Alfacs.

maranya* *f.* Trampa en un joc. / Embolic, engany.

marassa *f.* Mare excessivament bona, condescendent, amb els fills. (DIEC)

marçada *f.* Canvi sobtat del temps propi del març.

marcat, -ada* *adj.* Menjar ben fet. / Persona corrupta.

marcenc, -a *adj.* Relatiu al mes de març. / Canviant.

marcolina* *f.* Varietat d'ametlla, *Ametlla marcona.*

mardà *m.* Mascle de l'ovella. / Persona de gran corpulència.

mardagau* *m.* Marisc bivalb més gros que el grúmol.

mardanot, -a* *m.* Mardà, dit.esp. dels adolscents corpulents.

mare *m.* Solatge, pòsit del vi o el vinagre.

marededéu* *f.* Mol·lusc, pagellida, *Patella caerulea.*

maremàgnum [maɾi'maŋgo] *m.* Confusió, embolic.

marer, -a *adj.* Emmarat, que no sap estar sense la mare. (DIEC)

marera* *adj.* i *f. Anguila marera*, provinent de la mar.

marfanta *f.* Prostituta. / Qui es disfressa per passar desapercebut.

màrfega *f.* Sac gros ple de palla, espart, etc., que serveix de matalàs. / *Semblar una màrfega* [o *ésser una màrfega*], semblar o ésser gros i malgirbat. (DIEC)

marfull [mal'fuʎ] *m.* Arbust, *Viburnum tinus.*

margall *m.* Gamínea, *Lolium perenne.*

margalló *m.* Palmera de tija en general poc desenvolupada, sovint amb rebrots basals, fulles palmatisectes amb el pecíol espinós, flors grogues i fruit en baia, pròpia de les terres àrides del Mediterrani occidental i sovint plantada com a ornamental, les fulles de la qual s'empren per a fer escombres, sàrries, estores, etc. (*Chamaerops humilis*). / Lluc tendre comestible del margalló. (DIEC)

margallonera* *f.* Planta del margalló.

marganyar* *v. intr.* Treballar minuciosament, buscar d'aquí cap allà.

margarida [marɣa'rita] *f.* Mata de la família de les compostes, de fulles molt dividides, bipinnatipartides, i capítols amb un botó groc i una corona de lígules blanques, grogues o morades, originària de Canàries i cultivada com a ornamental (*Chrysanthemum frutescens*). (DIEC)

marge *m.* Vora, especialment d'un terreny que forma graó. (DIEC)

margenador* *m.* Aquell que fa marges.

margenar *v. tr.* Fer marges.

marjal *f.* Aiguamoll litoral. / *m.* Bancal, tros de terra plana conreada, limitada per marges o rases. (DIEC)

mariagarrons* *adj.* Bruta.

marialluïsa *f.* Planta per fer infusions, *Aloysia citriodora.*

marieta *m.* Home efeminat o homosexual, dit despectivament. / Insecte coleòpter, de cos arrodonit i globulós, amb els èlitres amb taquetes de colors foscos (*Coccinella septempunctata*). (DIEC)

marinada *f.* Vent provinent de la mar, vent del sud-est, xaloc.

marinar *v. tr.* Adobar el peix. / Fer amistat.

marinera *f.* Fredeluga, *Vanellus vanellus.*

mariscada *f.* Menjada de marisc. / Plat compost de marisc.

marmanya *f.* Fruita i verdura que venen els marmanyers.

marmanyer, -a *m.* i *f.* Pagès de fora que ven fruita i verdura.

maroma *f.* Corda gruixuda. / *Passar la maroma,* sortir airós d'una situació difícil, trampejar-la. (DIEC)

marquesina *f.* Coberta de tela que es posa sobre una tenda de campanya per millor guardar-la de la pluja. / *f.* Coberta de vidre, metall, fusta o formigó armat, que surt d'una façana sobre una porta, una andana, etc., per a resguardar de la pluja els entrants i sortints. (DIEC)

marrà *m.* Mascle de l'ovella. / Verro. / *adj.* i *m.* i *f.* [fem. marrana] Que fa marraneries. / *adj.* i *m.* i *f.* Porc. (DIEC)

marraco *m.* Cuca fera, boti. / Persona que no inspira confiança.

marraix *m.* Peix condricti de la família dels làmnids, de cos fusiforme i robust, d'uns 250 centímetres de llargada, de dors gris blavós i ventre blanc, amb les dents proveïdes d'una cúspide central molt aguda i una petita cúspide accessòria a cada costat, amb dues aletes dorsals, la primera molt més grossa que la segona i l'aleta caudal semilunar (*Lamna nasus*). (DIEC)

marraixa *f.* Cànter, garrafa.

marraixó* *m.* Marraixa.

marrameu *m.* Crit del gat. / *interj.* D'incredulitat.

marro *m.* Residu del cafè. / Sarau, embolic.

marronga* *f.* Joc de cartes. / Gallina que neix sense plomes al coll.

marronós, -a *adj.* Que tira a marró. (DIEC)

marrot* *m.* Feix.

marruix, -a *f.* Marruixa, gat, gata, especialment quan hom s'hi dirigeix afectuosament. (DIEC)

marsapà* *m.* Massapà.

martellejar *v. tr.* Donar cops (a alguna cosa) amb el martell. (DIEC)

Martinenca* *topòn.* Partida de terra, zona matírima d'enfront d'aquesta.

martinet *m.* Ocell, *Egretta garzetta.*

martingala *f.* Trampa, engany.

martiri [mar'tuɾi] *m.* Turment cruel físic o moral. (DIEC)

martiritzar [martuɾi'dza] *v. tr.* Turmentar cruelment. (DIEC)

marturi* *m.* Martiri.

marturejar* [martuɾej'ʒa] *v. tr.* Martiritzar.

marxant, -a *m.* i *f.* Comerciant que va pels pobles i per les masies a vendre les seves mercaderies. (DIEC)

mas *m.* Casa de pagès. / *m.* Unitat d'explotació agrícola tradicional integrada pel mas, pels conreus, pels estables, pels magatzems, etc. (DIEC)

masada *f.* Conjunt patrimonial format pel mas o casa de camp amb la seva gleva establerts a un sol pagès. / *f.* Conjunt de masos. (DIEC)

mascara *f.* Taca, esp. de carbó.

màscara tb ['maskeɾa] *f.* Figura de cartó, filferro, imitant una cara, amb forats per als ulls i la boca, amb què una persona es cobreix el rostre. (DIEC)

mascarar *v . tr.* Emmascarar, embrutar amb carbó, amb sutge. (DIEC)

mascaró *m.* Buscall amb la punta cremada.

mascle *m.* Tija de la bova mascle. / Bou mascle.

masclet *m.* Morteret. / Bou mascle jove.

masclí* *m.* Mal de masclí, mal de ventre molt agut.

masclot* *m. augm.* de mascle, bou mascle adult.

masover, -era *m.* i *f.* Persona que és estadanta i té cura d'un mas de propietat d'altri. (DIEC)

mastegot *m.* Mastegar fent soroll.

matacabra *f.* Calamarsa.

matacaveros* *f.* Planta, trencadalles, *Asper esquamatus.*

matafaluga *f.* Planta de l'anís, *Pimpinella anisum.*

matàfula* *f.* Engany, estafa, garrama.

matalap* *m.* Matalàs.

matalaper, -era* *m.* i *f.* Matalasser.

matamatxos* *m.* Varietat d'arròs molt dur de batre.

matança* *f.* Joc, *atac i gol.*

matapoll *m.* Arbust, *Daphne gnidium.*

matapollat, -ada* *adj.* Atabalat, cansat.

matar* *v. tr. Anar a matar,* equival a *Anar a totes.*

Mataredona* *topòn.* Antiga masada de la serra del Montsià.

material* *m.* En construcció, ciment, guix, etc.

matiner, -a *adj.* Que matina.

matinet* *m. dim.* Matí. / *loc. De matinet,* de matinada.

matissa* *f.* Arbust, matoll.

matrac* *m.* Matràs.

matraca *f.* Instrument que fa un soroll sec i repetit. / *adj.* Pesat.

matràs *m.* Receptacle de vidre o de cristall de forma esfèrica i de coll llarg i estret. / *m.* Barra de fusta que passa per les dolles del carro de trabuc. (DIEC)

matuta *f.* Mercaderia, cosa, que es vol fer passar fraudulentament. (DIEC)

matuter, -a *m.* i *f.* Persona que introdueix matuta. (DIEC)

matxaca* *f.* Pedra mòlta.

matxada* *f.* Conjunt de cavalls o mules. / Acció estúpida, sense sentit.

matxer, -a* *m.* i *f.* Persona que condueix un animal de càrrega.

matxo *m.* Mul.

matxucar *v. tr.* Rebregar. / Fer trossos.

matxutxo, -a* *m.* Fadrí vell. / *adj.* Gras, grandolàs.

mau *interj.* Expressió que manifesta desconfiança.

maular* *v. intr.* Miolar.

maulit* *m.* Miol.

me *pron.* Acusatiu i datiu del pronom de primera persona *jo*.

mec, -a *adj.* Beneit, ximple. / *Fer el mec*: fer-se veure. / Presumit.

medalla tb [mi'ðaʎa] *f.* Taca a la roba.

medir* *v. tr.* Midar.

medís *m.* Peça central de les costelles d'un buc, que va empernada sobre la quilla. (DIEC)

meix, meixa *adj. m.* i *f.* Vedell que mama, *ex.: Ni creix, ni meix.*

melada *f.* Melmelada.

melenc, -a* *adj.* Dit de la pedra que és difícil de picar.

melic *m.* Llombrígol.

meliguera* *f.* Panxa.

melis *m.* i *f. fig.* Persona resistent.

meló *m. Meló blanc**, meló de tot l'any. / *Meló cristià**, meló de tot l'any, en oposició al meló de moro. / *Meló de moro,* síndria. / *Meló de pell de sapo,* de pell de gripau, també *meló de pell de gripau.* / *Meló de tot l'any,* meló d'una varietat de forma ovalada, que es conserva molts mesos sense podrir-se. (DIEC) / *Meló francés**, meló groc, meló de mel.

melona *f.* Meló llargarut.

melsa *f.* Òrgan vascular situat en l'hipocondri esquerre. (DIEC)

melva *f.* Peix, *Auxis rochel.*

mena *f.* Gruix d'una corda. / Feix de filaments que forma part d'una corda. (DIEC) / *f. pl.* Aparell compost d'una corda, dos bocells i una lligada, que serveix per a lligar la vela al pal en les barques de pesca i de mitjana. (DCVB)

menejar [menej'ʒa] *v. tr.* i *intr. pron.* Moure. / Fer funcionar.

menestral, -a *m.* i *f.* Persona que professa un art mecànic. (DIEC)

mengívol, -a [miɲ'dʒiβol] *adj.* De bon menjar. (DIEC)

menjadora [miɲdʒa'ðoɾa] *f.* Recipient on es posa el menjar per als ocells i altres animals. (DIEC)

menjamosques* [miɲdʒa'moskes] *m.* Mosquiter comú, *Phylloscopus collybita.*

menjar [miɲ'dʒa] *v. tr.* Mastegar i empassar-se (un aliment sòlid). / *m.* Allò que hom menja per nodrir-se. (DIEC)

menjar *m. Menjar blanc,* plat fet de llet, farina d'arròs, sucre i canyella.

menjucar *v. intr.* Menjar poc o sense ganes.

manobre tb [me'nɔβɾe] *m.* i *f.* Obrer que ajuda el paleta en totes les feines que no necessiten gaires coneixements de l'ofici. (DIEC)

mentres* *conj.* Mentre.

mentres₂* *loc. adv. De mentres,* mentrestant, entretant.

mentrestant *adv.* Durant el temps en què s'esdevé quelcom. (DIEC)

menunciada* *f.* Menuts d'animal.

menussa* *f.* Conjunt de coses menudes.

menut, -uda *adj.* Petit. / *m. pl.* Xavalla, monedes soltes de poc valor.

merda *f. Merda de llarde*,* bromera del sucre quan es posa al foc. / Terra molt tova.

merdegau* *m.* Caravella, *Solecus strigillatus.*

merdissaire *m.* i *f. pop.* Persona que trafica en mesquita. (DIEC)

merdisser , -a *m.* i *f. pop.* Persona que trafica en mesquita. (DIEC)

merí, -ina *adj.* Relatiu o pertanyent a les ovelles de llana fina, arrissada, flexible i molt resistent d'una raça originària de la península Ibèrica. (DIEC)

merla *f.* Ocell de la família dels muscicàpids, de 25 centímetres de llargada, plomatge negre i bec groc el mascle, de plomatge bru i bec negrós la femella (*Turdus merula*). (DIEC)

mero *m.* Anfós, peix de la família dels serrànids, de cos robust i boca molt grossa, de fins a 1 metre de llargada i 60 quilos de pes, de color bru rogenc amb taques disperses més clares, molt sedentari, de carn molt apreciada (*Epinephelus guaza*). (DIEC)

mesa *f.* Brotada.

mesada* *f.* Acció de mesar, de brotar; l'efecte.

mesar *v. intr.* Un arbre, fer la seva brotada. (DIEC)

mescla *f.* Acció de mesclar o de mesclar-se; l'efecte. (DIEC) / Barreja.

mesell, -a *adj.* i *m.* i *f.* Leprós. / *adj.* Que no se sent dels cops. (DIEC)

messa* *f.* Collita abundant.

mestralada *f.* Ventada forta de mestral. (DIEC)

mesurar *v. tr.* Avaluar la quantitat (d'una cosa) per comparació amb una
  unitat. (DIEC)

metxa* *f.* Paper que es crema dins una bóta per estovar-ne la pell.

metxó* *m.* Metxa per a engalzar dues poeces de fusta.

mèu *m.* Miol, crit del gat.

micoteta* *f. dim.* Mica.

micotinya* *f. dim.* Mica.

midó *m.* Mescla d'amilopectina i amilosa que abunda en les plantes,
  especialment en les llavors, on és el component principal de les
  reserves de glícids, emprada en alimentació i farmàcia i per a donar
  aprest als teixits. (DIEC)

mifa* *f.* Òliba, *Tyto alba.*

mífio, -a* *adj.* Bifi, que té el llavi superior prim.

migdiada tb [mezdi'aða] *f.* Dormida que es fa després de dinar. (DIEC)

miget* *m.* Mitget.

Migjorn *topòn.* Gola sud del Delta de l'Ebre. / *m.* Vent del sud.

migrar *v. intr. pron.* Consumir-se, decandir-se d'impaciència,
  d'enyorament. / Una planta, decandir-se per falta de les condicions
  necessàries per al seu desenvolupament, per a la seva maduració.
  (DIEC)

mija* *f.* En futbol, els jugadors del mig del camp.

milanta* *f.* Nombre incontable de coses.

míldeu* *m.* Nom que reben les malalties de les plantes per fongs.

milfull* *m.* Varietat d'enciam.

milhomes tb [mi'lɔmens] *m.* El qui es creu apte per a tot, que en tot vol intervenir, de tot vol saber, etc. (DIEC)

milotxa *f.* Miloca, estel. / Persona informal. / Persona que aparenta.

mill *m.* Herba anual de la família de les gramínies, pilosa, amb la inflorescència paniculiforme inclinada cap a un costat, originària probablement de l'Àsia temperada o subtropical i cultivada des de temps antics com a cereal per a l'alimentació humana i del bestiar (*Panicum miliaceum*). (DIEC)

miller* *m.* Miler, conjunt de mil.

milloria *f.* Avantatge d'una cosa respecte a una altra. (DIEC)

mímen* *m.* Vímet.

mimosa *f.* Acàcia.

mineta* *f.* Llum fet amb un ble d'estopa sobre una base de suro.

mini *m.* Mineral, òxid de plom, de fórmula Pb_3O_4, que cristal·litza en el sistema tetragonal, és de color vermell i és emprat en la fabricació de vidre de plom i de pintures protectores per a ferro i acer. (DIEC)

minjador* *m.* Menjador.

minjadora* *f.* Menjadora.

minjar* *v. tr.* Menjar.

minso, -a *adj.* De poc gruix i consistència. / *adj.* Escàs. (DIEC)

minúcia *f.* Detall petit, cosa d'una importància mínima. (DIEC)

minucialla* *f.* Minúcia.

minut tb [menut] *m.* Unitat de temps equivalent a la seixantena part d'una hora (símbol, min). (DIEC)

minvar *v. intr.* Una cosa, disminuir, perdre-se'n una part, per un efecte natural. (DIEC)

minvassa* *f.* Adenitis, inflamació dels ganglis limfàtics.

miquel* *m.* Nom que rep la larva de l'escarabat d'aigua.

miquetaina* *f. dim.* Mica.

miracle tb [mi'lakɾe] *m.* Fet extraordinari que no es pot explicar per causes naturals i és atribuït a causes preternaturals o a Déu mateix. (DIEC)

miranda *f.* Mirador, lloc d'un edifici des d'on hom pot mirar al lluny. (DIEC)

misèria *f.* Coses de poc valor.

missa *f.* Església.

missar* *v. intr.* Anar a missa. / Dir la missa.

mister, -era* *m.* i *f.* Mistaire, persona que fa mistos.

misto *m.* Llumí. / *Fer misto [fer mistos* o *fer un misto],* en esports en què intervé una bola o una pilota, tocar-la malament, d'esquitllada. (DIEC)

mitan* *adj.* i *adv.* Mitjan.

mitger, -era [mi'ʒe] *m.* i *f.* Mitgera, meitat d'una mesura, d'un pes o d'una mida principals. / *m.* i *f.* Persona que conrea les terres d'altri i es reparteix amb ell els fruits a mitges. / *adj.* Que és comú a dues propietats contigües. (DIEC)

mitget [mi'ʒet] *m.* Mocador plegat en forma de triangle.

mitjà, -ana [mi'ʒa] *adj.* Igualment lluny dels dos extrems en situació, magnitud, grau, etc. (DIEC)

mitjana [mi'ʒana] *f.* Arbreda que voreja un riu, terreny poblat d'arbres al qual s'estén l'aigua del riu en temps de revingudes. / Ampolla de cervesa que conté aproximadament un terç de litre. / Porció de carn d'un cap de bestiar compresa entre les costelles i el bescoll. (DIEC)

mitjaner, -a* [miʒa'ne] *adj.* Mitjancer, ni gran ni menut.

mix, mixa *m.* i *f.* Gat, gata. / *expr. Mix mixinet,* veu per cridar el gat.

moc* *f.* Punta recremada d'una metxa. / Gota de cera fosa d'un ciri.

moc₂ *m.* Retret, menypreu, refús.

mocador tb [maka'ðo] *m.* Peça quadrada de roba, generalment de lli, de cotó o de seda, destinada a mocar-se, eixugar-se la suor, etc. / *Mocador de butxaca,* mocador. / *per ext.* Mocador de paper. (DIEC)

mocallums *m.* Esmocadores, estri semblant a unes tisores que serveix per a esmocar un llum. (DIEC)

mocar *v. tr.* Netejar (a algú) el nas de mocs expel·lint amb força l'aire pel nas o prement el nas amb els dits, amb un mocador, etc. (DIEC)

modorra* *f.* Son pesada.

modorro* *m.* Callat, tímid.

modos* *m. pl.* Modals.

moix, -a *adj.* Abatut perquè veu desbaratades les seves pretensions, humiliat el seu urc, castigat el seu atreviment, ha rebut un refús, una repulsa, una lliçó, etc. (DIEC)

moixama *f.* Tonyina assecada a l'aire. (DIEC)

moixarra [muj'ʃara] *f.* Orada, peix de la família dels espàrids, de cos alt i comprimit, que pot atènyer 70 centímetres de llargada, d'esquena gris blavosa i costats argentats, amb una taca daurada entre els ulls i una taca fosca sobre l'opercle (*Sparus aurata*). (DIEC)

moixell [muj'ʃeʎ] *m.* Manat. / Tros de corda. / *fig.* Persona despentinada.

moixó *m.* Ocell, especialment de mida petita. (DIEC)

moixonada *f.* Conjunt de moixons. (DIEC)

mola *f.* Pedra circular de les dues que componen el molí ordinari, una és mòbil i es fa rodar sobre l'altra, que és fixa. / Cosa massissa i de gros volum. / Tossal isolat de forma massissa, arrodonida i plana al capdamunt, amb els flancs superiors molt rostos. (DIEC)

molella* *f.* Morella, pedrer dels ocells.

molt [pl. 'mols] *adv.* En grau considerable. / *pron.* Una cosa considerable. *Ha fet molt de no res.* / *pron.* Força temps. *Fa molt que no véns.* (DIEC)

mòlta *f.* Acció, operació, de moldre; l'efecte. / *f.* Molinada. (DIEC)

moll *m. Moll de roca, moll d'arbó, Mullus surmuletus. / Moll de fang, Mullus barbatus. / Moll reial, Apogon imberbis.*

moll, -a *adj.* Fluix, de poca qualitat; esp. referit a l'aigua.

molla ['moʎa] *f.* Part interior blana del pa i altres coses que tenen crosta o clofolla. / La part més blana de la carn de les persones o dels animals. / Partícula de pa que es desprèn en partir-lo. (DIEC)

mòllera *f.* Peix de la família dels gàdids, de cos comprimit, de 15 a 20 centímetres de llargada, de color marró rosaci clar i el ventre blanquinós, amb tres aletes dorsals i dues anals i amb un barbelló sota el maxil·lar inferior (*Trisopterus minutus capelanus*). (DIEC)

molló [mu'ʎo] *m.* Fita.

mollut, -uda* *adj.* Massís, que té molta molla, esp. la fruita.

mom* *m.* Ganyota de burla.

momos, fer* *loc.* Fer ganyotes, treure la llengua a algú altre fent burla.

mon, ma [mun] *adj.* Anteposat al nom, el meu, la meva. (DIEC)

mona *f.* Dolç, *mona de Pasqua.*

mondongo [man'doŋgo] *m.* Carn de porc per a embotits. / Neteja dels budells.

mondonguer [mandoŋ'ge] *m.* Persona que neteja els budells en la matança del porc.

moneder *m.* Portamonedes.

moneta* *f.* Ventrol, receptacle de xarxa per pescar esp. l'anguila.

monge *m.* Monjo.

mongeta* *f.* Mongetes de panís, crispetes.

moniato tb [boni'ato] *m.* Arrel tuberosa comestible de la moniatera, oblonga o fusiforme, de polpa groguenca o vermellosa, rica en fècula i sucre. (DIEC)

monjoia* *f.* Quantitat menuda, esp. d'algun aliment.

Mont Torrero* *topòn.* Topònim de la serra de Montsià.

monya* *f.* Monyo.

monyica* [mu'ɲika] *f.* Canell.

monyo *m.* Lligat de cabells de forma arrodonida que se subjecta al clatell o bé al damunt, al darrere o als costats del cap. (DIEC)

monyó [mu'ɲo] *m.* Porció d'un membre amputat compresa entre la cicatriu i l'articulació situada pel damunt. (DIEC)

moquilla* *f.* Moc, esp. en dies de fred.

móra ['mɔɾa] *f.* Infructescència comestible de la morera, formada per nombroses drupes petites, blanques, rosades o purpúries. (DIEC)

moraduix *m.* Marduix, herba de la família de les labiades, semblant a l'orenga, però amb les flors en panícula allargada, les bràctees florals tomentoses i el calze unilabiat, originària del nord d'Àfrica i de l'Àsia suboccidental, cultivada com a aromàtica i medicinal (*Origanum majorana*). (DIEC)

moradura *f.* Blau.

moral *adj. Aigua moral,* aigua de pluja abundosa, sempre que no sigui excessiva.

moratinós, -osa* *adj.* Que tira a morat.

morca *f.* Substància que es desprèn del solatge de l'oli.

mordassa *f. pl.* Tenalles. / Mocador que impedeix parlar. / Murrió.

morell *m.* Ànec capbussador que fa entre 40 i 50 centímetres de llargada. (DIEC)

morellana* *f.* Manta feta a Morella.

morena *f.* Peix de la família dels murènids, de cos serpentiforme i comprimit, de fins a 130 centímetres de llargada, de color bru amb taques irregulars negroses, groguenques i blanquinoses, amb la pell nua, la boca grossa, els ulls petits i els narius tubulars, i amb les ganyes que s'obren a l'exterior per un forat circular (*Muraena helena*). / *f.* Hemorroide. (DIEC)

morra *f.* Joc entre dues persones en què cadascuna, tenint una mà closa, diu un nombre inferior a deu al mateix temps que allarga algun dit de la mà closa, o bé cap, i guanya qui encerta a dir un nombre igual a la suma dels dits allargats per ambdós jugadors. (DIEC)

morrada *f.* Cop als morros.

morral *m.* Sarró amb gra per alimentar els cavalls .

morralla *f.* Peix menut. / *fig.* Cosa de poc valor.

morrandes* *f. pl.* Llavis bruts de menjar.

morrejar *v. tr.* Besar (algú) a la boca perllongadament. (DIEC)

morret* *m.* Pinso.

morrió [muri'o] *m.* Boç.

morro *m.* Musell. / Llavi. / *Estar de morros*: estar enfadat.

morrut, -uda *m.* Peix de la família dels espàrids, de cos comprimit i alt, cobert d'escates grosses, de color argentat i amb un seguit de faixes estretes fosques verticals, amb el perfil anterior del cap còncau, el musell afuat i les dents més anteriors que sobresurten clarament dels llavis (*Diplodus puntazzo*). / *f.* Olivera d'una varietat originària de Tortosa que dóna una oliva ovoïdal amb un petit mucró a l'extrem. (DIEC)

morsalat* *m.* Afecció de la pell produïda per la ingesta d'embotit.

morter *m.* Vas de pedra, de metall, etc., de cavitat semiesfèrica on es trituren certes substàncies que es volen polvoritzar o reduir a pasta. / Mescla de calç o ciment amb sorra i aigua que s'usa per a lligar les pedres, els maons, etc., d'una construcció. (DIEC)

morulla* *f.* Morralla.

mos [mus, muns] *m.* Mossegada. / *pron.* Ac. i dat. del pronom de 1ª persona.

mosca *f. Mosca* o *tosca**, joc que consisteix a caçar una mosca dins la mà.

moscat, -ada *adj.* Arròs tacat de la clofolla.

moscós, -osa* *adj.* Pesat, insistent.

mosquejar *v. intr.* Fer moure la cua per espantar les mosques.

mosquer *m.* Enginy per caçar mosques. / Munió de mosques.

mosquetó *m.* Arma de foc de repetició, de menor longitud que el fusell. / *m.* Fermall metàl·lic en forma d'anella que es tanca automàticament mitjançant una molla. (DIEC)

mosquitam *m.* Munió de mosquits. (DIEC)

mossa ['mɔsa] *f.* Osca. / *f.* Buit que es fa en una cosa per encaixar-n'hi una altra. (DIEC)

mosso* *m.* Descans del carro, sobre el qual en reposen els braços.

mossènyer [mo'seɲe] *m.* Rector d'una parròquia.

mostassa *f.* Herba de llavors negres i menudes. / *per anal.* Perdigó.

mostatxó* *m.* Pasta dolça rodona feta de farina, oli, ou i sucre.

mostela [mus'tɛla] *f.* Mamífer carnívor de la família dels mustèlids, amb el cap allargat, les potes i la cua curtes, de color vermellós i blanquinós, molt actiu, que es nodreix de petits mamífers i habita l'hemisferi nord (*Mustela nivalis*). / *f.* Persona llesta, viva, eixerida. (DIEC)

mostillo* *m.* Confitura feta amb farina nous i vi.

mostra *f.* Flor de l'olivera. / Almosta.

mota *f.* Conjunt de plantes que creixen en una massa de terra compacta. (DIEC)

motada* *f.* Conjunt de fillols d'una mota.

motejar *v. tr.* Posar un sobrenom a algú.

motet* *adv.* De pressa.

motlle ['mɔle] tb ['mɔlek] *m.* Peça que presenta una cavitat on, vessant-hi una substància en fusió o pastosa, aquesta pren la forma de la cavitat, que conserva un cop solidificada. (DIEC)

motor* *m.* Embarcació de motor.

motxiller* *m.* Qui porta la bossa de la recaptació durant les albades.

motxo, -a *adj.* Rom, truncat de la punta. / Moix. / Que no té banyes.

mudada *f.* Vestit d'home. / *per ext.* Peça de vestir.

mudar *v. tr.* i *pron.* Canviar una cosa per una altra, esp. la roba.

mudar *v. pron.* Posar-se roba elegant.

mudat, -ada *adj.* Ben vestit, elegant.

muleta *f.* Embarcació de rem. / Crossa.

mullinet *m.* Pluja fina.

múmfula* *f.* Boira espessa.

munió *f.* Multitud.

munt *m.* Conjunt de coses les unes sobre les altres formant una elevació. / Gran nombre. (DIEC)

muntar tb [mon'ta] *v. intr.* i *tr.* Pujar. / Cavalcar. / *tr.* Armar, dreçar, (un objecte) ajustant les parts de què es compon. (DIEC)

muntatge *m.* Tribut que pagava per passar el ramat per la muntanya.

muntell *m.* Duna, monticle superficial de sorra, però també d'argila, de cendra volcànica o de neu, format per l'acció del vent o, en alguns casos, d'un corrent d'aigua. (DIEC)

munteller* [munte'ʎe] *adj.* i *m.* i *f.* Natural de Els Montells.

Muntells* [mun'teʎs] *topòn.* Població situada al Delta de l'Ebre.

muntó *m.* Munt.

munyidora* *f.* Aparell elèctric per munyir.

mura *f.* Cada lateral del buc d'una barca.

murada *f.* Muralla. / *f.* Nuvolada espessa que tapa una part de l'horitzó. / *f.* Part interior del costat d'una embarcació. (DIEC)

murga *f.* Cosa que resulta pesada i fastijosa de fer, d'escoltar, de suportar. (DIEC)

murgó *m.* Redolta d'un cep que es colga a terra i es fa arrelar abans de tallar-la. (DIEC)

murmureig* *m.* Murmuri.

murmurejar *v. intr.* Murmurar.

murri, múrria *adj. m.* i *f.* Esquerp, malcarat. / Que actua amb picardia.

musaranya *f.* Mamífer insectívor de la família dels sorícids, de mida petita, musell allargat i punxegut i ulls molt petits. (DIEC)

musclada *f.* Menjada de musclos. (DIEC)

muscle *m.* Articulació del braç amb el tronc del cos.

musclejar *v. intr.* Arronsar els muscles.

musclera *f.* Viver de musclos. / Part de la roba que cobreix el muscle.

musclo *m.* Mol·lusc marí comestible, de conquilla bivalva de color negrós, de 3 a 8 centímetres de llarg (*Mytilus edulis* i *M. galloprovincialis*). (DIEC)

musell *m.* Morro.

musicall* *m.* Floc espès d'herba en un arrossar.

mussol *m.* Ocell de la família dels estrígids, de 21 centímetres de llargada, plomatge brunenc mesclat, amb l'iris groc, sedentari, molt comú en els conreus de plana (*Athene noctua*). / Furóncol que surt a la vora d'una parpella. (DIEC)

mussola *f.* Peix, *Mustelus mustelus.*

mustela *f.* Mostela, mamífer carnívor de la família dels mustèlids, amb el cap allargat, les potes i la cua curtes, de color vermellós i blanquinós, molt actiu, que es nodreix de petits mamífers i habita l'hemisferi nord (*Mustela nivalis*). / Persona llesta, viva, eixerida. (DIEC)

mustiar *v. tr.* Pansir, el sol, l'excessiva calor, la manca d'humitat, dessecar (vegetals tendres). / *intr. pron.* Un vegetal tendre, dessecar-se. / *intr. pron.* Una persona, perdre la jovenesa, la frescor. No s'ha fet vella, no s'ha pansit com jo. / *intr. pron.* Ensopir-se, desanimar-se. (DIEC)

místic, místiga *adj.* Trist. / Marcit.

mut *m.* Animal que no té crit, esp. alguns ànecs.

mutis *m. Fer mutis,* callar. / *interj.* Expressió usada per a imposar silenci. (DIEC)

muts *interj.* Mutis. / *loc. Muts i a la gàbia.*

nacrat, -ada *adj.* Que té la iridescència del nacre. / *adj.* Ornamentat amb nacre. (DIEC)

nadala *f.* Cançó pròpia de la festa de Nadal. (DIEC)

nadar *v. intr.* Nedar.

nafra *f.* Ferida. / Taca, màcula en una superfície.

naixement [najʃi'men] *m.* Naixença. / Lloc o fet que dóna origen a una cosa. (DIEC)

nàixer *v.* Néixer.

nana* *f.* Cançó de bressol.

nanai* *adv.* No. *Nanai de la Xina.*

nancero* *m.* Que fa nances de vímet.

nano, -a* *adj. m.* i *f.* Nan, baixet.

nansa *f.* Ormeig de pesca fet de malla de jonc, vímet, canya, etc., que consisteix en una peça en forma de cúpula la base de la qual va unida a una altra peça en forma d'embut, dirigida cap a l'interior de la primera, per on entra el peix. / *Nansa roquera,* llagostera, nansa cilíndrica amb dues entrades emprada en la pesca de llagostes. (DIEC) / *Nansa de llobarró*.* / *Nansa sepiera*,* és estreta, de malla ampla i d'anfàs petit; serveix per a pescar sípies; per atreure aquestes, s'entravessa gallerans o mata a les malles, per tal de fer ombra. (DCVB)

nap *m.* Herba de la família de les crucíferes, d'arrel poc o molt engruixida, fulles inferiors lirades, glauques, les superiors quasi enteres i abraçadores, flors grogues en raïm corimbiforme i fruit en síliqua bequeruda, cultivada des de temps molt reculats per les seves arrels (*Brassica napus*). (DIEC)

nap-i-col* *m.* Nap, *Brassica rapa.*

naquera tb ['nakeɾa] *f.* Recipient que rep l'aigua dels cadups d'una sénia.

nassera* *f.* Secreció nassal. / Intensiu de nas.

nasseres* *adj. pl.* Beneit, badoc.

nassos *m. pl. Tenir els nassos inflats*: estar cansat d'alguna cosa.

natros* *pron.* Nosaltres.

nau *f.* Espai que s'estén al llarg d'una església i d'altres edificis, entre murs o rengleres d'arcades. / Construcció, sovint prefabricada, que s'usa amb finalitats industrials o d'emmagatzematge. / Construcció de fusta, de metall o d'una altre material, disposada per a surar i córrer sobre l'aigua, sovint de forma escafoide, amb mitjans de propulsió, destinada a transportar persones o coses. / Aeronau. (DIEC)

negar *v. tr.* i *pron.* Ofegar en un líquid.

negada *f.* Inundació dels camps en què es perd la collita.

negra* *f.* Malaltia de les oliveres provocada per un àcar.

negrallós, -osa* *adj.* De color negre.

negret *m.* Peix condricti de la família dels esquàlids, de fins a 45 centímetres de llargada, de color gris negrós amb el ventre negre vellutat, amb fortes espines a les aletes dorsals que són de mida semblant, sense aleta anal i amb el ventre flàccid, *Etmopterus spinax.* (DIEC)

negror *f.* Qualitat de negre. / Cosa negra. / Espessor de núvols negres en el cel que sol ésser senyal de gropada. / *Negror de l'olivera*, negra, malaltia de l'olivera deguda al fong *Capnodium elaeophilum* associat a la cotxinilla *Saissetia oleae* que fa que l'arbre quedi cobert d'un polsim negre. (DIEC)

nematodo* *m.* Cuc que ataca les arrels de les plantes, esp. tubercles.

nero *m.* Anfós.

nervi tb ['nirβi] o ['ɲɛrβi] *m.* Vigor físic, mental. / Tendó. / *Tenir nervi,* tenir caràcter, fermesa. / Feix de fibres en forma de cordó que posa en comunicació els centres nerviosos entre ells o amb les diferents parts del cos i transmet les sensacions i els impulsos motrius. (DIEC)

nespler, nesplera [nes'pɾe] *m.* Arbre, *Mespilus germanica.*

nespra *f.* Fruit del nesprer.

nesprera *f.* Nesprer. / Nespler.

nespró* tb ['nespro] *m.* Nespra.

nesproner* *f.* Nesprer.

net *adv. loc. Fer net,* tirar una carta i emportar-se totes les altres.

netejar *v. tr.* Traure la brutícia, esp. traure les botnades del peix.

nills* *m. pl.* Llana de corder.

nina *f.* Pupil·la, nineta de l'ull.

nineta *f.* Pupil·la de l'ull.

nino *m.* Nina de joguina, especialment quan representa un nen.

ninot *m.* Figura de drap que corona les foguerades de Sant Joan.

nínxol ['niɲtʃo] *m.* Concavitat en un mur, en una construcció, per col·locar-hi un cadàver o les seves cendres. (DIEC)

nierada *f.* Niada. / Conjunt dels ocellets d'un niu. (DIEC)

niuada *f.* Conjunt dels ocells d'un niu. (DIEC)

niu *m. Follar nius,* els xiquets, agafar els pollets dels nius. / Refugi, amagatall. *Niu de metralladores,* búnquer.

nivell *m.* Aparell per a comprovar l'horitzontalitat d'una línia o d'un pla, per a tirar visuals horitzontals que serveixen per a determinar la diferència d'altura entre dos punts. (DIEC)

nivelladora* *f.* Anivellador, enginy per igualar un terreny irregular.

nivellar* *v. tr.* Anivellar.

noguera *f.* Arbre caducifoli de la família de les juglandàcies, de fulles grosses imparipinnades, amb set a nou folíols obovats o el·líptics, flors unisexuals molt poc vistoses, les masculines en aments pènduls, i fruit en drupa de llavors comestibles, les nous, originari de l'Europa sud-oriental, sovint plantat per aprofitar-ne els fruits i la fusta i de vegades naturalitzat (*Juglans regia*). (DIEC)

només* *adv.* Equival a *tan bon punt* o *tot just*.

nona *f. infant. Fer nona* [o *fer nones*], dormir.

nora *f.* Dona del fill, jove.

nòria* *f.* Sínia, sénia.

nosa *f.* Cosa que, amb la seva presència, dificulta una acció, intercepta el pas, roba espai per a fer una cosa, priva el bon funcionament o arranjament d'alguna cosa, etc. / *Fer nosa,* dificultar o privar d'obrar, de funcionar, etc. (DIEC)

nostramo *m.* Patró d'una barca, persona per a la qual es treballa.

notari* *m.* Espigot de panís.

nou* *m.* Brot que surt en acabat de podar.

novada* *f.* Conjunt de brots nou.

novell, -a *adj.* Primerenc, esp. la fruita.

novella* *f.* Període de caça d'aus novelles, esp. fotja, àdena i polla.

novellada *f.* Conjunt d'animals novells. / Temps de la collita.

novençà, -ana *adj.* Nou o principiant en alguna cosa. (DIEC)

nuc *m.* Nus.

nuet, -a *adj.* Nu.

nugar *v. tr.* Nuar, fer un nus. / *v. pron.* Ennuegar-se.

número *m.* Nombre amb què una persona o una cosa és designada dins una sèrie o col·lecció. (DIEC) / Placa de matrícula de bicicletes, carros i ciclomotors.

nus *m.* Grop, defecte de la fusta. / Articulació dels dits.

nusar* *v. tr.* Fer un nus, nuar.

núvol *m.* Agregat de diminutes gotes d'aigua o de cristalls de glaç formats per la condensació o la sublimació del vapor d'aigua contingut en l'atmosfera, que a causa de la difusió de la llum apareix generalment com una massa blanquinosa. / *adj.* Cobert o ple de núvols. *Fa un dia núvol.* / *Estar als núvols,* no estar gens informat tocant a una qüestió. (DIEC)

nyafa [ˈɲafla] o [ˈɲafɾa] *f.* Taca.

nyafada* *f.* Taca, ferida superficial.

nyafegós, -osa *adj.* Brut, ple de taques.

nyafla* *f.* Taca.

nyafrós, -osa* *adj.* Brut, ple de taques.

nyanyo *m.* Bony. / Complicació inoportuna de poca importància.

nyic-i-nyac *m.* Onomatopeia d'un grinyol.

nyicris *m.* i *f.* Persona escanyolida, escarransida.

nyorrero* *m.* Bunyoler.

o* ['wo] *interj.* Exclamació per fer aturar les cavalleries.

obra* *f.* Conjunt d'estris de cuina fets de ceràmica o terrissa.

obrar *v. tr.* Construir, edificar.

obrer *adj.* i *m.* i *f.* Qui fa una obra, esp. mestre de cases, paleta.

obreta* *f. dim.* Fireta, conjunt d'estris de cuina de joguet.

obriülls *m. pl.* Planta espinosa, *Centaurea calcitrapa*.

obscurina* *f.* Fosca.

oco* *m. cast.* "Ojo", atenció, cura que es posa en alguna cosa.

octubrada *f.* Temps d'octubre.

octubrar-se *v. pron.* Les gallines, deixar de pondre ous.

octubrat, -ada* *adj.* Una au, haver deixat de pondre ous, esp. les gallines.

ofenedor, -a *adj. m.* i *f.* Ofensor.

oi *pl.* [ˈɔjʃ] *m.* Nàusea.

oliada *f.* Abundància d'oli. / Collita, anyada, d'oli. (DIEC)

oliasses *f. pl.* Solatge de l'oli.

òliba *f.* Ocell de la família dels titònids, d'uns 34 centímetres de llargada, de plomatge molt suau de tons claríssims o daurats amb petites taques negres o molt fosques, ulls dirigits endavant voltats de plomes radiades, i de distribució cosmopolita (*Tyto alba*). (DIEC)

olivar *m.* Oliverar.

oliver *m.* Olivera.

olivera [awliˈβeɾa] *f.* Arbre perennifoli de la família de les oleàcies, de tronc gruixut i tortuós, fulles lanceolades enteres, coriàcies, grisenques i cobertes de pèls esquamiformes al revers, flors blanquinoses, en petits raïms o panícules, i fruit en drupa, cultivat a la regió mediterrània pels seus fruits, les olives (*Olea europaea*). / *Olivera* *borda,* ullastre. / Fusta d'olivera. (DIEC)

oliveral* *m.* Oliverar.

oliverar *m.* Lloc plantat d'oliveres. (DIEC)

olivó *m.* Fruit de l'olivera borda.

olvidar* *v. tr. cast.* Per *oblidar.*

olvit* *m. cast.* Per *oblit.*

olla *f.* Gorg.

ollada *f.* Allò que cap en una olla, especialment gran. (DIEC)

ombria *f.* Ombriu.

ombrió* *m.* Ombriu.

ombriós, -osa* *adj.* Ombrívol.

ombrívol, -a *adj.* Situat on el sol toca poc o no gens durant el dia. / *adj.*
Ombrós. (DIEC)

omplir *v. tr.* Omplir els camps d'aigua abans de plantar.

on ['an]['ant] *adv.* i *conj. ant.*: hont i ahont.

onatge *m.* Moviment de les ones. / Successió d'onades que es forma en
qualsevol extensió d'aigua per l'acció del vent. (DIEC)

onça* *f.* Unça.

oncle *m.* Germà del pare o de la mare. (DIEC)

ondejar *v. tr.* Ondar, fer prendre (a un cos flexible) una forma ondada. /
intr. Fer ondes. (DIEC)

onsevulla *adv.* Onsevulga, en qualsevol banda.

onso *m.* Ós.

opilar *v. tr.* Obstruir. / *v. pron.* Patir una inflamació del ventre.

orada *f.* Peix, *Sparus auratus.*

oratge *m.* Temps climatològic.

oratjol [ore'dʒɔl]*m.* Ventijol, vent suau. (DIEC)

oratjós, -osa *adj.* De vent. / *m.* i *f.* Persona a qui s'atribueix el do de preveure els fenòmens meteorològics.

orellol* *m.* Forat quadrat on s'introdueix l'orella de l'arada.

orba *f.* Malaltia dels cereals.

orde *m.* Ordre.

ordenar *v. tr.* Posar en ordre. (DIEC)

orejar *v. tr.* Exposar a l'aire, esp. la roba.

orella de gat *f.* Pasta dolça d'Ulldecona. / Herba per alimentar el bestiar.

oretjol* *m.* Vent suau, esp. el vent de dalt.

orfe, òrfena *adj.* i *m.* i *f.* Que és menor d'edat i ha perdut el pare i la mare o algun dels dos. / *adj.* i *m.* i *f.* Que ha quedat sense emparança. (DIEC)

oriola *f.* Peix, lluerna, juliola.

orla *f.* Barana d'una embarcació.

orleans* *m.* Teixit de llana lluent per fer faldes de pagesa.

orni *m. Fer l'orni,* fer el desentès.

oroneta tb [aɾo'neta] *f.* Oreneta.

orquestra [or'kesta] *f.* Conjunt d'intèrprets de diferents instruments necessari per a executar la música teatral, simfònica, especialment composta de quatre grups d'instruments: la corda, la fusta, el metall i la percussió. (DIEC)

orsa* *f. fig.* Expressió de fugida d'algun perill.

orsada *f.* Acció d'orsar.

orsapop [arsa'po] *m.* Cap de corda per tirar a popa el car de l'antena.

orsar *v. intr.* Navegar a l'orsa, en contra del vent.

ortiga *f. Ortiga de mar*: actínia, *Tealia felina.*

os* *m. Os de la música*: tendó del colze, molt sensible als cops. / *Os del corpó*: copró, rabada, còccix.

ossada *f.* Conjunt dels ossos de l'esquelet. (DIEC)

ossamenta *f.* Ossada, conjunt dels ossos de l'esquelet. / Ossaments, ossos d'homes, d'animals, morts. (DIEC)

ossar* *v. intr.* Les genives, fer-se dures abans de dentar.

ossari *f.* Ossera.

ostra *f.* Mol·lusc marí, de conquilla bivalva irregular, aspra de fora i llisa i nacrada per dins, que es posa al fons del mar o s'adhereix a les roques, de gust exquisit (*Ostrea edulis*). (DIEC)

ou *m.* Mol·lusc de closca groga, *Mactra corallina.* / *Ou de planxar,* ferro en forma d'ou i amb un mànec, que pot substituir la planxa per a donar llustre a la roba. / Albergínia blanca que té la forma i dimensions d'un ou de gallina. (DCVB) / *Ou de sargir*,* [sor'ʒi] Ou de fusta per refer un teixit esquinçat.

ouera *f.* Vas petit de pisa, metall o altres materials per a servir i prendre els ous bullits. / *f.* Recipient que s'usa per a transportar o guardar-hi ous. (DIEC)

ovat, -ada* *adj.* Ouat, ple d'ous, esp. el peix.

overa* *f.* Ouera.

p'a* *prep.* Contracció de *per a.*

pa de figues *m.* Massa atapeïda feta de figues seques. / *Pa de gallos*,* pa de tres crostons a la vora d'un centre gros i rodó. / *Pa de llenya*,* pa cuit en un forn de llenya. / *Pa de rabosa* m.* Fruit del margalló.

pac* *prep.* Per *cap* (per metàtesi).

paca* *prep.* Compost de *pac a,* de *cap a* (per metàtesi).

paca₂ *f.* Fardell, bala.

pacalando* *m.* Tipus, individu.

paciència [pa'sensia] *f.* Qualitat, virtut, de qui sap suportar els mals amb fortitud, sense plànyer-se'n. / Qualitat de qui suporta amb calma l'espera d'una cosa que tarda, la durada d'un treball. (DIEC)

pacienciós, -osa [pasensi'os] *adj.* Pacient.

pacífic, -a *adj.* Persona serena, tranquil·la, no agressiva.

pacotilla *f.* Mercaderia de poca qualitat. / *loc. adv. De pacotilla.*

padrastre [pa'ðastɾe] *m.* Marit d'una dona respecte dels fills que aquesta té d'un matrimoni anterior. (DIEC)

padrí, -ina *m.* i *f.* Avi, àvia.

padrinatge *m.* Fet de ser padrí. / Favoritisme, amiguisme.

paella *f.* Estri de cuina per fregir. / Estri per fer paella. / Guisat.

paeller *m.* Estructura que fa de suport per coure amb llenya.

pafarro, -a* *adj.* Pafart.

pafart, -a *adj.* Persona molt menjadora.

pagat, -ada* *adj.* Satisfet, cregut, vanitós.

pagès, -a [paj'ʒes] *m.* i *f.* Home, dona, del camp. / Persona que es dedica al conreu de la terra. (DIEC)

pageset, -a* *adj.* Que fa de pagès per distracció.

pagre *m.* Peix de la família dels espàrids, de fins a 70 centímetres de llargada, de color rosat amb reflexos argentats, amb taquetes blaves al dors, amb el perfil anterior del cap abrupte, de carn molt apreciada, poc abundant (*Pagrus pagrus*). (DIEC)

paiol* *m.* Compost de blat i farina per alimentar els animals.

paire *m.* Acció de pairar. / *loc. Al paire,* pairar, una barca, restar aturada. / *fig.* Aguantar un reny.

paisà, -ana *adj.* i *m.* i *f.* Que és del mateix país que un altre. / Natural, habitant, d'un país. / Persona que no és militar. (DIEC)

pala *f.* Dent incisiva.

palaí *m.* Llenguado menut, *Buglossidum luteum.*

palaí₂* *m. Palaí blavós, Solea lascaris.*

palaia *f.* Peix, *Eucitharus linguatula.*

palaia₂* *f. Palaia pigada, Solea Kleini.*

palangre *m.* Art de pesca que consisteix essencialment en una llarga corda, la mare, d'on pengen una munió de cordetes o braçolades proveïdes d'un ham. / Fil retort de cànem o de lli, compost de tres cordons de tres caps cadascun, que és emprat especialment en l'ormeig de palangre. (DIEC)

palatreca *m.* i *f.* Xerraire.

palejador, -a* *m.* i *f.* És la persona que venta els cereals amb la pala.

palejar* *v. intr.* Ventar amb la pala. / Traure el fang del desguàs.

palet *m.* Plataforma de fusta per al transport de mercaderies.

paleta *m.* i *f.* Persona que treballa en la construcció d'edificis, excloent-ne les instal·lacions o les col·locacions especialitzades. / *f.* Extrem superior de l'ham, eixamplat per tal que el cordill que hi és lligat no s'escorri. / Planxa amb què termina cadascun dels braços d'una roda de nau, d'un molí, etc. / Pala d'una hèlix, d'un rotor. / Tros de palastre de forma triangular amb un mànec adaptat a un dels costats que serveix per a manejar i aplicar el morter, el ciment, etc. (DIEC)

paliciano, -ana* *adj.* Amable, de bon tracte.

palma tb ['pawma] *f.* Palmera. / Fulla de palmera engroguida a l'arbre per haver estat privada de l'acció de la llum, treballada amb les tècniques de la cistelleria i habitualment guarnida amb llaços, confits, adorns, etc., que es porta a la benedicció del Diumenge de Rams. / Signe de victòria, de preeminència. *Totes eren molt boniques però ella s'emportava la palma.* / *f.* Palmell. (DIEC) / Fulla de palmera, *fer palma,* fer cistells i cabassos amb fulles seques de palma. / *f. pl. Fer palmes,* aplaudir.

palmateo* *m. cast.* Aplaudiment entusiasta.

palmell tb [paw'meʎ] *m.* Part de dins, lleugerament còncava, de la mà, compresa entre els dits i el puny. (DIEC)

palmera *f.* Planta. / Pasta dolça, ulleres.

palmissó* *m.* Palma menuda del margalló.

paló *m.* Pala petita que els forners usen per a remenar el pa mig cuit i desenfornar-lo. / Pala petita que els agricultors usen per a fer clots i sembrar-hi llavors. (DIEC)

palo-santo* *m. cast.* Caqui, fruit comestible de color rogenc.

paloma *f.* Papallona.

palometa *f.* Papallona. / Peix, milana. / Tub que aïlla un cable elèctric.

palometa₂ *f. Palometa blanca, Trachynotus ovatus, Lichia glauca.*

palp *m.* Acció de palpar. / *A palps* [o *al palp*] *loc. adv.* A les palpentes. / *m.* Sentit del tacte. *No tenir palp en una mà.*(DIEC) / *A palp*, a les palpentes, a palps.

palpa* ['pawpa] *f.* Palp. / *loc. adv. A la palpa.*

palpalloques* *f.* Llevadora.

palpar *v. tr.* Explorar, examinar, tocant amb les mans. (DIEC)

palpejar *v. tr.* Passejar la mà per damunt (d'alguna cosa) palpant-la. (DIEC)

palpejador, -ora* *adj.* Que palpa molt.

palpella* *f.* Bavosa, llimac.

palpinyador, -ora* *adj.* Palpejador, que palpa molt i massa.

palpinyar tb [pawpi'ɲa] *v. tr.* Palpejar.

palpó* [paw'po] *loc. A palpons,* a les palpentes.

palúdic, -a *adj.* Afectat de paludisme.

paludisme *m.* Malària, malaltia infecciosa deguda a la presència a la sang de protozous del gènere *Plasmodium*, transmesos a l'home per mosquits del gènere *Anopheles*. (DIEC)

palustre *adj.* Relatiu als aiguamolls.

palla *f.* Tija de blat, d'ordi, de sègol i d'altres grans, seca i separada del gra. / Conjunt de les tiges d'alguns cereals, especialment del blat, després de la batuda, emprat com a farratge, per a fer el llit del bestiar, per a embalar, per a emplenar, etc. / Allò que, en un llibre, en un discurs, en un escrit, és més aviat sobrer, no té cap valor, cap utilitat, cap substància. / Canonet de plàstic, de palla, etc., que es fa servir per a xuclar begudes. (DIEC) / *Fer palla,* acabar la batuda i deixar l'era llesta per a ventar. (DCVB)

pallassada *f.* Acte propi d'un pallasso.

paller *m.* Gros munt de palla sostingut per un pal en el centre que se sol fer prop de l'era després de la batuda. (DIEC)

pallera *f.* Paller de base quadrangular.

Palleret* *topòn.* Topònim de la serra del Montsià.

palleria* *f.* Abundància de palla en una collita per una gran fallada.

palleta *f.* Tronc de palla, tireta de paper, etc., que hom té a la mà juntament amb d'altres de llargàries diferents, deixant fora només un cap, i que diferents persones van agafant, de manera que qui treu la més llarga o la més curta guanya o perd la jugada. Jugar a palletes. Fer-se una cosa a palletes. / Partícula despresa d'alguna cosa. (DIEC)

pallissa tb [pa'lisa] *f.* Sèrie de cops donats a algú amb la mà, amb un bastó, amb uns assots, etc. / Derrota contundent. (DIEC)

pallissa$_2$ *f.* Lloc on es guarda la palla.

pallol [pa'jɔl] *m.* Lloc, a la vora del riu, per descarregar-hi el gra.

pallús *m.* Rebuig de la palla. / *m.* i *f.* [fem. *pallussa]* Persona aturada, curta de gambals. (DIEC) / Clofolla de l'arròs.

pallussera* *f.* En els molins d'arròs, lloc per dipositar el pallús.

pam-i-toc* *m.* Joc de bales, es pot avançar un pam per fer carambola.

pampa *f.* Fulla ampla, pàmpol, esp. de la figuera.

pàmpol *m.* Peix de cos llarg i blavós, veiró, *Centrolophus pompilus.*

pana* *f.* En els jocs o esports, victòria per molts punts.

panada *f.* Collita ajaguda, costosa de segar.

panal* *m.* Terra fina, lliure de pedres.

pandero *m. pop.* Cul.

panderola *f.* Panerola, escarabat de cuina. / *ant.* Autocar.

paner *m.* Cistell. *Lo paner de la roba bruta.*

panera *f.* Recipient per a guardar o servir el pa. / Recipient rectangular o oval fet generalment de joncs o de vímets, per a tenir-hi roba, taps, etc. (DIEC)

panera₂* *f.* En un joc o esport, victòria per molts de punts.

panerola *f.* Escarabat de cuina Insecte de l'ordre dels dictiòpters, adaptat als estatges humans, omnívor nocturn i incapaç de volar (Blatta orientalis). (DIEC)

panificadora *f.* Establiment on es fabrica el pa en grans quantitats i amb un procés totalment mecanitzat. (DIEC)

panís *m.* Blat de moro.

panissar *m.* Camp plantat de panís. (DIEC)

panisser, -era* *adj.* Que menja molt de pa.

panissola *f.* Xereix.

panna cotta* [paɾa'kɔta] *f. it.* Dolç de figues seques fregides.

panoli* *adj.* Pastís de farina, coqueta de farina de blat.

panolla *f.* Panotxa.

panollam* *m.* Acumulació de panolles.

panot *m.* Llosa de morter per a exteriors. / Art de pesca.

pansa *f.* Raïm gros i dolç. / Herpes labial.

pansir *v. tr.* El sol, l'excessiva calor, la manca d'humitat, dessecar (vegetals tendres). / *intr. pron.* Un vegetal tendre, dessecar-se. / Una persona, perdre la jovenesa, la frescor. / Ensopir-se, desanimar-se. (DIEC)

pantaixar* *v. intr.* Panteixar, respirar forçadament.

pantalonera* *f.* Modista de pantalons, per.ext. modista.

pantalons *m. pl.* Pantaló. / mitges.

pantec* *m.* Panteix.

panteix [paṇ'tajʃ] *m.* Respiració fatigosa.

panteixar [paṇtaj'ʃa] *v. intr.* Panteixar, respirar forçadament.

pantena *f.* Art de pesca de parany, pròpia de llacunes.

pantomima *f.* Pallassada. / *f.* Actitud, posat o capteniment enganyosos. (DIEC)

panxa* *adj.* Mandrós. / *f.* Cos d'una fruita, en oposició al punxó.

panxada *f.* Fart. *Quina panxada de fruita! Ens vam fer una panxada de riure.* (DIEC)

panxeta* *f. dim.* Panxa, panxa de convexitat visible.

panxo, -a* *adj.* Tranquil, que no s'amoïna. / Que no treballa.

pany *m.* Ample d'una paret llisa, d'una paret entre columnes, pilastres o obertures. / Faldó de la camisa, d'un mantell. / Dispositiu per a tancar portes, calaixos, baguls, etc., en què els moviments del pestell estan governats per un mecanisme que es fa obrar ficant-hi i voltant una clau o mitjançant qualsevol altra manipulació. (DIEC)

paor *f. ant.* Por.

papabenet *m.* Confit molt menut, anissets de les mones de pasqua.

papamosques *m.* Moixó gris amb pit o coll ratllat, *Muscicapa striata.*

papar *v. tr. infant.* Menjar. / Menjar sense empassar. / Entendre.

paparra tb [ka'para] *f.* Àcar de la família dels ixòdids, de cos aplanat i oval, que viu arrapat a la pell de certs animals xuclant-los la sang. / Persona que molesta perquè parla contínuament, demana coses, no deixa fer la feina, etc. (DIEC)

papaterra *m.* Cuc de terra, especialment l'usat com a esquer per a pescar. (DIEC)

papera* *f. pl.* Galtera.

paperets *m. pl.* Tires decoratives per als carrers. / Paperets de colors.

paracota* *f. it.* Dolç de figues seques fregides, amb ou, farina i sucre.

parada *f. Tombar la parada,* canviar, girar (esp. solcs o garbes).

parada$_2$* *f.* Indigestió.

parador, -a* *m.* i *f.* Que para els sacs. / Cap de colla dels moliners d'oli.

parajotes* *m. pl. it. Panna cotta, paracota,* figues seques fregides.

paramà *f.* Rosella. / *m. pl.* Joc infantil en què es desfulla una rosella.

parament *m.* Efecte de parar i guarnir, esp. una taula.

paramenta* *f.* Parament.

parar *v. tr.* Estendre (la mà, un pany de roba, etc.), per rebre, tomar, copsar, allò que ens tiren, ens allarguen. / Posar (alguna cosa) en disposició de funcionar, de servir a un fi. (DIEC)

parat, -ada *adj.* Aturat, lent, poc viu.

paraulota *f.* Paraula malsonant.

pardal *m.* Ocell de la família dels ploceids, d'uns 14 centímetres de llargada, de plomatge gris damunt el cap, el dors castany i el dessota clar, que viu prop de les persones (*Passer domesticus*). / Penis. (DIEC)

pardalada *f.* Ximpleria. / Multitud de pardals. / Coit.

parecollons* *m.* Persona autoritària.

paregut, -uda* *adj.* Que té una aparença semblant.

parèixer [pa'rejʃe] *v. intr.* Semblar.

parellada *f.* Jovada, terreny que es pot llaurar amb dos bous.

pares amples* *expr.* En el joc de bitlles, quan queden les dels extrems.

paridora *f.* Corral o estable del bestiar de llana. / Lloc per parir.

parladuria* *f.* Rumor.

parlar* *v. pron.* Tenir tracte.

parral *m.* Emparrat.

parranda* *f.* Gresca, diversió.

parròquia *m.* i *f.* Clientela, assistents habituals a algun lloc.

parrús *m.* Parra borda. / Raïm de la parra borda. / Vulva.

parrussa* *f.* Parrús.

part *f. Fer la part,* repartir, o emportar-se-ho tot.

parteraira* *f.* Llevadora.

partida *f. pl. Partides riberenques,* partides del Delta.

Partidal* *topòn.* Antiga pedania de Tortosa.

partidalenc, -a* *adj. m.* i *f.* Veí de la *Partida de Dalt,* Tortosa.

parxís ['pɛrtʃis] *m.* Joc consistent en un tauler amb caselles i quatre fitxes

per persona que els jugadors fan avançar cap a la meta mitjançant
tirades de daus. (DIEC)

pas *m.* Lloc de pesca.

pas de barques *m.* Encreuament de dues línies de comunicació.

passa *f.* Malaltia epidèmica en una localitat.

passadís *m.* En la caça, rastre que deixen les bèsties per la malesa.

passador, -a *adj.* Que passa bé, de bon passar.

passador$_2$ *m.* Agulla o pinça per subjectar el cabell.

passadraps* *m. pl.* Drap lligat a un bastó per espolsar manises o rajoles.

passallarg* *m.* Rom, *Scophthalmus rhombus.*

passamuntanyes *m.* Lligadura de tela gruixuda que tapa les orelles i part de
la cara, per a defensar-se del fred. (DIEC)

passar *v. tr.* Travessar el riu.

passat, -ada *adj.* Que ha perdut la frescor. / Excessiu.

passera* *f.* Amagatall del caçador on aguaita la presa.

passera₂ *f.* Tauló, pontet per passar un canal. / Gran moviment d'aus.

passera₃* *f.* Passa, epidèmia, esp. la grip.

passerell [pasaˈreʎ] *m.* Ocell de la família dels fringíl·lids, de 13 centímetres de llargada, de mantell castany fosc, pit vermellós i front roig viu el mascle, de plomatge brunenc ratllat la femella (*Carduelis cannabina*). / Nou o aprenent en alguna activitat. (DIEC)

passorella* *f.* Moixó gris amb la panxa blanca i la coa llarga.

pastador *m.* Lloc on es pasta.

pastador, -ora *m.* i *f.* Persona que pasta.

pastat, -ada *adj.* Idèntic.

pastera *f.* Recipient de fusta per pastar pa.

pasterada *f.* Pasta que es fa d'un cop a la pastera. / Pasta mal aplicada. / Porció de calç i d'arena que es pasta d'una vegada. / Combinació, preparació, etc., no reeixida. (DIEC)

pastilla *f.* Galeta.

pastinaca* *f.* Rajada, *Myliobatis aquila*.

pastisset *m.* Panada semicircular farcida de cabell d'àngel.

pastisset₂* *m.* Espardenya, *Stichopus regalis*.

pataca* *f.* Patata. / Monya, plegat del mocador de pagès.

pataca₂* *f.* Tunicat, animal d'aspecte gelatinós, *Ascidiella aspersa*.

patacada *f.* Cop fort que hom rep, que hom dóna, especialment amb el palmell de la mà. (DIEC) / Caiguda aparatosa.

patacar* *m.* Plantació de patateres.

patacó *m.* Cartró amb què juguen els xiquets.

patanter, -a* *adj.* Pesat, fatigós.

pataquerar* *m.* Patatar.

pataquets* *m. pl.* Paquets i fardells d'equipatge.

patatam* *interj.* Expressió que evoca un cop o una caiguda.

patató* *m.* Patata menuda.

patatús* *m.* Accident sobtat que priva dels sentits o el moviment.

patejar* *v. intr.* o *tr.* Donar cops de peu, caminar, recórrer.

patent *adj.* Evident.

pati *m.* Espai clos i descobert a l'interior o a un costat d'un edifici. / Solar.
(DIEC)

pàtina *f.* Pel·lícula verdosa que es forma sobre els objectes antics de bronze
per una llarga exposició a l'aire. (DIEC)

patinada *f.* Relliscada.

patoia *f.* Amploia, peix semblant a la sardina, *Sprattus sprattus*.

patollar *v. intr.* Caminar dificultosament pel el fang.

patricol* *m.* Patrimoni, conjunt de béns i propietats d'algú.

patrusca* *f.* Joc infantil de córrer.

patufet, -a *m.* i *f.* Menut, infant. / Còmic, pel·lícula d'animació.

patut, -uda* *adj.* Sompo, mancat d'habilitat, de coordinació.

pàtxera* *f.* Esplugabous.

paumell* *m.* Palmell.

peany* *m.* Camí. *Ex.: Hi ha bon peany, hi ha mal peany.*

pebre *m.* Condiment de gust picant obtingut del fruit del pebrer. (DIEC)

pebrot *m.* Fruit de la pebrotera.

pebrotera *f.* Herba anual de la família de les solanàcies, de fulles ovades o lanceolades, flors blanques, generalment solitàries, i fruit en baia, originària de l'Amèrica tropical i cultivada pels seus fruits, els pebrots (*Capsicum annuum* var. *grossum*). (DIEC)

peco* *m.* Pedreta que es llença a l'aire en el joc dels *pecos.*

pècora *f.* Ovella.

peçó* *m.* Coa que uneix el fruit amb la branca, esp. el meló.

pedaç *m.* Tros de roba cosit a un vestit o a una peça de roba qualsevol per tapar un forat. (DIEC)

pedaçar* *v. tr.* Apedaçar.

pedacer, -era* *m.* i *f.* Persona que es dedica a cosir pedaços.

pedra foguera *f.* Tros de sílex que fregat fortament pot fer espurna.

pedral *m.* Pedra que fa d'àncora d'una boia. / Lloc on hi ha pedra.

pedrapiquer *m.* Picapedrer.

pedrega *f.* Baralla de pedrades.

pedregada *f.* Calamarsada.

pedregar *v. intr.* Caure pedra. / *m.* Lloc ple de pedres.

pedrenca* *f. Córrer la pedrenca,* pedrega.

pedrenyer* *m.* Varietat de caragol.

pedrera* *f.* Pedrenca, trèvol pudent, *Psoralea bituminosa.*

pedrís *m.* Banc fet de pedra o de maons. (DIEC)

pedro* *m.* Bavosa, *Blennius pholis.*

pedrolenc, -a* *adj.* Dur.

pedruscall *m.* Conjunt de pedretes que es desprenen de les roques, que salten quan es pica la pedra. / Terreny inclinat cobert de rocs mòbils de pocs centímetres de diàmetre. (DIEC)

pegar *v. tr.* Fer, calar, *pegar foc.*

pegot, -a *m.* Sabater que repara sabates.

pegell* [pej'ʒeʎ] *m.* Pagell, peix, *Pagellus erythrinus.*

pego* *m.* Garrama. / casament, punt de contacte entre dos cimals.

pegunta *f.* Cola, pega.

peiró *m.* Monument de pedra en forma de creu que serveix per a indicar el lloc on s'acaba el terme d'un poble o d'una ciutat. / Pilastra que sosté una capelleta situada a la vora d'un camí. (DIEC)

peix *m. Peix sense sang,* Joell, peix menut. / *Peix de rei,* peix sense sang, *Gadus merlangus. / Peix sorro, Alopias vulpes. / Peix voladís,* xoriguer, *Dactylopterus volitans.*

peixcador, -ora* *m.* i *f.* Pescador.

peixera *f.* Resclosa per a reg. / *Refer la peixera,* reparar un marge.

peixet* *m. dim.* Peix petit.

pèl *m.* Conjunt dels cabells. / *Pèl de mamella,* mamitis per obstrucció del conducte.

pelacanyes *m.* i *f.* Persona pobra.

pelada *f.* Acció de pelar o de llevar el pèl. / Acció de pelar o de llevar la pell, l'escorça, el suro. / Erosió a la pell. (DIEC)

peladura* *f.* Pelada, acció i efecte de llevar el pèl o la pell.

pelagats* *m.* Pelacanyes.

pelar *v. tr.* Llevar la pell, esp. de la fruita.

pelatge* *m. fig.* Aparença d'un animal, d'una situació, o de la fruita.

peluda* *f.* Peix, *Syacium micrurum* o *Arnoglossus laterna.*

pelussa *f.* Borrissol.

pelussera *f.* Pèl, cabell, llarg i embullat o mal pentinat. (DIEC)

pelut, -uda *adj.* Que té molt de pèl. / Ple de dificultats, difícil de resoldre.

(DIEC)

pell* *f.* Cuir. *Una caçadora de pell.*

pellaire *m.* i *f.* Persona que adoba i ven pells. (DIEC)

pelleranga* tb [peʎe'raŋka] *f.* Tros de pell que es desprèn.

pelleringa *f.* Tros que penja, de pell alçada, d'una roba esquinçada, etc. / Tros prim de carn en què gairebé tot és pell. / *Estar fet una pelleringa,* estar molt magre. (DIEC)

pellerofa [paɾa'ʎɔfa] *f.* Pellofa, pell d'una fruita o d'un llegum. (DIEC)

pellet* *m.* Coixí, llençols i flassada a bord d'una embarcació.

pellissa *f.* Peça de vestir feta o folrada de pell. (DIEC)

pellofa *f.* Pell d'una fruita o d'un llegum. (DIEC)

Penal* *m. topòn.* Desguàs que uneix el Canal vell i el riu.

penar *v. intr.* Patir un dolor. / Penedir-se. *Ex.: me pena haver-li-ho dit.*

penca *f.* Tira ampla i gruixuda que es treu d'alguna cosa. *Una penca de primentó.* (DIEC)

pencaire *adj.* i *m.* i *f.* Que penca, que treballa.

pencar *v. intr.* Treballar.

penco* *m.* Cavall magre o vell. / *fig.* Home poc útil per al treball.

pencut, -uda *adj.* Que té penques, que és desvergonyit.

pendatxo, -a* *m.* i *f.* Persona descurosa. / Dona de mala vida. / Plomall.

pendó *m.* Persona de conducta dissoluta. / Estendard.

pendre* *v. tr.* Prendre.

penjoll *m. fig.* Persona descurada.

pensament *m.* Un polsim, un instant molt breu, etc.

pensívol, -a *adj.* Pensatiu.

pentinador *m.* Mocador que cobreix l'esquena quan algú es pentina.

pentinadora* *f.* Perruquera.

pentinar *v. tr.* Maldar, donar un bon reny a algú.

penúria *f.* Gran escassetat.

penyalar *m.* Lloc ple de penyals.

penyora [pi'ɲoɾa] *f.* En els jocs, un punt de penalització.

peó *m.* i *f.* Manobre.

peonada *f.* Conjunt de pons.

peonar *v. intr.* Seguir el rastre d'un animal de caça.

per favor *loc. adv.* Si us plau.

peramany* *m.* Varietat de pera d'hivern, grossa i dolça.

peramanyer* *m.* Varietat de perera.

percal* *m.* Percala, tela de cotó. / *fig.* Embolic, problema.

percebe *m.* Crustaci cirrípede de l'ordre dels toràcics, amb un peduncle carnós característic, que es cria formant motes, comestible (*Pollicipes cornucopia*). (DIEC)

percur* *m.* Gruix de terra que remou una arada, guaret.

perdigana *f.* Perdiganya, perdiu jove.

perdigó *m.* Perdiu jove. / Munició de plom. / *fig.* Bellugadís, inquiet.

perdiueta* *f. dim.* Perdiu jove.

perdre ['pɛðɾe] *v. tr.* Deixar de tenir (una cosa que una contingència ens ha pres, s'ha emportat, ha fet anar a raure a un indret que desconeixem). (DIEC)

perdut, -uda *m.* i *f.* Perdulari, perdulària. (DIEC)

pere* *m.* Pap.

perellofa* [paɾa'ʎɔfa] *f.* Pellerofa.

perellonenc, -a* *adj. m.* i *f.* Natural del Perelló.

peresa *f.* Mandra.

pereta* *f.* Pera, bombeta.

pericon *m.* Ball argentí de ritme ternari, semblant al vals.

periquet* *m.* Moixó aquàtic que es capbussa per fugir dels perills.

perir *v. intr.* Deixar d'existir.

perjuí *m.* Perjudici.

perla *f.* Residu en una bugia. / *fig.* Persona conflictiva.

perleta* *f.* Cop donat amb el dit a l'orella.

perllargar* *v. tr.* Perllongar.

pernejador* *m.* Que assetja les empleades.

pernoliar *v. tr.* Extremunciar.

però ['peɾo] *conj.* Marca l'oposició entre les dues proposicions o membres
que lliga, essent allò que es diu en la segona una restricció, una
cosa contrària, etc., a la que ha estat expressada en la primera.
(DIEC)

perolada *f.* El que es cou d'un cop en un perol o en una perola. (DIEC)

peroliar* *v. tr.* Pernoliar, extremunciar.

perpal *m.* Barra de ferro per fer palanca amb les pedres grans.

perpalina *f.* Perpal menut.

perperir* tb [perte'ɾi] *v. intr.* Morir d'un accident. / Fer-se mal.

perra* *f. cast.* Moneda, diner, generalment en plural.

perranya *f.* Matxo, cavall o mul vell.

perreta* *adj.* Gasiu.

perrot* *m.* Moneda de deu cèntims de pesseta.

personar-se *v. intr. pron.* Comparèixer personalment.

persones* *f. pl.* Influències.

pertenir* *v. tr.* Importunar, insistir en excés.

perterir* *v. intr.* Perperir.

pertocar *v. intr.* L'execució de tal o tal cosa, tocar, correspondre, pertànyer, a algú. (DIEC)

pervenir *v. intr.* Arribar amb dificultats a algun lloc. / Provenir.

perxa *f.* Vara llarga per impulsar una embarcació. / Penjador.

perxada* *f.* Cada impuls fet amb la perxa.

perxador, -a *m.* i *f.* Persona que perxa.

perxar *intr.* Fer anar una embarcació exercint una pressió al fons de l'aigua per mitjà d'una perxa. (DIEC)

perxe ['pɛrtʃe] *m.* Porxo, pòrtic de la façana d'un edifici.

pesador, -a *adj.* i *m.* i *f.* Persona que s'encarrega de pesar. / Aparell que serveix per pesar.

pescador, -a *adj.* i *m.* i *f.* Que pesca.

pesolina* *f.* Llegum, *Vicia sativa,* se sol donar de menjar als coloms.

pesquera *f.* Paratge de la mar on abunda el peix.

pessebre* *m.* Menjadora d'un animal.

pessic *m.* Premuda que es fa pessigant. / *m.* Senyal que deixa sobre la pell aquesta premuda. / *m.* Petita porció d'alguna cosa que es pren amb els dits. (DIEC) / *pessic de monja*,* pessic que pren només la superfície de la pell i la cargola.

pessigolles *f. pl.* Pessigolles, *pessigonyes, pessinogues* o *pissogues.*

pesta ['pɛsta] *adj.* i *m.* i *f.* Persona malcarada, que sempre protesta.

pestell [pas'teʎ] *m.* Peça corredora que serveix per a tancar una porta, una finestra, etc. (DIEC)

pesteta* *f.* Bitxo, fruit molt picant.

petaca *f.* Estoig de cuir, de metall, etc., usat per a portar cigars, cigarretes o tabac. (DIEC)

petador, -a *adj.* Varietat de blat de moro per fer mongetes.

petaner, -a *m.* Gos de raça menuda.

petat, -ada* *adj.* Borratxo, embriagat.

petera* *f.* Ganes de petejar.

petit rei *m.* Rei, reietó, rei petit: *Regulus ignicapillus.*

peton, -a* *adj.* Que peta.

petricó [patri'ko] *m.* Mesura de capacitat, la quarta part d'un porró. / Farcell.

petroliera* *f.* Llauna de gasoil.

petromax* *m.* Llum de petroli.

peturra* tb [pi'tura] *f.* Petó sorollós.

petxina tb [pi'tʃina] *f.* Closca de mol·lusc de dues valves, especialment la superior d'aquestes valves, semicircular i molt convexa. (DIEC) / *f. Petxina de Pelegrí, Pecten hyalinum. / f. Petxina de Santiago, Pecten Jacobaeus.*

petxinel·les* *f. pl.* Moviments propis d'un pallasso.

peu *m.* Arbre sobre el qual es fa un empelt. / Quantitat d'olives necessàries per a una mòlta. / *Peu₃* topòn.* Nom popular de La Punta de la Banya.

peüc tb [pi'uk] *m.* Mitjó curt fet de punt o de drap de llana grosserament filada que serveix per a preservar el peu del fred, per a dormir a l'hivern, etc. (DIEC)

pevet* *m. dim.* Peuet, diminutiu de peu.

pianiste* *m.* Pianista.

Pic Blanc* *topòn.* Topònim de la serra del Montsià.

pica *f.* Peça de pedra, de terrissa o d'un altre material, clavada a una paret, sostinguda per un peu, etc., amb una concavitat destinada a rebre aigua o un altre líquid. / Pic. (DIEC)

picacames* *f.* Ortiga.

picada *f.* Acció de picar; l'efecte. Una picada de mosquit, de puça. / *f.* Conjunt d'ingredients picats en un morter, que s'afegeixen a una salsa o un guisat. (DIEC)

picador, -a *m.* i *f.* Picapedrer. / *m.* Eina emprada per a picar, especialment pala de fusta usada per a picar la roba en rentar-la. / *m.* i *f.* Persona que té per ofici domar i ensinistrar cavalls. / *m.* i *f.* Persona que toreja a cavall i amb pica. (DIEC)

picadura *f.* Tabac mòlt.

picaempall* *m.* Repicatalons, *Emberiza shoeniclus.*

picapedrer *m.* i *f.* Operari que treballa la pedra que ha d'ésser emprada en construcció. (DIEC)

picaport* *m.* Picaporta, anella d'una porta que serveix per trucar. / *per ext.* Pany. *Tancar amb picaport,* tancar sense clau.

picar* *v. intr.* Trucar.

picardona *f.* Ocell de la família dels ràl·lids, d'uns 18 centímetres de llargada, de coloració fosca, amb els flancs ratllats (*Porzana pusilla*). (DIEC)

picarol tb [pike'rɔl] *m. fig.* Veu forta.

picassor *f.* Picor.

picat, -ada* *adj.* Es diu d'un cavall que pateix alguna malaltia de la pell.

picola *f.* Eina semblant a un martell amb doble tall, escoda petita.

picolar *v. tr.* Capolar, tallar en trossos menuts.

picolat* *m.* Carn picada.

picotxa* *m.* Martell de picar pedra, amb pala i tall.

pidolador, -a* *adj. m.* i *f.* Pidolaire.

pidolar *v. tr.* Demanar humilment (un favor, una gràcia, una almoina).
(DIEC)

Pietat, Serra de* *topòn.* Acull les pintures rupestres d'Ulldecona.

pífia *f.* Espifiada, acció i efecte de fer malament alguna cosa.

pigota *f.* Verola.

pigota borda *f.* Varicel·la.

pilador, -a* *adj.* Apilador, camàlic que té destresa a fer piles .

piló *m.* Bloc feixuc de fusta dura, generalment cilíndric, sobre el qual es
posa la cosa que s'ha de tallar, capolar, picar. (DIEC)

pimentó *m.* Pebrot.

pimpi* *m.* Cançó del joc del pisso.

pimpoll* *m.* Rebrot. / Pi jove, ufanós.

pinça ['pinza] *f.* [usat generalment en pl.] Instrument format per dues peces
a manera de mandíbules que poden estrènyer-se per l'acció de la
mà o una molla, que serveix per a agafar coses petites, subjectar
papers, objectes, etc. / Pota anterior de certs crustacis que els
serveix com a òrgan de prensió. / Plec cosit per a estrènyer certes
parts d'un vestit. (DIEC)

pindonga* *f. cast.* Dona malgirbada.

pinsà [pin'za] *m.* Ocell de la família dels fringíl·lids, d'uns 15 centímetres de llargada, de plomatge castany al dors, gris blavós al cap i amb dues barres blanques a les ales (*Fringilla coelebs*). (DIEC)

pinso *m.* Aliment sec per al bestiar.

pinta *f.* Estri que consisteix en una làmina prima oblonga de metall, fusta, os, vori, etc., proveïda de dents o pues més o menys espesses en una de les seves vores llargues o en ambdues, que serveix per a desembullar i pentinar el cabell. (DIEC)

pintamones* *m.* Ximplet.

pinxar [piɲ'tʃa] *v. tr.* Fer sortir les pintes de les cartes per saber-ne el joc.

pinxo* *m.* Ben vestit.

pinya *f. Ball de pinya*, ball de pinyata.

pinyó *m.* Llavor del pi, de forma el·lipsoïdal i clofolla molt dura, generalment amb una ala en forma de mitja hèlice. / ['piɲo] Roda dentada petita que engrana, directament o per mitjà d'una cadena, amb una roda dentada més gran. (DIEC)

pinyol *m.* Part interna, llenyosa, d'un fruit carnós, que sol correspondre a l'endocarpi. (DIEC) / Massa de pedreny més dur, que el picapedrer troba en picar a la pedrera. / *fig.* Persona trapassera, o lletja, que ningú no la vol.

pinyolada *f.* Residu de la mòlta de l'oliva.

pinyolenc, -a *adj.* Amb molt de pinyol.

pinyolet *m.* Granulat de pedra de 5 a 18 mil·límetres de grandària. (DIEC)

pinyonet* *m. Meló del pinyonet*, meló de tot l'any.

pinxo *m.* Home que fa gala d'ésser valent, que tracta d'imposar-se per la seva valentia, infonent por. (DIEC)

pinzell* *m.* Plomall, pendatxo.

pio, -a* *adj.* Cavall de color blanc i negre (o roig i blanc).

pipada *f.* Xuclada de fum d'una pipa, d'un cigar. (DIEC)

pipí ['pipi] *m.* Orina. *Fer pipi,* orinar.

pirri* *m.* Monyo.

pistonera* *f.* Antiga escopeta de càrrega manual.

pit de fumadell* *m.* Persona magra (també *pit de tord*).

pita *f.* Fibra per fer espardenyes obtinguda de l'atzavara.

pitança *f.* Ració de menjar que es dóna en els establiments de beneficència. Anaven al convent els dies de pitança. / Menjar. (DIEC)

pitjor [pi'ʒo] *adj.* Més dolent. / *adv.* Més malament.

pito, -a* *adj.* Que camina presumit, ert.

pito₂* *m.* Joc de bales, *pam i toc.*

pito₃* *interj.* Veu per fer estar quiet un animal.

pitral* *m.* Escotat. / En esport, peça de roba per distingir els equips.

pitralada *f.* Pitrerada, allò que cap al pitral.

pitralam* *m.* Pitral voluminós.

pitrera* *f.* Pitral, corretja que passa pel pit d'un cavall.

pitxell *m.* Cànter menut per beure a galet.

pitxera* *f.* Pitxer.

pitxó* *m.* Colom jove.

pitxolí* *m.* Bola de naftalina.

pitxonada* *f.* Multitud de coloms joves. / Època de cria.

piu *m.* Piuet.

piuladissa *f.* Xerradissa de moixons.

piulador* *m.* Varietat d'ànec salvatge, ànec xiulador, *Anas penelope.*

piular *v. intr.* Els pollets de la gallina i altres ocells, cridar. / *intr.* Parlar. *No* *et vull sentir piular en tot el dinar.* (DIEC)

piulet *m.* Crit del pollet, de l'ocell que piula. / So agut i estrident de la veu.
(DIEC)

piuleta* *f.* Titella, *Anthus pratensis.* / Grasset, *Anthus spinoletta.*

pixa ['pitʃa] *f.* Penis.

pixada *f.* Acció i efecte de pixar.

pixadora* *f.* Boira pixadora, dia de boira amb pluja fina intermitent.

pixagats* *m.* Herba, *coa de rata, Phleum pratense.*

pixagossos* *m.* Herba, semblant a la panissola.

pixanera* *f.* Boira molt humida, també *boira pixadora.*

pixatinter* *m. despect.* Dependent que treballa en un escriptori.

pixera *f.* Ganes d'orinar.

pixerada* *f.* Pixada.

pixón* *m.* Bata d'anar per casa.

pixum *m.* Mullena de pixats. / Orina.

plaça *f.* Mercat.

plaça de bous *f.* Clos, de quatre costats o rodó, voltat de grades, on s'hi
celebra la festa dels bous.

plaçada *f.* Vianda per a un dia, que hom ha comprat a plaça. (DIEC)

plaga *f.* Úlcera, solució de continuïtat a la superfície de la pell o d'una
membrana mucosa, amb desorganització dels teixits, produïda per
una ferida o una causa morbosa. / Proliferació d'un organisme
vivent, animal o vegetal, que afecta la salut de les persones o bé
ataca recursos seus com el bestiar i les plantes. / *m.* i *f.* Persona que
en tot troba un motiu de broma, que no es pren res seriosament.
(DIEC)

plagar* *v. tr.* Ferir. / Omplir d'alguna cosa dolenta.

plaguejar *v. intr.* Fer el plaga, fer tonteries, fer broma.

plana *f.* Pàgina, cara d'un full de paper. / Tas sobre el qual els ferrers piquen una peça de ferro per aplanar-la o adreçar-la. / Eina que consisteix en un bloc de fusta molt dura, amb un forat o encaix per a allotjar la fulla i la contrafulla, fixades amb un tascó, que serveix per a aplanar, aprimar, allisar i sobretot polir tota mena de fusta massissa, emprada principalment per fusters i ebenistes. / Eina de paleta i de guixaire consistent en una làmina de ferro rectangular amb un mànec posat al centre de la pala, amb què s'estén una pasta per a allisar una superfície, collar un aplacat de rajoles, etc. / Porció extensa de país pla, sense muntanyes, que, generalment, té una altitud escassa sobre el nivell del mar. / *plana marina,* fons pla de la mar, prop de la costa i a menys de 200 metres de profunditat. (DIEC)

plançó *m.* Esqueix que es planta perquè arrele.

planer, -a *adj.* Corrent i senzill, sense afectació. / Que no és gaire o gens rost. / Que no ofereix dificultats.

planet, -a* *adj. dim.* Pla.

plantada *f.* Acció i efecte de plantar.

plantador, -a *adj.* i *m.* i *f.* Que planta.

plantar *v. tr.* Fixar a terra (un plançó, un esqueix, etc.), perquè hi arreli. / *intr. pron.* Col·locar-se. / *Plantar cara,* fer cara, resistir, oposar-se coratjosament a una persona o una cosa. (DIEC)

plantar barques* *loc.* Replantar els fraus dels guaixos que s'han desprès.

plantatge *m.* Herba del gènere *Plantago.*

planter *m.* Lloc on hi ha les plantes nades, on es crien les plantes petites, destinades a ésser trasplantades. / Conjunt de plantes destinades a ésser trasplantades. (DIEC)

plantofa [plan'tufa] *f.* Espardenya per anar per casa.

plantofada [plantu'faða] *f.* Cop d'espardenya. / Cop donat amb la mà. (DIEC)

planura *f.* Extensió de terreny pla. (DIEC)

planydre* *v. intr.* Plànyer.

plataner *m.* Arbre de fulla caduca del gènere *Platanus*.

plàtera *f.* Plata.

platerada* *f.* Plat ple. / Multitud de plats.

platerills* *m. pl.* Platerets, instrument musical.

platet *m.* Platet d'una balança. / Plat menut.

platja* *f.* Llotja de peix.

platxa* *f.* Clapa, taca.

platxat, -ada* *adj.* Tacat.

plàtxera* *f.* Taca esp. a la roba.

platxèria *f.* Conversa amena, *Estar de platxèria.*

plegador, -a *adj.* i *m.* i *f.* Que plega.

plegamans *m.* Insecte, pregadéu, *Mantis religiosa.*

plegar *v. intr.* Interrompre la feina. / *v. tr.* Recollir del terra.

plegó *m.* Recollida d'olives.

plena *f.* Creixa, pujada del nivell del mar o d'un torrent.

plepa ['plɛpa] *m.* i *f.* Persona pesada, que s'amoïna per tot. / Cosa mal feta

pleteret *m. dim.* Plat menut, instrument musical.

ploguda *f.* Pluja.

plogudeta* *f. dim.* Ploguda.

plom* *adj.* i *m.* i *f.* Persona carregosa.

plomar *v. tr.* Posar ploms (especialment a les peces de roba). (DIEC)

plomell *m.* Plomall.

plomerall* *m.* Gran quantitat de plomes.

plomissall *m.* Plomall.

plomós, -osa* *adj.* Carregós, pesat.

plorera *f.* Ganes de plorar. (DIEC) / Plor abundós.

ploricar* *v. intr.* Ploriquejar.

plorinyar *v. intr.* Ploriquejar.

ploriquejar *v. intr.* Gemegar com aquell qui plora. (DIEC)

ploron, -a* *adj.* i *m.* i *f.* Ploramiques.

plor *m.* Acció de plorar. / Pluja intermitent.

ploure's* *v. pron.* Una teulada, tenir goteres.

ploviscall* *m.* Plugim.

plovisnar* *v. intr.* Plovisquejar.

plovisquejar *v. intr.* Ploure lleugerament a gotes petites i nombroses.
(DIEC)

plugim [pluj'ʒim] *m.* Plovisqueig.

plumier* *m.* Estoig per a llapis.

poagre [pu'aɣɾe] *m.* Artritis gotosa, gota.

poal *m.* Galleda.

poar *v. tr.* Pouar.

poc-saber* *adj.* i *m.* i *f.* Ignorant, que parla massa.

poc-senderi* *adj.* i *m.* i *f.* Curt de gambals.

poc-suc* *adj.* i *m.* i *f.* Poca-solta.

poca-solta *adj.* i *m.* i *f.* Que no té solta. Que no s'adapta a les circumstàncies, als fets, als requeriments del cas, incongruent.

pocahonra* *adj.* i *m.* i *f.* Que vol treure profit de qualsevol situació.

pocaigua* *f.* Aigua soma. *Ex.*: *Anàvem per la pocaigua.*

pocapena *adj.* i *m.* i *f.* Desvergonyit.

pocavergonya *adj.* i *m.* i *f.* Desvergonyit.

pocaxolla* *adj.* i *m.* i *f.* Poca-solta.

pocs-modos* *m.* i *f.* Maleducat.

pocsucada* *f.* Poca-soltada.

podador, -a *adj.* i *m.* i *f.* Que poda. (DIEC)

podrimer *m.* Podrimener, conjunt de coses corrompudes, brutes.

poguer* [pu'ɣe] *v. tr.* Poder.

polainaire* *adj.* i *m.* i *f.* Presumptuós.

pòlip *m.* Tumor tou pediculat d'una mucosa o de la pell.

pòlit *m.* Becut, *Numenius arquata.*

poll *m.* Petit d'un ocell, especialment del gall. / Insecte petit de l'ordre dels anoplurs o dels mal·lòfags, sense ales, paràsit, que viu a la pell dels mamífers, a les plomes dels ocells, etc. / Cotxinilla que parasita molts cultius arboris. (DIEC)

polla *f.* Gallina jove.

polla$_2$ *f.* Cap-roig, *Scorpaena scrofa.*

polla$_3$ *f.* Polla d'aigua, *Gallinula chloropus.*

polla$_4$ *f.* Polla pintada, *Porzana porzana.*

pollaca* *f.* Pollacra, vela triangular que va a proa d'una embarcació.

pollada *f.* Llocada.

pollanc *m.* Pollancre, arbre caducifoli del gènere *Populus*, de la família de les salicàcies, dioic, amb els borrons viscosos, de fulles amb pecíol comprimit, flors verdoses en aments penjants, fruit en càpsula i llavors amb un plomall de pèls blancs. (DIEC)

pollegana [poʎa'ɣana] *f.* Arada amb braços en lloc de camatimó. / Part forcada que, en aquesta arada, reemplaça el camatimó. (DIEC)

polleguera *f.* Peça amb un ull en què entra i recolza el piu o l'eix sobre el qual gira la fulla d'una porta, d'una barrera, etc. (DIEC)

pollet *m. dim.* Poll.

pollós, -osa *adj.* Ple de polls. / Que va brut, que manca de netedat. (DIEC)

polo* *m.* Gelat.

polp *m.* Pop.

polpot* *adj. m.* i *f. fig.* Home que grapeja. / Dona lletja i malgirbada.

pols *m.* Templa. / Prova de força amb el braç.

polseguera *f.* Gran quantitat de pols, especialment emportada pel vent. (DIEC)

polseguina *f.* Polseguera.

polsera [pol'zeɾa] *f.* Pèls que creixen entre l'orella i l'ull.

polsereta* *f.* Acció d'estirar els pèls de la polsera.

poltra ['potɾa] *f.* Egua jove.

poltret* ['potɾet] *m.* Poltre.

poltro* ['potɾo] *m.* Poltre.

poltró, -ona *adj.* Dropo.

poltrona *f.* Cadira de braços especialment confortable.

pólvora tb ['polβeɾa] *f.* Mescla explosiva.

polze *m.* Dit gros de la mà. / Pols, templa, polsera.

268

polzera* *f.* Polsera, templa.

poma* *f.* Cançó infantil per decidir qui para en un joc.

pomell *m.* Pom de flors silvestres.

poncí* *m.* Poncem.

poncím* *m.* Poncem.

ponedora* *f.* Ponedor. / Gallina en edat de pondre.

ponent *m.* Oest. / Vent que ve de l'oest.

ponentada *f.* Ventada forta de ponent.

pontatge *m.* Impost per l'ús d'un pont.

pontona [pun'tona] *f.* Embarcació de fons pla emprada com a transbordador a l'Ebre. (DIEC)

pontonada [puɲto'naða] *f.* Càrrega d'una pontona.

pont dels moros* *m.* Pont construït en l'època de Carles III.

pora-roba *m.* i *f.* Pobre.

porc *m.* Mamífer artiodàctil domèstic, probablement derivat del senglar, de cos gros, pell dura i coberta de cerres fortes, musell llarg i mòbil, orelles sovint caigudes, potes curtes i cua curta i prima. / *porc senglar,* senglar. (DIEC)

porca *f.* Truja.

pórca *f.* Dotzena part d'un jornal.

porcada *f.* Ramat de porcs. / Acció pròpia d'una persona porca. (DIEC)

porcastre, -a* *m.* i *f.* Porc jove, des que deixa de mamar fins al mig any.

porcell *m.* Porcell menut.

porcellada *f.* Conjunt de porcells.

porgada *f.* Acció de caure el fruit de l'arbre -esp. les olives- abans de madurar. (DIEC)

porgador *m.* Estri que serveix per separar fulles i pedres del fruit.

porgar *f.* Escarrar.

porgueres *f. pl.* Tot allò que resta al porgador un cop treta la fuita.

pórland* *m.* Varietat de ciment.

porquejar *v. intr.* Fer porqueries. (DIEC)

porra *f. Fer porra,* caçadors o mariners, tornar de buit a casa.

porrera* *f.* Ceba borda, que es cria en terres de secà.

porró *m.* Vas de vidre de forma cònica, amb un broc en la part superior, estreta, per on s'omple, i amb un altre de llarg que arrenca de prop del fons i va aprimant-se, per la punta del qual brolla un rajolí de líquid en decantar convenientment el vas. (DIEC)

porronada* *f.* Trobada d'amics per menjar, beure i xerrar.

porroner, -a* *m.* i *f.* Que fa o ven porrons.

porronet* *m.* Porró. / Porró menut d'un quart de litre de capacitat.

port *m.* Manera de portar el cos. / Acció de traginar. / Ciutat que té un port, on poden anar les naus a carregar i descarregar mercaderies. / Pas entre dues muntanyes. (DIEC)

portador, -a *m.* Atuell resistent per al transport. / *adj.* Gos de caça destre.

portadora* *f.* Portador, recipient de vímet per al transport del raïm.

portamantes* *m.* Plataforma fixada a la part posterior d'una bicicleta.

portanoves *m.* i *f.* Persona que sol portar notícies.

portar *v. tr.* El gos caçador, dur una peça a l'amo.

portar combat* *v. tr.* Fer alguna cosa intensament.

portell *m.* Obertura feta per donar pas a l'aigua.

Ports* *topòn. m. pl.* Ports de Besseït.

porxe* ['pɔrtʃe] *m.* Porxo.

pos* *conj.* Doncs.

posat, -ada* *adj.* Reposat, assossegat. / *f.* Femella fecundada.

posat *m.* Aire que hom afecta davant d'algú, especialment per donar-li a entendre quelcom. (DIEC)

pòsit *m.* Substància que es diposita al fons d'un recipient per sedimentació de les partícules que un líquid porta en suspensió. (DIEC) / Caixa, local o institució on es guarden diners o productes a disposició dels socis o dipositants. / Els diners que els jugadors dipositen enmig de la taula, a disposició del qui guanyarà la partida. (DCVB)

post *f.* Peça de fusta serrada, plana, de secció rectangular, més prima que un tauló, emprada per a fer prestatges, per a servir de suport en alguns oficis i que, a muntanya, servia per a fer sostres. (DIEC)

posta *loc. adv. A posta,* deliberadament.

pota de gall* *m.* Forma de distribució de les plantes en un camp.

potatge tb [po'take] *m.* Beuratge preparat amb diferents ingredients. (DIEC)

potera *f.* Ormeig de pesca per al polp.

potiner, -a *adj.* i *m.* i *f.* Que fa coses que embruten. / Barroer a fer les coses. (DIEC)

potineria *f.* Acte propi d'una persona potinera. (DIEC)

potingos* *f. pl.* Potinga.

postís *m.* Afegit de cabells a un pentinat. (DIEC)

poval* *m.* Poal, galleda.

povalada* *f.* Acció de llançar de cop el contingut d'un poval.

povar* *v. tr.* Poar, pouar.

pòvil* *m.* Ble d'una mena de torxa, l'atxa de vent.

pradenc, -a *adj.* i *m.* i *f.* Natural de Prada de Conflent o de Prades. (DIEC)

prat *m.* Terreny cobert d'herba, principalment d'herbes graminoides. (DIEC) / Terreny no conreat.

prear *v. tr.* Valorar. / Avaluar. / *intr. pron.* Mostrar-se satisfet.

preat, -ada* *adj.* Presumptuós.

prebentó* *m.* Pebrot.

preciós, -osa *adj.* Que és molt bell o molt bo. (DIEC)

pregadéu *m.* Insecte de l'ordre dels dictiòpters, de cos allargat, generalment verd o marró, notable per la manera com posa les seves potes anteriors, llargues i robustes, que recorda una persona en actitud de pregar (*Mantis religiosa*). (DIEC)

pregonar *v. intr.* El nunci, el pregoner, fer la crida. / *tr.* Divulgar. (DIEC)

pregoner, -a *m.* i *f.* Persona que fa les crides en un poble. / Personalitat encarregada de fer el pregó d'una festa o una celebració. (DIEC)

prejuí *m.* Prejudici.

prementó* *m.* Pebrot.

premi ['prɛmit] *m.* Do que es confereix públicament en reconeixement d'un mèrit o per a encoratjar algú. (DIEC)

prendre ['pendre] *v. tr.* Agafar (alguna cosa d'altri), sovint contra la voluntat d'aquest, amb una certa violència. / Proveir-se (d'alguna cosa). / Acceptar. / Introduir (un aliment, un medicament) a l'aparell digestiu perquè sigui assimilat o absorvit. / Gaudir dels efectes (d'una cosa). (DIEC)

prenso* *m.* Pinso.

preparamenta* *f.* Preparació.

presa* *f.* Manoll de tiges per plantar.

present *m.* Regal.

presseguer *m.* Arbre caducifoli de la família de les rosàcies, de fulles oblongues i dentades, flors d'un rosa intens, anteriors a les fulles, i fruits carnosos, originari de la Xina i cultivat pels seus fruits, els préssecs (*Prunus persica*). (DIEC)

presseguera *f.* Presseguer.

presseguerar *m.* Camp plantat de presseguers.

prestar *v. tr.* Lliurar (diners, una joia, etc.) a algú per un temps amb l'obligació de tornar-ho. / Posar a la disposició d'algú. / *per ext.* Prestar l'orella a les paraules d'algú. / *intr. pron.* Oferir-se, estar disposat. / *intr. pron.* Donar peu a alguna cosa. (DIEC)

prim, -a *adj.* Aigua soma. / *Plantar prim*, amb poques brinques.

prima* *f.* Pasta dolça, rodona, amb panses i nous.

prima₂* *f.* Campana més menuda del campanar.

primal, -a *adj.* Que té un o dos anys de vida. / *m.* Animal jove.

primavera *f.* Mellerenga carbonera, *Parus major.*

primentó* *m.* Pimentó, pebrot.

primerenc, -a *adj.* Que ve abans del temps ordinari. (DIEC)

primeria *f. pl.* A primeries, al començament, *a la primeria.*

prinyó *m.* Irritació de la pell produïda pel fred, esp. a les mans.

proa tb ['proβa] *f.* Part davantera del buc d'una nau.

processó [profe'so] *f.* Desfilada ordenada i solemne amb algun fi públic, especialment religiós. (DIEC)

processionària [profesjo'naria] *f.* Eruga, *Thaumetopoea.*

profecia* *f.* Apoplexia.

professó *f.* Processó.

profia* *f.* Porfídia.

profiar* *v. intr.* Insistir prolongadamanet. / Disputar, reptar.

prompte ['pronte] *adv.* Aviat.

propet* *adv. dim.* Prop.

prosteta* *f.* Pròstata.

prostrar [pos'tra] *v. tr.* Treure (a algú) el vigor, les forces.

prova* *f.* Entrada dels bous, assaig matinal en les curses de bous.

provar* *v. tr.* Emprovar.

provir* *v. tr.* Proveir.

pubill *m.* Marit d'una pubilla. (DIEC)

puça *f. Puça de mar,* crustaci del gènere *Gammarus.*

pucero* *m. Lo tio pucero,* joc infantil d'acaçar.

pudent, -a *adj.* Que put. / Queixerós, que tot li molesta.

pudoratxa* *f.* Pudor.

pugó [pu'o] *m.* Insecte homòpter, molt petit, amb formes àpteres o alades, les femelles i les larves del qual viuen a les fulles i a les parts tendres de certes plantes, a les quals fan grans danys. (DIEC)

pujador *m.* Pedrís, banc, etc., que serveix per a ajudar a pujar a cavall, en un vehicle, etc.

pujant *m.* Pujada.

pujat, -ada* *adj.* Que ha excedit el punt en què és bo per al consum.

punt *loc. adv. A punt,* llest, en situació imminent.

punt₂* *loc. adv. En un punt,* de seguida, immediatament.

puntal *m.* Pal, tauló, forca, etc., que es clava o recolza a terra o en un suport resistent, i serveix per a sostenir o evitar que caigui alguna cosa. (DIEC)

punter, -a *adj.* Que és a la punta, a l'extrem, d'una cosa. / *m.* Instrument acabat en punta que serveix per a fer forats. (DIEC)

puntera* *f.* Tros de terra que s'endinsa a l'aigua.

punxar *v. tr.* Ferir (algú o alguna cosa) amb un objecte acabat en punxa molt aguda, que el forada i hi penetra poc o molt. / Excitar, estimular, (algú) a fer alguna cosa. (DIEC)

punxenc, -a* *adj.* Que punxa.

punyada *f.* Cop de puny.

puput [putput] *f.* Ocell de la família dels upúpids, de 28 centímetres de llargada, amb el bec prim i encorbat i una bella cresta molt característica (*Upupa epops*). (DIEC)

pur* *loc. adv. A pur de,* a còpia de.

puret* *m.* Cigar. / *Puret de regalèssia,* arrel de *Glycyrrhiza glabra.*

purga puro* *m.* Cigar.

puro de bova* *m.* Flor de la bova, *Typha.*

putput* *f.* Puput.

quadra *f.* Estable de cavalls o de muls.

quadrar *intr. pron.* Una persona, parar-se i restar dreta i amb els peus en escaire. / *intr. pron.* El cavall o el brau, quedar-se quiet amb les quatre extremitats paral·leles. (DIEC)

quadrilla *f.* Colla.

quadró ['kwaðɾo][kwa'ðɾo] *m.* Tros de terra quadrat.

quadró$_{2*}$ *m.* Rajola quadrada gran.

quadró$_{3*}$ *m.* En construcció, llistó que fa de mida entre dues llates.

quallar *intr. pron.* Coagular, esp. la llet.

qualsevol [konse'βɔl] *adj.* Una d'entre diferents persones o coses, sigui la que sigui, no importa quina. (DIEC)

quaranta [ko'ɾanta] *adj.* Quatre vegades deu, trenta-nou més un. (DIEC)

quarantena [kwaɾen̪'tena] *f.* Espai de temps que ha d'estar aïllada i vigilada una persona o una cosa portadora o possible portadora d'una malaltia contagiosa. (DIEC)

quaresma *f.* Període de quaranta dies destinat a la penitència i a la preparació de la Pasqua, que comença el dimecres de cendra. (DIEC)

quarta* *f.* Pellofa de cereals mòlta que es dóna als porcs.

quartà *m.* Mesura de gra de 5.9 litres. / Mesura d'oli (4 litres).

quartana *adj.* Febre quartana, que apareix cada quatre dies.

quartejar* *v. intr.* Un animal o aparell que llaura, no anar recte.

quarter *m.* Obertura que permet l'accés a dins de la coberta.

quartera *f.* Mesura de capacitat equvalent a quatre barcelles.

quarterer, -a* *m.* i *f.* Treballador que cobra per cada quartera d'olives.

Q

quarteró *m.* Quarta part d'alguna cosa, esp. d'una arrova.

quarterola *f.* Mesura de capacitat equivalent a tres quarterons.

quartillo* *m.* Mesura de vi equivalent a un quart de litre.

quartina* *f.* Cortina.

quarto* *m.* Cambra. / *m. pl.* Diners.

quasi ['kazi] *adv.* Gairebé.

quatrena* *f.* Acord d'arrendament per una quarta part de la collita.

quebrassa* *f.* Obertura que pateix la pell a conseqüència del fred.

queixal [ki'ʃal] *m.* Dent situada a la part lateral de la boca, usada

per a triturar els aliments. (DIEC)

queixalada [kiʃa'laða] *f.* Mossegada.

queixerós, -a* *adj.* Que es queixa.

quera *f.* Corc. / Corcadura. / *adj. fig.* Pesat, corc.

querar* *v. tr.* Corcar.

querat-, ada* *adj.* Corcat.

queveure* [ke'βoɾe] *m.* Alguna cosa digna d'admiració.

quico, -a *adj.* Carrincló. / *m.* Gra de panís torrat.

quilla *f.* Peça de fusta o metàl·lica que, en la part inferior de la nau, va de

proa a popa i sobre la qual es munta la carcassa del buc. (DIEC)

quincalla *f.* Conjunt d'objectes de metall d'escàs valor. / *f.* Imitacions de

joies.

quincaller, -a *m.* i *f.* Quincallaire, comerciant de quincalla. (DIEC)

quinina *f.* Analgèsic contra la malària.

quinqué *m.* Llum, ordinàriament de petroli, proveït d'un tub de

vidre i, generalment, d'un pàmpol. (DIEC)

quint, -a *adj.* Cinquè.

quinta *f.* Lleva.

quintada *f.* Broma pesada que es fa a una persona que és nova en
un lloc. (DIEC)

quintana *f.* Camp a la vora d'una població.

quintar *m.* Unitat de pes equivalent a 4 arroves.

quinto* *m.* Cervesa d'una cinquena part de litre.

quinto$_2$ *m.* Jove que s'ha d'incorporar al servei militar obligatori. (DIEC)

quinzet *m.* Ral, moneda de 25 cèntims de pesseta.

quíquera* *f.* Tassa menuda, xicra.

quiquiriquic* *m. onomat.* Del cant del gall. / Metxa de cabell despentinat.

quisque* *pron.* Tothom.

quisquiller, -a* *adj.* Perepunyetes. / Pesat, insistent.

quitança *f.* Document que certifica un pagament. / Pagament.

quitxalla *f.* Conjunt de criatures, d'infants. (DIEC)

quitxallada* *f.* Quitxalla.

rabada *f.* Terminació de l'os sacre, còccix.

rabassa *f.* Part de la soca d'un arbre o d'un arbust coberta per la terra, de la qual arrenquen les arrels. / Soca grossa i seca destinada a ésser cremada. (DIEC)

rabassador, -a* *m.* i *f.* Rabassaire.

rabassaire *m.* El qui conreava un tros de terra a rabassa morta. (DIEC) / Home que arrenca rabasses. (DCVB)

rabassar* *v. tr.* Arrabassar.

rabassut, -uda *adj.* De molt gruix o volum relativament a la seva alçada. (DIEC)

rabera *f.* Ramat d'animals de pastura. (DIEC)

raberada* *f.* Rabera gran.

rabet* *m.* Rabada.

ràbia* *f.* Força, vitalitat: *créixer amb ràbia; treballar amb ràbia.*

rabiada* *f.* Enrabiada.

rabo* *m.* Mal geni. / *f.* Enrabiada. / *adj.* De caràcter irascible.

rabo de gat* *f.* Coa de gat, *Sideritis tragoriganum.*

rabosa *f.* Guineu.

raca *f.* Anella que pot córrer al llarg d'un pal, d'una corda, etc., per a subjectar-hi una antena, una verga o un altre objecte. (DIEC)

Racó* *topòn.* Badia dels Alfacs. / *topòn.* Topònim de la serra del Montsià.

racó$_2$* *m.* Malendreç.

raconada *f.* Racó. / Multitud d'objectes arraconats, malendreços.

racós, -osa* *adj.* Gasiu, excessivament estalviador.

raderia* *f. pl.* Darreria, segon plat d'un àpat.

rafal *m.* Cobert sostingut per pals o per pilars, adossats o no a una façana, a una paret, especialment el que és construït davant el portal o el terrat d'una casa per tal de guardar de la pluja o del sol. (DIEC)

ràfec *m*. Part de la teulada que surt més enllà del pla de la façana. (DIEC)

rafet *m*. Peix de diferents espècies de la família dels tríglids. / Lluerna roja. (DIEC) / Peix de l'espècie *Trigla gurnardus*. (DCVB)

ràfia *f*. Palmera monoica del gènere *Raphia*, de tronc gruixut, fulles pinnades i blanquinoses per sota, i fruit cobert d'esquames, font de la fibra del mateix nom. / Fibra extreta de les fulles de la ràfia, blana, sedosa i molt resistent, que serveix per a fer cabassos, lligams, etc. / Fibra sintètica, obtinguda del polietilè, d'aspecte semblant a la ràfia. (DIEC)

ragandaix* tb [reɣan'dajʃ] *m*. Llangardaix.

rai* *interj*. Equivalent a *Déu n'hi do*. / També a *això no és res*.

raïl *f*. Arrel.

raïlam* *m*. Arrelam.

raïlamenta* *m*. Conjunt d'arrels.

raïlar* *v. intr*. Arrelar.

raïm *m*. Infructescència de la vinya, formada per un brot que porta una munió de baies sucoses, els grans de raïm, globoses o el·lipsoïdals, de polpa dolça i pela groguenca, vermellenca, violàcia o quasi negra. (DIEC)

raïmat *m*. Massa de most bullit condimentat amb espècies. (DIEC)

raio* *m*. Raig d'una roda.

rajolar* *v. tr*. Enrajolar. / *m*. Fàbrica de rajoles.

rajoler, -a *m*. i *f*. Persona que fa o ven rajoles. (DIEC)

ral *m*. Moneda de 25 cèntims de pesseta. / *adj*. Vegeu *camí*.

rallada* *f.* Acció de llançar el rall. / Peix que s'atrapa en una rallada.

rama *f.* Branca amb fulles. / Part del corm d'una planta constituït per tija i fulla. / Conjunt de rames tallades. (DIEC)

ramada *f.* Conjunt de rames. / Ramat. / Vol d'ocells. (DIEC)

ramal *m.* Branc. / Corda que es lliga al morro d'un animal.

ramàs* *m.* Feix de blanquillons lligats a mode de granera.

ramassar *v. tr.* Arreplegar (coses escampades) amb un rascle, ramàs o una altra eina adequada. (DIEC)

ramatge *m.* Conjunt de rames d'un arbre. (DIEC)

ramejat, -ada [ramej'ʒat] *adj.* Que té un dibuix que imita rams, s'aplica a una roba. (DIEC)

rameret* *m.* Ramer, conjunt de branques que fan un tancat.

ramonejar* *v. intr.* Un aliment, cruixir a la boca perquè està cru.

rampa *f.* Terreny costerut. / Contracció involuntària d'un múscul.

rampagoll* *m.* Caragol d'aigua.

rampar* *v. intr. pron.* Produir-se una rampa en una part del cos.

rampell *m.* Desig sobtat i passatger de fer alguna cosa. / Irritació sobtada. (DIEC)

rampellada *f.* Rampell. (DIEC) V. *De rampellada.*

rampellut, -uda *adj.* Que sol patir rampells, que fa les coses a rampells. (DIEC)

rampeu *m.* Repeu. / *Donar un rampeu,* assemblar-se a algú, especialment en mèrit, valor, etc. (DIEC)

rampinya* *f.* Aligot comú, *Buteo buteo.*

rampinyar *v. tr.* Rapinyar.

ramulla [re'muʎa] *f.* Conjunt de branques primes. (DIEC)

ranc, -a *adj.* Rancallós.

rancallós, -osa *adj.* Que té una o més cames o potes ranques i camina coix, amb dificultat. / *adj.* Que té els peus valgs, dirigits cap enfora. (DIEC)

ranci, -àncía *adj.* Que adquireix una olor i un sabor especials i desagradables per alteració química dels seus components, s'aplica a una substància greixosa. / Que adquireix una flaire i un tast especials que el milloren en envellir a la bóta. / *adj.* Gasiu. (DIEC)

rancorós, -osa [reŋko'ros] *adj.* Propens al rancor, que guarda rancor. (DIEC)

ranejar [ranej'ʒa] *v. intr.* Faltar poc per a atènyer un nivell, una edat, etc. (DIEC)

ranquejar *v. intr.* Caminar ranc. (DIEC)

ranxer, -a [raɲ'tʃe][raɲ'tʃero] *adj.* Relatiu o pertanyent al ranxo. / *m.* i *f.* Persona que fa el ranxo per a soldats, presos, etc. (DIEC)

ranxo ['raɲtʃo] *m.* Menjar que es fa per a molts i que es redueix generalment a un sol plat, com el que es dóna a soldats, mariners, presos, etc. (DIEC)

raonar* tb [ru'na] *v. tr.* Enraonar.

rap *m.* Peix de la família dels lòfids, que pot atènyer 150 centímetres de llargada, de color bru negrós tirant a grisenc o olivaci, amb el peritoneu negre, sense escates, de cap molt aplanat, molt ample i més gros que la resta del cos, amb la boca amplíssima i amb un filament pescador sobre el musell, de vida bentònica i gran predador, de carn molt apreciada (*Lophius budegassa*). (DIEC)

rapa *f.* Raïm despullat de grans. / *per ext.* Tija dels cereals.

284

rapejar *v. tr.* Rapinyar.

Ràpita, la* *topòn.* Sant Carles de la Ràpita.

rapitallada* *f. pl.* Dolç fet de confitura de carabassa, sucre i mel.

rapitenc, -a* *adj. m. i f.* Natural de la Ràpita. / Vermut. / Vi amb menta.

raquític, -a *adj.* Relatiu o pertanyent al raquitisme. / Que pateix de raquitise. / Escàs, migrat. (DIEC)

raquitisme *m.* Malaltia que es manifesta sobretot en els nens, caracteritzada per una deformació dels ossos deguda a una mineralització defectuosa. (DIEC)

ras *m.* Setí.

ras, -a *adj.* Tallat arran. / *Cel ras*: cel net de núvols. (DIEC)

rascanyós, -osa *adj.* Que porta la contrària.

rascar *v. tr.* Gratar.

rascle *m.* Instrument que consisteix en un tros de fusta pla, una sèrie de llistons paral·lels, un sol llistó, etc., proveït de claus o de pues de fusta, emprat per a desterrossar o aplanar la terra, cobrir la llavor, arreplegar palla o herbes, etc. (DIEC)

rasclet *m.* Rascle petit. / Aixa petita que s'empra per a toscar el suro. (DIEC)

rasclet₂* *m.* Rascló, *Rallus aquaticus.*

rascló *m.* Rascle petit. / Ocell de la família dels ràl·lids, de 28 centímetres de llargada, plomatge gris i castany amb els flancs ratllats de blanc i negre, i el bec llarg i vermellós (*Rallus aquatiqus*). (DIEC)

rascunyar* *v. tr.* De rascar: traure males herbes amb l'aixada.

raspall tb [res'paʎ] *m.* Instrument que consisteix en un gran nombre de cerres, de crins, de brins rígids, etc., plantats en una placa de fusta, d'os, de vori o d'altra matèria dura, que serveix per a netejar i fregar. (DIEC)

rastell tb [ras'treʎ] *m.* Paleta de ferro fixada a l'extrem de l'agullada que serveix per a netejar la rella de l'arada quan s'hi adhereix terra. / Barra, llistó, etc., que té tot al llarg una sèrie de pues o de dents. / Post de fusta proveïda de puntes, fixada generalment en un cavallet, que s'empra per a pentinar a mà certes fibres dures, com el lli, el cànem, etc. / Estri que es posa damunt la menjadora, on la palla, el fenc, l'herba, se sostenen sobre una sèrie de barrots paral·lels. / Eina semblant al rampí, però amb doble fila de pues, que serveix per a replegar espigues, herba, etc. / Reixa caladissa que defensa l'entrada d'una construcció fortificada. / *Rastell d'era,* vorada. / Ormeig de pesca que consisteix en un sac de xarxa amb boca metàl·lica i cadenes a la part de baix. (DIEC)

rastell₂* *m. Rastell d'era,* filera de pedres de l'era.

rastellador* *m.* Qui rastella. / Comporta d'una séquia.

rastellar *v. tr.* Pentinar (el cànem, el lli) per mitjà del rastell. / Treballar amb el rastell (la terra), arreplegar amb el rastell (l'herba, la palla, etc.). (DIEC)

rastoll* *m.* Rostoll.

rastre *m.* Femtes d'un animal salvatge. / Rest, trena d'alls o cebes.

rastrejar *v. tr.* Seguir el rastre (d'algú o d'alguna cosa). (DIEC)

rastrell* *m.* Rastell. / Tanca de pues.

rastrellador* *m.* Estellador, comporta d'una sèquia o canal.

rata *adj.* Gasiu. / *f.* Penis. / Peix, *Uranoscopus scaber.*

ratapenada [ratapa'naða] *f.* Ratapinyada, mamífer quiròpter de les famílies dels vespertiliònids, dels molòssids i dels rinolòfids. (DIEC)

ratapinyada *f.* Ratpenat.

ratar *v. tr.* Rosegar. / Robar.

rata cellarda ['rata sa'ʎaɾða] *f.* Espècie de rata: *Elyomis quercinus.*

rata₂* *f. Fer la rata,* reflectir el sol en un mirall sobre una paret.

ratat, -ada *adj.* Com rosegat de rates. / *m.* Malaltia produïda en l'olivera
       per l'aranyó. (DIEC)

ratejar *v. tr.* Ratar. / Picar les dents de fred.

ratera *f.* Parany per a agafar rates. (DIEC) / Parany per a agafar ocells o
       altres animals. (DCVB)

rater, -a *adj.* Que sol caçar rates, esp. un gat.

ratlla de Sant Martí* *m.* Arc de Sant Martí.

ratllador [raʎa'ðo] *f.* Ratlladora.

ratllar [ra'ʎa] *v. tr.* Fer una ratlla o ratlles (a alguna cosa). / Reduir (certs
       aliments) a trossets menuts passant-hi un objecte de superfície
       rasposa. (DIEC)

ratllat* [ra'ʎat] *m.* Mol·lusc de closca ratllada, *Cardium sulcatum.*

rato* *m. cast.* Estona.

ratolí *m.* Mamífer rosegador de la família dels múrids, de poca grandària,
       el cap diferenciat del cos, la cua llarga i escamosa, el crani allargat
       i sense ullals ni premolars. (DIEC)

ratoner, -a *adj.* Que sol caçar rates o ratolins, esp. un gat.

ratxa *f.* Augment sobtat de la velocitat del vent. (DIEC)

ratxada *f.* Ratxa forta. (DIEC)

ratxejar* *v. intr.* Fer alguna feina de forma irregular.

rauc *m.* Crit de la granota.

raucadissa* *f.* Cantadissa de granotes.

raucar *v. intr.* La granota, el gripau, cridar. (DIEC)

raure *v. tr.* Rascar les herbes.

raval *m.* o *f.* Part extrema d'una població. / Població annexa a una altra de més gran. (DIEC)

ravalenc, -a* *adj. m.* i *f.* Ravaler, natural d'un raval.

ravata *f.* Impuls violent provocat per una passió.

rebaix *m.* Rebaixa. / Part de la vora d'un plafó de fusta, d'una pedra, etc., en què s'ha disminuït el gruix. / Part d'un terreny que ha estat rebaixat. (DIEC)

rebaixadora* *m.* Rebaixador.

rebaixar *v. tr.* Fer més baix de nivell, d'alçària, de gruix, d'import, de grau. / Sotmetre (les pells o els cuirs) al rebaixatge per tal d'igualar-ne el gruix. / Estimar (alguna cosa) per dessota del seu valor. / Humiliar. (DIEC)

rebarba* *f.* Irregularitats en un o més cantells.

rebat *m.* Cop violent, caiguda.

rebatejar *v. tr.* Tornar a batejar, esp. posar un malnom.

rebatre *v. tr.* Repel·lir amb força, violentament. (DIEC)

rebatuda *f.* Acció d'acabar una cosa prenent-ne la darrera porció. (DIEC)

rebava *f.* Porció de matèria que ultrapassa la vora o els límits de l'espai que ha d'ocupar o emplenar. / Porció d'argamassa escopida per les juntures de les pedres, dels maons, etc., quan hom els col·loca. / Porció de material que resta al fil del toix de les eines de tall afinat en ésser esmolades, que cal eliminar amb la pedra d'afinar. (DIEC)

rebeca *f.* Jaqueta de punt sense coll que es corda pel davant. / *f.* Dormida curta. (DIEC)

rebecar *v. intr.* Els arbres, agafar ufana; els cereals, espigar.

rebecar₂* *v. pron.* Endormiscar-se una estona curta.

rebesiaio* *m.* Iaio del pare o de la mare. / Besavi.

rebesiaia* *f.* Iaia del pare o de la mare. / Besàvia.

rebesnét, -a *m.* Fill del nét o de la néta.

reblada *f.* Acció de reblar, de doblegar la punta (d'un clau tan llarg que, un cop clavat, surt per l'altre costat) per tal que el clau estigui més fortament fixat i la punta no pugui fer mal. (DIEC)

reblanir *v. tr.* o *intr. pron.* Fer més bla o tou que no era. (DIEC)

reblanit, -ida* *adj.* Que s'ha fet més blan que no era.

reblar *v. tr.* Reblir, omplir amb reble un buit, esp. els marges.

reble *m.* Conjunt de fragments de maó, de pedra, etc., eventualment barrejats amb morter, amb els quals hom omple els buits entre pedres grosses en construir o en adobar un marge, una paret, etc. / Àrid de molt poca grandària destinat a omplir els buits d'entremig de les pedres matxucades del macadam. / Rebladura, punta doblegada d'un clau reblat. / Mot, frase, inútil, supèrflua, que s'empra amb el sol objecte d'allargar un vers. (DIEC)

reblir *v. tr.* Omplir amb reble (un buit). / Omplir atapeïdament. (DIEC)

rèbol *m.* Tija d'acer afuada, sense punta, acabada en petit pla, emprada per a enfonsar completament els claus dins la fusta, cap i tot. (DIEC)

rebolcar *v. tr.* Fer donar tombs (a algú) sobre una superfície. / *intr. pron.* Donar tombs sobre una superfície. (DIEC)

rebolcat, -ada* *adj.* Brut.

rebombori *m.* Soroll que mou una colla, una munió, de persones cridant, corrent, esbatussant-se, etc. (DIEC)

rebordonir *v. tr.* Fer perdre la virtut, fer tornar com bord. / *intr. pron.* Perdre la pròpia virtut, la bondat originària. / *intr. pron.* Una planta, restar com aturada en el seu desenvolupament, esquifida. (DIEC)

rebordonit, -ida *adj.* Migrat, mancat de la creixença o del desenvolupament normal. (DIEC)

rebossar* *v. tr.* Arrebossar.

rebost *m.* Lloc d'una casa, d'una nau, etc., on es guarden els aliments que no necessiten refrigeració. / Provisió de comestibles que es guarden en una casa, una nau, etc. (DIEC)

rebotir *v. intr.* Una cosa, inflar-se en la part on no s'oposa l'embolcall que la cenyeix parcialment. (DIEC)

rebotit* *adj.* Comprimit, ple a més no poder.

rebre *v. intr.* Algú, rebre una surra o una bufetada.

rebrec *m.* Alguna cosa rebregada.

rebregat, -ada* *v. tr.* Que ha perdut la tesor (una cosa flexible) per tocar-la matusserament, prement-la, copejant-la, etc.

rebrot *m.* Brot que surt accidentalment en una planta llenyosa. / Herba que torna a créixer o brotar després d'haver estat dallada. (DIEC)

rebrotim *m.* Brotada, esp. d'una soca.

rebugada* *f.* Brossa arraconada per l'acció del corrent.

rebull *m.* Moviment, confusió, d'aigua o de gent.

rebullir *v. intr.* L'aigua, remoure's. / *v. tr.* Tornar a bullir.

recader, -era* *m.* i *f. cast.* Algú que fa un encàrrec.

recado* *m. pl. cast.* Records: *da-li recados de part meua.*

recaix* *m.* Cairell, esp. d'un marge o d'un pou.

recaixar* *v. tr.* Fer la caixa d'un marge més fonda.

recalcada *f.* Sotrac, esp. d'un carro en moviment.

recalcar *v. tr.* Dir (un o més mots) amb una gran força d'expressió, amb lentitud, etc., per assenyalar-los d'una manera especial a l'atenció de l'oïdor, perquè no pugui restar cap dubte sobre el que volen dir. / *intr.* Un cos que es mou inclinant-se a un costat i a l'altre de la posició d'equilibri, fer en un moment donat, per una causa qualsevol, una balançada de major amplitud. / *intr.* Recolzar amb força sobre el seu suport. / *tr.* Picar (una peça metàl·lica) pel seu cap per tal d'engruixir-lo. (DIEC)

recalçar *v. tr.* Consolidar el peu d'una planta amb terra.

recapte *m.* Àpat que es fa amb tot allò que es troba a la cuina.

recar [ra'ka] *v. intr.* Saber greu, lamentar una cosa o una situació, sentir pena que s'hagi esdevingut o s'esdevingui. (DIEC)

recatxolat, -ada* *adj.* Assegut còmodament.

recautxutat, -ada* *adj.* Espatlat, esp. la roba.

recel *m.* Malfiança. / *loc. Anar de recel*: esperar trobar alguna cosa bona.

recer [ra'se] *m.* Sopluig, racó protegit de les inclemències del temps.

recer₂ *m.* Abric, peça de roba per protegir-se del fred.

reclau *m.* Raconada, angle.

recloure* *v. tr.* Acabar una feina, revisar-ne els detalls.

recol·lectora* *f.* Recol·lector.

recollons* *interj.* De sorpresa, admiració, contrarietat, etc.

reconco* *m. loc. adv. De reconco,* de costat a costat, de bòlit.

reconèixer [reko'nejʃe] o [re□o'nejʃe] *v. tr.* Veure, adonar-se, que (una persona o cosa) és tal o tal persona o cosa que ja ens era coneguda. / Examinar (algú o alguna cosa) per assabentar-se de la seva identitat, el seu estat, la seva naturalesa, les seves circumstàncies, etc. / Admetre (una cosa que és negada, de la qual es dubtava, etc.). (DIEC)

recosir *v. tr.* Cosir de nou (allò que s'ha descosit). (DIEC)

recrear *v. tr.* Adelitar (la vista, l'orella, l'ànim, etc.) amb quelcom d'agradable. / *intr. pron.* Recrear-se amb una bella lectura. / *intr. pron.* Descansar del treball amb algun entreteniment. (DIEC)

recreat, -ada* *adj.* Relaxat, assegut còmodament. / Malcriat.

recriar *v. tr.* Cuidar un nadó que no és fill natural.

recruar *v. intr.* Un mal físic, prendre força de nou.

rector [re'to] *m.* Sacerdot que governa una parròquia.

rècua* *f.* Reuca, conjunt d'animals o de persones.

recuina *f.* Peça annexa a la cuina on es guarden els atuells, els estris, etc.

reculada *f.* Acció de recular; l'efecte. / *loc. Reculada de la llet,* fet de disminuir o de desaparèixer la llet d'una dona que alleta. / Relleu estructural format pel retrocés d'una cinglera calcària en forma d'amfiteatre a la capçalera d'un curs d'aigua superficial d'un carst. (DIEC)

reculant *m.* Corretja del carro per recular. / Corrent invers d'un riu.

redable* *m.* Tiràs per arreplegar l'arròs i amuntegar-lo.

redelmar *v. tr.* Cobrar el redelme dels fruits.

redelme *m.* Desena part de la collita que es pagava per segon cop.

redéu *interj.* De disgust, admiració, sorpresa, etc.

redó, -ona *adj.* Rodó.

redoblec *m.* Doblec fet en una cosa ja doblegada. (DIEC)

redol *m.* Rogle. / Figura circular. / Terreny circular.

redola* *f.* Rotlle, figura circular.

redolar *v. intr.* Rodolar.

redolí* *m.* Con de fusta per batre cereals. / Cilindre per desterrossar.

redolí trill* *m.* Cilindre per trillar l'espiga dels cereals.

redona *f.* Rodona.

redòs *m.* Recer.

refegitó* *m.* Afegitó.

refer *v. tr.* Reparar, esp. marges i cordons.

referència [refe'rensja] *f.* [usat generalment en pl.] Informe que, tocant a la
probitat, la solvència, etc., d'una persona, dóna algú a una tercera
persona. / Acció de referir o de referir-se; l'efecte. (DIEC)

referir *v. tr.* Especialment qui en té l'encàrrec, fer saber de paraula o per
escrit. (DIEC)

referrar *v. tr.* Ferrar un animal de nou amb la mateixa ferradura.

refet, -a *adj.* Cepat, de constitució robusta, d'ampla ossada i forta
musculatura.

refiar-se *v. intr. pron.* Comptar amb algú o alguna cosa com a mitjà.
(DIEC)

refillar* *v. intr.* Traure els fills, la brotada nova.

refinadora* *f.* Post de fusta per aplanar o desterrossar terrenys.

reflorir *v. intr.* Fer la segona flor.

refrescada *f. fig.* Pluja fina.

refullolar* *v. intr.* Després d'una cremada, els arbres, rebrotar.

regador, -a *adj.* i *m.* i *f.* Que rega. / *f.* Recipient portàtil a propòsit per a regar, que consisteix generalment en una caixa cilíndrica de llauna o de plàstic amb un broc a l'extrem d'un tub lateral que arrenca de la vora del fons. / *f.* Canal de regatge secundari. (DIEC)

regalar *v. intr. pron.* Cuidar-se, tractar-se bé / Fondre's.

regalèssia [reɣa'lensia] *f.* Herba de la família de les papilionàcies, robusta, de fulles imparipinnades, flors violàcies o blavenques en raïms axil·lars i llegum curt i comprimit, que es fa a la vora dels rius i en llocs herbosos humits de la terra baixa, algun cop cultivada, de la qual s'aprofiten les arrels i el rizoma, dolços, llargs i cilíndrics, utilitzats com a edulcorant (*Glycyrrhiza glabra*). (DIEC)

regall *m.* Reguer, sequiol.

regandaix* *m.* Llangardaix, esp. el fardatxo.

regant *m.* i *f.* Persona que rega. / Persona que té dret a regar. /Persona que té per ofici el regatge dels carrers, dels arbres, etc., d'una població. (DIEC)

reganxar* *v. tr.* Reenganxar.

reganxinar* *v. tr.* Retòrcer.

reganxinat, -ada* *adj.* Retorçat.

reganyar *v. tr.* Un gos, ensenyar les dents de forma amenaçant.

regata *f.* Solc, canal petita. / Petit rebaix en forma de línia o canaleta a la superfície d'un mur o envà per a encastar-hi un tub o un conductor elèctric. / Regateig. / f. Cursa de regularitat o de velocitat per a embarcacions de vela. (DIEC)

regateig *m.* Acció de regatejar, discutint el preu d'una cosa. / Driblatge. (DIEC)

regatxera* *f.* Taca llefiscosa. / Gota que baixa una paret.

regatxo* [ra'ɣatʃo] *m.* Mosso que treballa carrejant llenya o aigua.

regirador* *m.* Redable, tiràs per remoure l'arròs al sequer.

regirar [rejʒi'ra] *v. tr.* Remoure.

regle *m.* Instrument per traçar línies rectes.

regolf *m.* Remolí d'aire o d'aigua en algun racó.

regolfada *f.* Fet de regolfar un fluid. (DIEC)

regolfar *v. intr.* Un fluid en moviment, retrocedir en topar amb un obstacle, i formar un gorg, un remolí. (DIEC)

reguany* *m.* Guany extraordinari que excedeix el que s'esperava.

reguanyar* *v. tr.* Guanyar més de l'esperat.

reguardar *v. tr.* Protegir, preservar.

regueral* *m.* Rec d'aigua.

reguerall* *m.* Regueró. / Gota que baixa una paret. / Esquerda.

regust *m.* Sabor desagradable que deixa alguna cosa. / Sabor que encomana a alguna cosa allò amb què ha estat en contacte. (DIEC)

reial ['ral] *m.* Ral.

reig m. [ZOP] Peix de la família dels esciènids, de cos fusiforme, de fins a 2 metres de llargada i 70 quilos de pes, de color gris argentat, amb la cavitat bucal daurada, poc freqüent a la nostra mar (*Argyrosomus regius*). (DIEC)

reïna *f.* Resina.

reineta *f.* Cantàrida. / Amfibi, *Hyla meridionalis.*

rei-petit* *m.* Trist, *Cisticola juncidis.*

reixaga *f.* Fitora.

reixagada* *f.* Cadascun dels llançaments de la reixaga.

reixinflar* [retʃiɱ'fla] *v. intr.* Estar molt gras.

reixinxinar* [retʃiɲtʃi'na] *v. intr.* Remugar.

reixinxinat, -ada* [retʃiɲtʃi'nat] *adj.* Massa cuit. / Enutjat per la llarga espera.

rel *f.* Arrel.

relicari* *m.* Reliquiari.

relonge* *m.* Rellotge.

rella *f.* Peça de ferro d'una arada que permet obrir un solc .

rellampar* *v. intr.* Llampegar.

rellampec* *m.* Llampec. / Rella de dimensions menudes.

rellampegar* *v. intr.* Llampegar.

relleixó *m.* Lleixa menuda, esp. replà d'una finestra.

rellepar *v. tr.* Anivellar el terreny amb la trinsella.

relleu* *m. fig.* Menjar que sobresurt de l'habitual.

rellissada* *f.* Relliscada.

rellissar* *v. intr.* Relliscar.

rellissó* *m.* Relliscada.

rellogar *v. tr.* Sotsarrendar (una propietat urbana). / *intr. pron.* Fer-se inquilí d'una casa o d'una habitació rellogada. (DIEC)

rellomello* tb [reʎo'miʎo] *m.* Rellom, part tendra entre les costelles del porc o la vaca.

rellotge [re'lɔɲdʒe] *m.* Instrument, aparell o màquina que, dotat d'un moviment uniforme, mesura el temps i indica l'hora. (DIEC)

relluir *v. intr.* Resplendir.

remei [ra'mej] *m.* Allò que és emprat per a guarir o alleujar una malaltia, un mal. (DIEC)

remendar* *v. tr. cast.* Adobar, reparar una xarxa.

remendo* *m. cast.* Adobament, reparació.

remenjar [remiɲ'dʒa] *v. tr.* Esborrar el dibuix d'un teixit pel desgast.

remirament *m.* Gran cura, atenció, que hom posa en allò que fa o diu. (DIEC)

remitjó [remi'ʒo] *m.* Quantitat escadussera, un culató de sac .

remoguda* *adj.* Femella que torna a estar en zel en poc temps.

remoldre *v. tr.* Moldre per segona vegada.

remolí *m.* Massa d'aire, d'aigua, etc., animada d'un ràpid moviment giratori. (DIEC)

remolinada *f.* Remolí d'aire.

remolinar *v. tr.* Igualar l'arrebossat d'una paret.

remor [ra'mo] *f.* Soroll. / La Ramó. Animal imaginari que espanta la canalla.

rèmora ['remoɾa] *f.* Peix de la família dels equeneids, de cos fusiforme amb una ventosa ovalada sobre el cap, que els permet d'adherir-se al cos de taurons o cetacis (*Echeneis naucrates*, *Remora remora*). / Obstacle que s'oposa a l'avançament d'alguna cosa. (DIEC)

remordir *intr. ant.* Rosegar, mossegar. / Causar remordiment. / *remordir la consciència*, sentir remordiment. (DIEC)

remorejar *v. intr.* Alçar remor. (DIEC)

remostró* *m.* Quantitat escadussera d'alguna cosa, a mode de mostra.

remoltar* *v. intr.* Els gossos de caça, retrobar el rastre.

remuc *m.* Acció de remugar. / *loc. adj. De remuc*, animal de remuc. / *Perdre el remuc*, perdre la gana. (DIEC)

remugar tb [ramu'ɣa] *v. intr.* Rondinar. / Els herbívors, mastegar de nou el past.

remuguejar [ramuɣej'ʒa] *v. tr.* Un colom, fer el parrup.

remulla* *f.* Ramulla, encenalls, llenya prima, esp. d'olivera.

remulla₂* *f.* Moviment regressiu de l'aigua en un meandre.

remunta *f.* Estable de sementals destinats a la munta.

rendilla* *f.* Rantell, mosquit menut que sol formar estols.

renec *m.* Paraula o expressió injuriosa contra Déu o una cosa sagrada. / Interjecció que hom considera grossera, inconvenient. (DIEC)

renegar *v. tr.* No reconèixer més com a propi. / *intr.* Dir renecs. (DIEC)

reng *m.* Línia formada per diferents objectes, esp. arbres. / Filera de les teules d'una teulada. / *m.* Gran quantitat.

rengle *m.* Reng, línia segons la qual es col·loquen una sèrie de persones, especialment combatents, assistents a una cerimònia, o una sèrie de coses en un mercat, en un rebost, etc. (DIEC)

renglera *f.* Rengle, reng.

renoc, -a *m.* Cap mort de la soca d'un arbre. / *adj.* Tossut.

renom *m.* Sobrenom, malnom.

renora* *f.* Parella del nét.

rentacares *m.* Drap per a rentar-se la cara. / *m.* i *f.* Persona que adula. (DIEC)

rentada *f.* Bugada.

rentat, -ada* *adj.* Erosionat per l'acció de l'aigua.

rentador *m.* Safareig. / *per ext.* Golfa.

rentamans *m.* Grela, gibrell.

rentaplats *m.* i *f.* Persona llogada en una cuina per a rentar els plats, els atuells, etc. / *m.* o *f.* Rentavaixelles, màquina de rentar plats. (DIEC)

rentar* *v. tr.* L'aigua, erosionar un camí.

rentat, -ada* *adj.* Net, lliure de contaminació per l'acció de la pluja.

renyoc, -a *m.* i *f.* El més petit d'una cadellada, o d'una casa.

reomplir *v. tr.* Omplir de nou. (DIEC)

repalleria* *f.* En un conreu, gran quantitat de palla.

repantigar-se* *v. intr. pron.* Arrepapar-se.

repantigat, -ada* *adj.* Repapat, assegut còmodament.

repapar-se *v. intr. pron.* Asseure's repenjat sobre el respatlle.

repapillejar* *v. intr.* Resplendir.

repapillent* *adj.* Resplendent.

repartidor, -a *m.* Recipient de forma i de mida diverses que té en una de les seves cares els forats per cada un dels quals surt la ploma d'aigua per a regar, per a l'ús domèstic, etc. (DIEC)

repàs* *m.* Pa de segó, se'n feien foradades o panets.

repàs* *m.* Classes extraescolars de reforç: *Vaig al repàs.*

repassar* *v. tr.* Esbandir.

repèl *m.* Repeló.

repelar* *v. tr.* Rosegar fins al moll, esp. fruita o carn.

repelós, -osa *adj.* De tracte difícil. / *loc. Ésser algú repelós a fer una cosa,* venir-li a repèl de fer-la. / *adj.* Excessivament exigent o escrupolós. (DIEC)

repercutir *v. intr.* Recaure d'una malaltia.

repès [re'pes] *m.* Acció de repesar. / Lloc en una plaça, en un mercat, etc., on hom pot fer repesar les mercaderies comprades. (DIEC) / Pes d'una càrrega que venç.

repetjó *m.* Petjada d'algun animal menut.

repeu *m.* Cadeneta, vora més gruixuda d'una xarxa.

repixar *v. intr.* Plovisquejar. / Regalimar.

repixat, -ada* *adj.* i *m.* i *f.* Dit de l'arròs batut que es fa malbé per la
humitat.

replanell *m.* Replà.

replantar *v. tr.* Plantar de nou.

replega *f.* Acció d'arreplegar.

replegar tb [rople'□a] *v. tr.* Arreplegar. / Tornar al seu primer estat (allò
que
s'havia desplegat o estès). (DIEC)

replujar *v. tr.* i *intr. pron.* Aixoplugar.

repols* *m.* Barreta de ferro per enclavar ben endins els claus.

reportar *v. tr.* Parlar, portar una nova.

reposat, -ada .

repretar* *v. tr.* Estrènyer, collar ben fort.

reptar *v. tr.* Reprendre algú per haver comès una falta.

repujar* *v. tr. Repujar el cavalló*: reparar el munt entre dos solcs.

requè* *m.* Requetè, vailet.

requedar* *v. intr. pron.* Quedar més endarrerit que els altres.

requetè *m.* Vailet, ajudant de pagès.

requincalla *f.* Quincalla, coses de poc valor.

resinós, -osa *adj.* Pertanyent a la resina. / Que conté resina. / De la
naturalesa de la resina. / Semblant a la resina, que en té l'aspecte.
(DIEC)

respatlle* [res'pale] *m.* Part posterior d'un seient per reposar-hi l'esquena.

resquitllar [raski'ʎa] *v. intr.* Relliscar.

ressaca *f.* Retrocés de cada onada d'aigua en una riba.

ressaguer, -a tb [rese'ɣe] *adj.* i *m.* i *f.* Que es ressaga.

ressanar* *v. intr.* Reaparèixer un mal que ja es curava.

ressembrar *v. intr.* Assemblar-se.

ressentir-se *v. intr. pron.* Alguna cosa, veure afectat el seu bon estat, el bon funcionament, etc., per l'acció d'una altra. / Molestar-se per una ofensa, una burla, un engany, etc. (DIEC)

ressol *m.* Reverberació del sol. / Lloc solellós.

ressopó *m.* Àpat que es fa a la nit quan es tarda molt a anar al llit després d'haver sopat. (DIEC)

rest *m.* Corda d'espart que serveix de metxa. / *Rest d'alls.*

retall* *m.* Passada d'un torero per davant d'un bou.

retall₂* *m. Retall argandenyo*: arquejar el cos davant del bou.

retallador, -ora* *m.* i *f.* Qui passa davant d'un bou esquivant-ne 'embestida.

retalladura *f.* Retall, esp. de roba.

retirada *f.* Semblança.

retirat, -ada *adj.* Distant.

retop *m.* Retopada. / *De retop*: indirectament.

retor* *m.* Rector. / *per ext.* Qualsevol capellà.

retorcillada* *f.* Acció de retorcillar, esp. la cua d'un bou.

retorcillar* *v. tr.* Retòrcer.

retornar *v. tr.* Restituir, tornar, (alguna cosa). / Fer recobrar els sentits (a algú). / Donar nova vigoria, nou ànim, (a algú). (DIEC)

retortillada* *f.* Torçada, esp. un membre del cos.

retortillar* *v. tr.* Retòrcer.

retortilló *m.* Retorçó, caragolament de ventre.

retranca *f.* Rebasta. / *per ext.* Natja d'un cavall.

retratar *v. tr.* Fotografiar.

retriar *v. tr.* Fer una nova tria (d'una cosa ja triada). / Triar amb molta atenció. (DIEC)

retrinxar *v. tr.* La pedregada, malmetre una planta.

retroexcavadora *f.* Excavadora de cullera que actua anant la màquina endarrere o d'esquena. (DIEC)

retronat, -ada* *adj.* Baldat, extenuat.

retxo* *m. pl.* Retjo, floc de cavells llargs i despentinats.

retxut, -uda* *adj.* Retxós, que duu els cavells llargs i despentinats.

reuca* *f.* Conjunt de persones o animals.

reüll* *m. Mirar de reüll*: amb la coa de l'ull. / mirar malament.

reus* *f.* Varietat de carxofera.

revellit, -ida *adj.* Escarransit. / Envellit.

revencilló* *m.* Corretja que passa per l'espadell per aparellar el carro.

revenxinar [reβeɲtʃi'na] *v. tr.* i *intr. pron.* Enreveixinar, eriçar, posar rígida, (una cosa que normalment és flexible i ajaguda). *intr. pron.* Algú, posar-se ferm a no cedir, a no doblegar-se al que li mana de fer qui té dret, qui té autoritat sobre ell, etc. / Irritar-se, enutjar-se ostensiblement. (DIEC) / Recargolar, revoltillar.

reverdir *v. intr. fig.* Refer-se d'algun mal, restituir-se amb vigor.

revés *m.* Cop donat amb el revés de la mà.

revés, -essa *adj.* Difícil de dominar, de resoldre.

revessa *f.* Corrent d'aigua que va en sentit oposat al principal.

revindre* *v. intr.* Revenir.

reviscolar *v. intr.* i *intr. pron.* Tornar de mort a vida, recobrar el vigor, la puixança, etc., perduts. (DIEC)

revingut, -uda *adj*. De bon gruix, robust.

reviure *v. intr*. Renovar-se, tornar a la seva vivacitat primera.

revivalla* *f*. Revifalla.

revol* *m*. Vol curt d'una au, esp. la guatlla o la perdiu.

revoladora* *f*. Xaruga per revoldre la terra d'arròs.

revoldre* *v. intr*. Remoure. / Marejar.

revoler, -era* *adj*. Inquiet, esp. els xiquets.

revolicar* *v. intr*. Revoldre.

revolidora* *f*. Xaruga.

revolina* *f*. Avalot de gent.

revolta* *f*. Revolt d'un camí, esp. si té un eixamplament.

revoltí* *m*. Tombarella.

revoltillada *f*. Torçada de cama.

revoltillar *v. tr*. Retorçar (un objecte flexible).

revoltilló *m*. Revoltillada.

revoltinar* *v. tr*. Retòrcer.

revoltó *m*. Volta entre dos cabirons.

revora* *f*. Vora, cantell.

rexinflar* *v. intr*. L'aigua, traspassar en forma d'humitat.

ria* *f*. Filera, esp. la filera de pues del pinte de cànem.

ria$_2$* *f*. Part del buc d'un llagut.

riada *f*. Riuada.

rialleta *f*. Somriure.

rianxer, -era* *adj*. Rialler.

ribada* *f*. Riba.

ribàs *m.* Marge espadat.

ribell *m.* Gibrell.

ribella *f.* Gibrell gros on mengen diverses persones. / Rentamans.

riber *m.* Llim, terra que deixa el riu.

ribera *f.* Terra pròxima a un riu.

riberenc, -a *adj.* Relatiu o pertanyent a una ribera.

ribot *m.* Eina que consisteix en un bloc de fusta molt dura, amb un forat o encaix per a allotjar la fulla i la contrafulla, fixades amb un tascó, que serveix per a aplanar, aprimar, allisar i sobretot polir tota mena de fusta massissa, emprada principalment per fusters i ebenistes. / Eina del baster, semblant al ribot de fuster, emprada per a aprimar el cuir. (DIEC)

ricatxo, -a* *adj. m.* i *f.* Ric.

rifa *f.* Acció de rifar un objecte. / Loteria.

rifat, -ada* *adj.* Irritat per algun engany.

rínxol *m.* Floc de cabells corbats en espiral. (DIEC)

rinyó* tb [reɲó] *m.* Ronyó.

rip-rap* *loc. adv.* Arran.

riquejar* *v. intr.* Tenir aspecte de ric.

riscla *f.* Estella inserida a la pell. / Part llenyosa del cànem.

rispe, -a* *adj.* Esquerp, feréstec.

rissat, -ada* *adj.* Arrissat.

ris *m. pl.* Cordill per recollir la vela quan fa massa vent.

ris₂ *m.* Rínxol.

robavella* *f.* Roba de treball, esp. per a faenes dins l'aigua o el fang.

roblir* *v. tr.* Reblir, reblar.

roc *m.* Tros de roca. / Torre dels escacs.

rocós, -osa *adj.* Rocallós.

roda *f.* Roda de proa, part de la barca que talla l'aigua.

rodada* *f.* Cadascuna de les passades que fa el rodador.

rodadits* tb [rɔða'litʃ] *m.* Libèl·lula. / Carcadits, naixedura, inflamació dels dits.

rodador, -ora* *m.* i *f.* Retallador, és qui per davant d'un bou.

rodal *m. pl.* Voltants.

rodament *m. Rodament de cap.* / Coixinet de rodolament.

rodanxa [ro'ðaɲtʃa] *f.* Taca.

rodeig *m.* Acció de rodejar. / *m. pl.* Circumlocucions. (DIEC)

rodejar *v. tr.* Envoltar. / Ésser els companys habituals (d'algú). (DIEC)

roder -a *adj.* Que va rodant, que roda perdut. / Rodellaire, bosquerol que farodells o cèrcols per a bótes. (DIEC)

rodera *f.* Solc o senyal que deixa a terra el pas de la roda d'un vehicle. (DIEC)

rodet *m.* Cilindre amb valones sortints tot al volt de cada base, foradat en la direcció de l'eix, entorn del qual s'enrotlla un fil, un cordill, un filferro, una pel·lícula fotogràfica, etc. / Bobina. / Botó de les rodes de bicicleta o de motocicleta que suporta els rajos i conté la boixa. / Objecte, peça, de forma cilíndrica, cònica o troncocònica, que per l'acció combinada de la pressió i de la seva rotació serveix per a aplanar, esclafar, desfer, etc., alguna cosa. / Rodeta dentada de metall que, disposada a l'extrem d'un mànec, és emprada pels pastissers per a retallar coques i altres peces de pastisseria. (DIEC)

rodó* *m.* Piló.

rodonenc, -a *adj*. Arrodonit, imperfectament rodó.

roella* *f.* Rosella.

rogenc, -a *adj*. Que tira a roig.

roginós, -osa* *adj*. Rogenc.

rogle ['rɔɣle] *m*. Rotlle, conjunt de persones disposades en cercle.

rogle₂ *m*. *loc*. *Fer rogle*: obrir espai, fer-se escoltar. / *per ext*. Tros de terra.

roí, -ïna tb [ru'i] *adj*. De baixa qualitat, menyspreable.

roig, roja *adj*. i *m*. Vermell.

rojal *adj*. Rogenc, dit esp. de les fruites.

rojor [roj'ʒo] *f*. Qualitat de roig.

roll *m*. Mola per premsar l'oliva. / Rodet. / Raig d'un líquid.

rom *m*. Rèmol. / Licor que s'obté de la canya de sucre.

rom₂ *m*. *Rom de petxines, Bothus rhombus.*

rom, -a* *adj*. Fet malbé per la humitat.

roma* *f.* Varietat de tomàquet.

romana *f*. Balança de braços desiguals, en què el cos que es pesa es col·loca a l'extrem del braç menor i s'equilibra amb un pes que es fa córrer al llarg del braç major. (DIEC)

romanç* *m. pl*. Excuses, coses de poca importància, dilacions.

romancejar *v. intr*. Anar amb romanços, amb excuses i dilacions. / Fer actes propis d'una persona romancera. (DIEC)

romancer, -era *m*. Xerraire, que va carregat d'excuses o d'històries.

romangó* *m*. Moviment d'una faldilla en caminar.

romàtic, -a *adj*. Malsà a causa de la humitat excessiva, que fa que les coses s'hi floreixin amb facilitat. (DIEC)

romer [ro'me] *m*. Romaní.

romesco [ro'mɛsku] *m.* Salsa feta amb nyores, tomàquets, alls i cebes escalivats, una picada d'ametlles o avellanes, oli i altres ingredients, que se serveix com a condiment d'un plat, principalment de peix. (DIEC)

romeguera [romiŋ'geɾa] *f.* Esbarzer. / *fig.* Persona que t'entreté.

rominguera* *f.* Romeguera.

rompissar* *v. tr.* Fer la primera llaurada.

rompre *v. tr.* Dividir en dues o més parts o fragments, destruir en un o més punts la continuïtat (d'alguna cosa), per l'acció d'una força l'efecte de la qual es distribueix en una àrea relativament ampla. (DIEC)

roncador *m.* Ànec griset, *Anas strepera.*

ronda *f. Anar de ronda*: sortir de passeig o de festa.

rondall* *adj. m.* i *f.* Rondaller.

rondalla *f.* Grup de músics que fan la ronda cantant jotes.

rondaller, -era* *m.* i *f. adj.* Que li agrada sortir força. / Que canta rondalles.

rònec, -ega *adj.* Abandonat, ruïnós, esp. una casa. / Sol, pelat.

rònega* ['rɔniɣa] *adj.* Rònec, cavil·lació que impedeix dormir. / Cabòria.

ronsejar *v. intr.* Alguna cosa no anar fina, friccionar, anar ronser.

ronser, -a [run'se] *adj. m.* i *f.* Que ronseja, que té un grau de fricció alt.

ronya *f.* Malaltia cutània produïda per un àcar. / Brutícia.

ronyós, -a *adj.* Que té ronya. / Cobert de brutícia. / Gasiu.

ronyosa* *f.* Escopinya. / Ametlla coberta de sucre.

roquer *m.* Escullera. / *adj.* De roca: *Polp roquer, peix de roquer.*

roquerar *m.* Lloc abundant en roques.

roquerol* *m.* Toll d'aigua que es forma entre les roques.

roquissar *m.* Roquerar.

ros, rossa *adj.* Brut. / *m. Ros de l'ull*: iris.

rosa *f.* Rubèola.

rosada *f.* Rubèola. / Gebre. / Gotes petites d'aigua que es formen per condensació directa del vapor d'aigua sobre els objectes refredats durant la nit. (DIEC)

rosar *v. intr.* Caure rosada.

rosari *m.* Columna vertebral.

rosca *f.* Pasta seca amb forma d'anella.

rosec *m.* Malestar físic o moral.

rosegar* *v. pron.* Sentir remordiment.

rosegó *m.* Tros petit de pa.

rosella [ro'eʎa] *f.* Herba anual de la família de les papaveràcies, híspida, de fulles pinnatipartides o pinnatisectes, flors solitàries, amb dos sèpals caducs, quatre pètals d'un vermell escarlata i nombrosos estams, sobre un llarg peduncle prim però ferm, i fruit en càpsula subesfèrica o ovoide, coronada per un disc estigmàtic, que creix en els sembrats i a les vores dels conreus (*Papaver rhoeas*). (DIEC)

roserar *m.* Lloc plantat de rosers.

roseta* *f.* Au aquàtica de la família dels ànecs salvatges.

rosquilla* *f.* Petit crustaci que es cargola en forma de rosca.

rossec* *m.* Estri de tracció animal per desterrossar el terreny.

ròssec *m.* Acció de rossegar; l'efecte. / Cua. / *a ròssec, loc. adv.* Arrossegant.

rossegall *m.* Ormeig de pesca d'aigües somes que s'arrossega .

rossegar *v. tr.* i *intr.* Arrossegar.

rossegó* *m. A rossegons, loc. adv.* Arrossegant-se.

rosset *m.* Xarrasclet, *Anas querquedula.*

rossinyol *m.* Ocell, *Luscinia megarhynchos.* / Ferret per obrir panys.

rostoll tb [ras'toʎ] *m.* Part de les tiges de blat, de sègol, d'ordi, etc., que romanen al camp després de la sega. / Camp després de la sega abans que s'hi faci una nova operació. (DIEC)

rotar *v. intr.* Fer un rot o rots. / Donar la gana.

rotllo ['roʎo] *m.* Rotlle.

rotovator* [reto'βato] *m.* Accessori posterior d'un tractor per batre la terra.

rova *f.* Arrova.

rovell *m.* Òxid.

rovellar *v. tr.* Causar que (alguna cosa) contingui rovell. / *intr. pron.* Una cosa, contreure rovell. / *tr.* Fer que (algú o alguna cosa) perdi l'agilitat, oblidi certs coneixements, etc. / *intr. pron.* Els cereals, contreure la malaltia del rovell. (DIEC)

rovellat, -ada* *adj.* Oxidat. / Varietat de marisc.

rovelló *m.* Bolet.

rubèola [ru'βjɔla] *f.* Malaltia contagiosa provocada per un virus que ataca principalment els infants, caracteritzada per l'aparició de clapes rosades a la pell. (DIEC)

rublir* *v. tr.* Reblir.

ruda *f.* Herba o mata del gènere *Ruta*, de la família de les rutàcies, que exhala una fortor particular, de fulles repetidament pinnatisectes, flors grogues en cima corimbiforme, amb els pètals còncaus cap amunt, a guisa de caputxa o cullereta, en nombre de quatre a totes les flors, llevat de la del mig, que en té cinc, i fruit en càpsula, espontània o cultivada, emprada com a condiment, en medicina popular, com a abortiva, i antigament amb finalitats màgiques. (DIEC)

rufial* *m.* Joc que consisteix a llançar amb un bastó un suro enlaire.

ruguer, -era* *adj.* Trampós, que fa garrames en el joc.

ruix* *m.* Acció de ruixar. / Ploguda.

ruixim *m.* Plovisqueig.

runa *f.* Enderrocs.

runsa* *f.* Tall obert a una pedra per posar-hi tascons i asclar-la.

runsar* *v. tr.* Obrir talls a la pedrera.

rus *m.* Teixit, ris.

rusc *m.* Habitacle d'una comunitat d'abelles constituït per una estructura fabricada amb cera i formada per nombroses cel·les hexagonals. / Clos artificial destinat a allotjar un eixam d'abelles que permet fàcilment l'aprofitament de la mel i de la cera que elaboren. (DIEC)

ruscla* *f.* Ascla, estella de llenya.

rústec, -ega *adj.* Aspre al tacte, no polit.

rústic, -a *adj.* Propi de les persones o de les coses del camp.

rustifaci* tb [rosti'fasi] *m.* Àpat preparat sense mirar prim. / Menja de gust fort. / Escalivada.

rutlo* ['rulo] *m.* Rotllo, rotlle. / Pedra cònica per moldre olives. / Bigudí.

saballó *m.* Viró, larva de la mosca saballonera.

saballoner, era *adj.* Vironer, *mosca saballonera.*

sabata *adj.* Curt, de poc enteniment; mancat de gràcia.

sabater, -a *adj.* Que després d'adobat, s'ha fet malbé: *olives sabateres.*

sabater₂* *m.* Teixidor, *Remiz pendulinus.*

sabatetes**f.* Planta, *Cypripedium calceolus*: *sabatetes de N.Senyor.*

sabent *adj.* Que sap, que té ciència d'alguna cosa.

saber *v. tr. Saber mal,* saber greu.

saberut, -uda *adj.* Vanitós, pedant. / *iròn.* Que tot ho sap.

sabó* *m. Sabó fort*: pastilla de sabó fet amb sosa.

sabó₂* *m. Sabó moll*: sabó líquid (en oposició al de pastilla).

saboc *m.* Siboc.

saboga *f.* Peix de color blau verdós, *Alosa alosa.*

sabonera* *f.* Escuma.

sabut, -uda *adj. iròn.* Que tot ho sap.

saca *f.* Sac més gros de l'habitual, màrfega.

sàcia* *f.* Eixàrcia, xarxa.

saco ['sako] *m.* Joc de llençar una pilota amb la mà contra una paret.

sacsanut, -uda* *adj.* Sacsonut, gras.

sacsar *v. tr.* Sacsejar.

sacseig *m.* Acció de sacsejar.

sacsejar *v. tr.* Agitar bruscament (alguna cosa) movent-la alternativament de dalt a baix i de baix a dalt o en dues direccions oposades. (DIEC)

sacsó *m.* Plec que es fa en una peça de roba per escurçar-la i que permet d'allargar-la quan calgui. / Solc que es fa als braços, a les cames, etc., de les persones, especialment de les criatures, molt grasses. (DIEC)

sacsonut, -uda [saksa'nut] *adj. Botifarra sacsanuda,* botifarra plena de sacsons.

sadorija* *f.* Sajolida, *Satureja hortensis.*

safa *f.* Gibrella.

safanòria [safra'noria] *f.* Pastanaga.

safareig *m.* Receptacle generalment de parets d'obra i de forma rectangular, que s'omple d'aigua i serveix ordinàriament per a rentar-hi la roba o per a regar. / Petita cambra, indret, en una casa, generalment prop de la cuina, on és instal·lat o construït el safareig. / Bassa. / *Fer safareig* [o *haver-hi safareig*] Haver-hi xafarderies, enraonies, comentar alguna cosa públicament. (DIEC)

safrà *f.* Espècia (*Crocus sativus*). / *loc. Fer safrà,* fer campana.

safranada *f.* Fugida d'algun lloc per un temps curt, *fer campana.*

safranar *m.* Camp de safrà.

safraner, -era *m.* i *f.* Que ven safrà.

safranòria* *f.* Safanòria, pastanaga.

sagal *m.* Noi preadolescent.

sagalet* *m. dim.* Sagal: viu, espavilat per als negocis.

sagasseta* *m.* i *f.* Que treballa amb ganes.

sagí [sej'ʒi] *m.* Llard, *coquetes de sagí.*

saginero* [sejʒi'neɾo] *m.* Monstre infantil que rapta els menuts que fan parlar.

saginera *m.* Epipló, llard de l'entrecuix del porc.

sagno* *m.* Caràcter, sentiments; *tenir mal sagno* o *bon sagno.*

sagrantana* *f.* Sargantana.

sagristà, sagristana [sakɾis'ta] *m.* Plec que es fa en una peça de roba per escurçar-la i que permet d'allargar-la quan calgui. / Solc que es fa als braços, a les cames, etc., de les persones, especialment de les criatures, molt grasses. (DIEC)

sainet *m. fig.* Gran feinada. / Gran festa, xivarri.

sajola *f.* Saiola, varietat de figa i de figuera.

sajolida *f.* Herba d'olives: *Satureja hortensis* o *Satureja montana.*

sal *f. Sal fumant,* salfumant, àcid clorhídric.

sal₂* *f. Sal sosa,* carbonat de sodi. / *Flor de sal,* capa de sal que sura sobre l'aigua.

sala* *f.* Espai destinat a guardar i assecar els productes de l'hort.

salabre tb [sa'ɾaβɾe] *m.* Instrument de pescar que consisteix en una bossa de xarxa fixada a l'extrem d'una canya o d'un pal. (DIEC)

salabrós, -osa *adj.* Que conté sal. / Que té gust de sal.

salamó [salo'mo] *m.* Canelobre de diferents braços que es col·loca penjant del sostre. (DIEC)

salat, -ada *adj. Fer salat*: Emborratxar-se. / Arribar tard.

saliandra* *f.* Celiandre, coriandre, *Coriandrum satum.*

salida* *f. cast.* Bufanda o capa.

salina *f.* Lloc d'on s'obté sal de la mar per evaporació.

salinera* *f.* Salera, pedra on es deposita la sal per al bestiar.

salinitat *f.* Contingut de sals en el sòl, en l'aigua. (DIEC)

salinós, -osa *adj.* Que conté sal.

sallar *v. intr.* La nau, córrer tallant l'aigua. / Fer camí veloçment. / *tr.* Fer relliscar o rodar enfora (un objecte) per damunt d'un altre sobre el qual descansa, empenyent-lo a força de braços o valent-se de màquines o d'aparells. (DIEC)

sallent *m.* Salt d'aigua.

salmitre* *m.* Salnitre.

salmorra *f.* Aigua saturada de sal.

salnitre tb [sal'mitɾe] *m.* Pòsit de sal marina que deixa el vent sobre el sòl.

salobre *m.* Capa de sal que queda després de l'evaporació.

salobre₂ *adj.* Salabrós.

salomó* *m.* Salamó, canelobre sense peu que penja del sostre.

salpa *f.* Peix costaner d'un color gris blavós, *Sarpa salpa.*

salpasset* tb [sarpa'se] *m.* Salpasser.

salpebrar *v. tr.* Adobar (vianda) amb sal i pebre.

salprendre *v. tr.* Salar un aliment fins que se n'impregne.

salseta* *f. pl.* Sobret amb espècies que fa de canvi en una compra.

salsitxa [saʎ't ʃit ʃa] *f.* Tros d'embotit fet amb un budell prim omplert de carn de porc picada i assaonada, delimitat per lligats. (DIEC)

salsitxó* *m.* Llonganissa.

saltada *f. pl.* Art de pesca que consta d'una xarxa i un tresmall.

saltadissa* *f.* Conjunt d'animals que salten alhora per algun ensurt.

saltar *v. tr.* Un mascle, cobrir la femella.

saltejador, -ora *m.* i *f.* Persona que roba pels masos i camins.

saltejar *v. tr.* Assaltar, robar algú sortint-li al camí.

saltejar₂* *v. tr.* Fer alguna cosa amb intermitències o intervals.

saludador, -a *m.* i *f.* Persona a qui s'atribueix el do de curar amb la saliva.

salvadany* *m. pl.* Desaigüe que protegeix el conreu d'un excés d'aigua.

salvar* *v. tr.* Guardar, amagar, desar en algun calaix o armari.

salze *m.* Arbre, arbust o mata, caducifoli, del gènere *Salix*, de la família de les salicàcies, de fulles simples i flors molt reduïdes amb nectaris i agrupades en aments densos, drets, sovint molt pilosos i primerencs, els gatells, que es fa principalment al riberal dels rius. / *Salze blanc,* salze arbori de brots pubescents i fulles lanceolades molt agudes, sedoses i argentades, propi del bosc de ribera (*Salix alba*). / *Salze nan,* salze en forma de mata baixa o estès ran de terra, propi de les congesteres d'alta muntanya (*Salix herbacea, S. retusa* i *S. reticulata*). (DIEC)

salzerar* *m.* Salzeda.

sallar *v. intr.* Córrer veloçment. / *v. tr.* Traure, fer lliscar enfora.

sama *f.* Aixopluc de proa d'un llagut; el de popa és la cambra.

samarra *f.* Gec de pell usat pels pastors. (DIEC) / Samarreta.

samarreta *f.* Peça de gènere de punt usada com a abrigall immediat del cos. / *Samarreta de l'imperi,* samarreta imperi, samarreta de tirants. (DIEC)

samaruga *f.* Sangonera.

samaruc *m.* Peix d'aigua dolça, fartet, *Valencia hispanica.*

samer *m.* Ormeig de pesca, encanyissat.

samfaina *f.* Guisat que sol servir d'acompanyament fet amb tallets de pebrot, tomàquet, albergínia, ceba i carabassó. Pollastre amb samfaina. / Desori. (DIEC)

samfason* *f.* Aplom, serenitat.

samparrallada* *f.* Cop de grapa; acabar la feina amb una samparrallada.

samuga *f.* Corda gruixuda d'espart, esp. per lligar la càrrega.

sanador, -ora *m.* i *f.* Que té l'ofici de capar animals.

sanar *v. tr.* Capar.

sanatruges *m.* Sanador. / Flaviol amb què el sanador s'anuncia.

sanejar *v. tr.* Fer sa. / Donar condicions de salubritat (a un terreny, un edifici, una població, etc.). / Millorar la salut aplicant les tècniques de sanejament. / Dur a terme operacions reals o comptables encaminades a refer (un patrimoni), a redreçar (una empresa, un sector econòmic, una administració pública, etc.). (DIEC)

sang *f. Peix sense sang m.* Joiell. / Peix menut.

sanglot *m.* Sospir en què la inspiració i l'expiració es produeixen amb un moviment convulsiu, com els que solen acompanyar el plor desfet. (DIEC)

sangonejar *v. intr.* Sagnar lleument.

sangonera *f.* Invertebrat anèl·lid de la classe dels hirudinis, que es caracteritza perquè s'adhereix a altres animals i els xucla la sang. / *sangonera comuna*, sangonera que viu en estanys i rius, utilitzada antigament en medicina per a practicar sagnies (*Hirudo medicinalis*). / *sangonera del cavall*, sangonera que s'adhereix a la mucosa bucal dels cavalls i dels bòvids (*Limnatis nilotica*). / Persona que viu, que s'enriqueix, a despeses d'altri, exhaurint-ne els béns, els recursos. / Cosa que absorbeix grans cabals. (DIEC)

sangria *f.* Beguda refrescant feta a base de vi, llimona, taronja i trossos de fruita, sucre, licors, etc. (DIEC)

sanguejar *v. intr.* Sagnar.

sanguina *f.* Gran quantitat de sang.

sanguinós, -osa* *adj.* Sangonós.

sansa *f.* Pinyolada, residu de l'oliva una vegada premsada.

sant* *m.* Imperfecció en una paret acabada de pintar.

Santa Bàrbara ['saṇta'βarβeɾa] *topòn.* Santa Bàrbara.

sant baró *m.* Home bo, sense malícia.

santet* *m. dim.* Sant, imatge d'un sant.

santjaumero, -a* *m.* i *f. adj.* Natural de Sant Jaume d'Enveja.

saó *f.* Estat d'una cosa que ha arribat a maduresa, a perfecció. / Avinentesa. / Estat de la terra, resultat d'una ploguda, que la fa particularment apta per a sembrar-hi i treballar-la. (DIEC)

saonada *f.* Estat de saó de la terra.

sap* *interj.* Per fer fugir un animal, esp. un gat.

sapastre *adj.* i *m.* i *f.* Que fa la feina malament, amb qui no es pot comptar per fer una cosa. / Que és ximplet, murri, que no és de fiar. (DIEC)

sapiguer* *v. tr.* Saber.

saquejador, -a* *adj. m.* i *f.* Camàlic.

saquer, -a *adj.* Agulla saquera.

saquet* *m. dim.* Sac, bossa petita, esp. de roba o de plàstic.

sarabandejar* *v. tr.* Afalagar. / Sacsejar algú.

sarabandejat, -ada* *adj.* Lleugerament atabalat.

sarabastall* tb [saraβas'taʎ] *m.* Terrabastall.

sarabre* *m.* Salabre.

saragata *f.* Agitació, soroll.

saragatada* *f.* Saragata.

saragatona *f.* Substància viscosa per fixar els cabells. / *f.* Herba del gènere *Plantago,* herba pucera, jocasapos.

saragüells *m. pl.* Calçons curts i amples, *calçotets de vietes.*

sarau *m.* Reunió de persones que es diverteixen ballant. / Situació conflictiva, amb crits, amb baralles. (DIEC)

sarauer, -a* *adj. m.* i *f.* Sarauista, que freqüenta els saraus.

sarauet* *m.* Trobada improvitzada per fer música.

sardina* *f. Sardina de casco*, arengada.

sardinada *f.* Menjada de sardines.

sardinyola *f.* Sardina menuda.

sarg *m.* Peix argentat, amb 6 o 8 ratlles, *Diplodus sargus*.

sargantana [saɣraṉ'tana] *f.* Rèptil saure de diferents espècies de la família

dels lacèrtids, de mida petita o mitjana. (DIEC)

sargir [sor'ʒi] *v. tr.* Refer amb l'agulla el teixit (d'una roba foradada o

esclarida). (DIEC)

sària* *f.* Sàrria.

sarió* *m.* Sarrió, sàrria menuda.

sarment *m.* Branca llarga i prima, esp. de la vinya.

sarmentada *f.* Sarments de la vinya. / Rostida amb foc de sarments.

sarna *f.* Malaltia cutània contagiosa, comuna als éssers humans i a diferents

animals, produïda per un àcar del gènere *Sarcoptes*, caracteritzada

per unes lesions papulars que causen una forta picor, principalment

de nit, situades damunt uns solcs que allotgen la femella de

l'ectoparàsit i la seva cria. (DIEC)

sarnós, -osa *adj.* Que té sarna.

sarpa *f.* Grapa.

sarpada* *f.* Cop de grapa. / *Amb una sarpada*: ràpidament.

sarpallada* *f. intens.* Sarpada.

sarpat *m.* Sarpada, cop de grapa. / Fer alguna cosa ràpidament.

sarrabastall* *m.* Terrabastall.

sarraí, -ïna *adj. m.* i *f.* Musulmà.

sarrampallada* tb [sarampe'ʎaða] *f.* Samparrallada, cop de grapa.

sarrampió* *m.* Xarampió.

sàrria ['saɾia] *f.* Recipient, generalment d'espart, que forma bossa a cadascun dels seus extrems i serveix, posat de través damunt una bèstia, per a transportar coses. (DIEC)

sarrió [saɾi'o] *m.* Sàrria menuda.

sarró *m.* Bossa de pell que usen els pastors per a portar principalment el menjar. / *Sarronets de pastor,* herba de la família de les crucíferes, de fulles basals en roseta, pinnatífides o pinnatipartides, les caulinars poc dividides o enteres i abraçadores, flors blanques i petites en raïm terminal i fruits triangulars comprimits, que es fa als horts, als camins i en altres indrets ruderals (*Capsella bursa pastoris*). (DIEC)

sarroner, -era *m.* i *f.* Matuter, contrabandista.

sarsaller, -era* *m.* i *f.* Tartamut.

sarset* *m.* Cerceta, àneda blava, *Anas crecca* i *Anas querquedula.*

sarset₂* *m.* Xarxet comú, *Anas crecca.*

sàrsia* *f.* Eixàrcia, xarxa. També sàssia*.

sarsuela *f.* Plat de peix, crustacis i mol·luscos.

sarumballes* *f. pl.* Llenya prima, branques i restes de tronc.

sàssia* *f.* Eixàrcia, xarxa.

sàssola ['sasula] *f.* Cullera de fusta per a treure l'aigua del fons d'una embarcació petita. (DIEC)

satisfet, -a* *adj.* Vanitós.

sauló *m.* Sorra feldspàtica argilosa que resulta de la descomposició del granit, que forma una regolita. (DIEC)

saupa *f.* Salpa, peix gris blavós amb els costats més clars: *Salpa.*

saurí, -ina *m.* i *f.* Persona que cerca aigua subterrània amb una vareta.

savina *f.* Arbust del gènere *Juniperus.*

séc* *m. Séc de la cama*, part frontal de la tíbia.

secalenc, -enca* *adj.* Magre, sec.

secall *m.* Rama seca d'una planta. / Conjunt de les rames seques d'un arbre. / Bescuit prim usat principalment per a prendre xocolata. / Persona, bèstia, molt magra. (DIEC)

secallenc, -enca* *adj.* Secalenc.

secamenta* *f.* Secor, sequedat.

secor *f.* Sequedat.

seda *f.* Penelló.

sedàs *m.* Estri semblant a un garbell, consistent en una tela clara muntada en un cèrcol, que serveix per a passar farina, guix, etc. / *Passar pel sedàs,* analitzar amb detall. (DIEC)

sedega *f.* Acció de cobejar, ambició, anhel.

sedegós, -osa *adj.* Assedegat. / Cobejós.

sega *f.* Acció de segar les messes. / Les messes segades. / Època de la sega. (DIEC)

segador, -a *adj.* Que sega, que serveix per a segar. / *m.* i *f.* Persona que fa la feina de segar. / *f.* Màquina agrícola emprada per a segar herba o, especialment, cereals. / *adj.* Que està en saó per a ésser segat. (DIEC)

segall, -a *m.* i *f.* Cabra o boc jove.

segí* [sej'ʒi] *m.* Sagí.

seginera* *f.* Saginera, epipló, *per ext.* engonal.

seginero* *m.* Monstre infantil que rapta els nens per treure'n sagí.

segó *m.* Pellofa de cereals, especialment de blat, mòlta, que se separa de la farina i es dóna com a aliment al bestiar. (DIEC)

sègola* ['seɣula] *f.* Corda per a sirgar.

segonet *m.* Segó molt fi, el darrer que se separa en purificar la farina. (DIEC)

ségula* *f.* Sègola, corda per a sirgar.

segur *f.* Camamilla pudent. / *De segur, loc. adv.* Amb seguretat.

seitó tb [asej'to] *m.* Peix de la família dels engràulids, de 20 centímetres de llargada màxima, de dors blau verdós, costats i ventre argentats, amb el musell prominent i la boca molt grossa situada a la part inferior, escates fines i molt caduques, una sola aleta dorsal en posició central, el qual és de vida pelàgica i forma moles (*Engraulis encrasicolus*). (DIEC)

selló *m.* Seient de bicicleta. / Sella per carregar un animal.

sem, -a *adj.* Pansit. / *fig.* Malalt.

semada* *f.* Plaga de fruita sema.

semar *v. tr.* i *pron.* Pansir, mustigar.

semblar* *v. tr.* Assemblar.

sembra *f. Sembra directa, sembra a l'eixam, sembra a flocs, etc.*

sembrar *v. tr.* Escampar, plantar, en la terra preparada per a rebre-la, la llavor (de tal o tal planta). / *v. tr. per ext.* Sembrar entre ells la zitzània, la discòrdia. Sembrar odis. / *Sembrar a l'eixam,* sembrar a eixams, sembrar tirant grapadets de gra. / *Sembrar a motes,* sembrar fent clotets a terra i dipositant-hi alguns grans a cadascun.

/ *Sembrar a solcs,* sembrar tirant el gra dins el solc que s'ha llaurat.
/ *Sembrar clar,* sembrar espaiant les llavors. / *Sembrar espès,* sembrar deixant les llavors molt acostades. (DIEC)

semental *adj.* Relatiu o pertanyent a la sembra. / Llavorer, destinat a la cria. (DIEC)

sementera *f.* Sembra. / *per ext.* Safata que acull la sembra.

semidéu *m.* i *f.* Curandero. / Persona que té aparicions d'éssers divins.

sèmit* *m. En sèmit:* completament, d'arrel.

sèmola ['semola] *f.* Blat desproveït de la pell i imperfectament mòlt en granets, emprat per a fer sopa, pastes de sopa, etc. (DIEC)

semoler* *adj. Estel semoler,* últim estel que desapareix a l'alba.

senalla *f.* Cabàs de palma, espart o vímet.

senalleta* *f. dim.* Senalla, cabasset menut per dur menjar.

senatxo* *m.* Senalla d'espart o de palma, amb tapa, per dur vianda.

sencer, -a [san'se] *adj.* De què no s'ha sostret o llevat res, cap part. / No encetat. / Que conserva la seva integritat. (DIEC) / En un animal, que no ha estat castrat.

senda *f.* Sendera.

sendemà tb [soɫde'ma] [soṇde'ma] [suṇde'ma] *m.* Endemà. / *loc.* En sendemà.

sendera *f.* Camí estret per a vianants.

senderi [seṇ'dɛɾi] *m.* Discerniment, seny.

senderol* *f.* Senderola, senderó.

senglar *m.* Porc senglar.

sénia *f.* Sínia.

senill *m.* Canyís.

sentida *f.* Dolor que se sent en rebre una impressió física o moral. (DIEC)

sentiment* *m.* Quantitat ínfima.

sentit, -ida *adj.* Que se sent molt dels retrets, dels renys, de les desconsideracions, etc. (DIEC)

senya *f.* Caràcter, tret, la coneixença del qual pot servir per a reconèixer un individu o un objecte. (DIEC) / Senyal.

senyala *f.* Gruix per escriure a una pissarra.

senyalat, -ada* *adj.* Destacat. / Que té algun senyal que el diferencia.

senyoral* *adj.* Senyorial.

sèpia ['sepia] *f.* Sípia. / *adj.* D'un marró d'aspecte terrós. / *m.* Color sèpia. (DIEC)

sepió* *m.* Sèpia menuda.

sepionet* *m.* Diminutiu de sepió.

sequer *m.* Era de ciment o rajola per assecar-hi esp. l'arròs al sol.

sequerulla* *f.* Branques i fulles seques.

séquia *f. Séquia mare*, principal. *Séquia fillola*, secundària.

sequier, -era *m.* i *f.* Persona que distribueix l'aigua d'una séquia.

sequiol *m.* Sequiola, regadora.

ser* *En ser que, loc. adv.* Quan.

serafí, -ina *m.* Persona de gran bellesa.

serè, -ena *adj.* El cel, estar net de núvols.

serenar* *v. tr.* i *pron.* Asserenar.

serení *m.* Serena, rosada.

sereno *m.* Vigilant municipal que ronda de nits. (DIEC)

serf, serva* *m.* i *f.* Persona que treballa en el servei d'una casa, criat.

serment* *m.* Sarment, branca prima de la vinya.

serpentejar *v. intr.* Anar, estendre's, segons una línia sinuosa, formant meandres. (DIEC)

serpeta *f.* Paràsit del taronger, *Mytilapsis citricola.*

serpeta₂ *f.* Mala persona.

Serra de la Creu* *topòn.* És la serra que mira Tivissa als peus.

serracaps tb [sora'kaps] *m.* Estrenyecaps, gorra de dormir.

serrada* *m.* Tanca o paret que separa dues finques.

serral *m.* Muntanya.

serraler, -era* *adj.* Que viu al serral, a la muntanya.

serraller, -era *m. i f.* Persona que fabrica i ajusta panys, claus i tota mena d'objectes de ferro per a edificis, mobles, etc. (DIEC)

serrano, -a* *adj.* Natural d'Aragó.

serrell *m.* Part de fils, de passades o d'ambdues coses alhora, a les vores d'una manta, d'una tovallola, d'una catifa, etc., que es deixen sense teixir perquè serveixin d'ornament agrupant-los en feixos o fent-hi altres treballs. / Vora d'una peça de roba desfilada per l'ús. / Cabells tallats curts que es porten sobre el front. (DIEC)

serreta* *f.* Ànec, *Mergus serrator.*

serreta₂* *f.* Cabussó emplomallat, *Podiceps cristatus.*

serritja* *f.* Serradures.

serva *f.* Fruit del server.

servar *v. tr.* Complir exactament, obeir; *servar dret,* posar-se dret.

servicial *m.* Ènema.

servitud* *f.* Conjunt de criats.

ses *m.* Extrem inferior de l'intestí recte. (DIEC)

seslot* [saz'lɔt] *adj. i m.* Natural de Mallorca: *s'al·lot.*

sesta *f.* Migdiada.

setena* *f.* Antic tribut corresponent a la setena part de la collita.

setí [sa'ti] *m.* Varietat de fusta tropical molt dura.

setmana [se'mana] *f.* Període de set dies naturals que comença en diumenge i acaba en dissabte o que comença en dilluns i acaba en diumenge, segons es consideri. (DIEC)

setra *f.* Gerro, vas portàtil de cristall, terrissa, metall, de forma de gerra cilíndrica, de con truncat, etc., per a posar-hi aigua, flors. (DIEC)

setrill *m.* Vas o gerret, generalment de vidre, en què es posa l'oli o el vinagre d'amanir. (DIEC)

setrillera* *f.* Plat que es posa baix del setrill, *per ext.* setrill.

setze tb ['sedʒe] *adj.* Quinze més un. / Que fa setze, setzè. / *m.* Nombre natural que segueix el quinze, 16. (DIEC)

sèu *m.* Greix fos extret del sagí d'alguns animals.

seuador* *m.* Barra rígida per elevar un carro fent palanca.

sevilla *f.* Olivera i oliva de la varietat sevillenca.

sevilla₂* *f.* Sivella.

sevillenca *f.* Varietat d'olivera i d'oliva.

sia* *f. Vogar a la sia*, vogar dret, cara a proa. Veure ciar al DIEC.

siar* *v. intr.* El verderol, fer el seu cant.

sibec* *m.* Xibec, ànec, *Netta rufina.*

siboc *m.* Ocell, *Caprimulgus ruficollis.* / Beneit , ximple.

sibocada* *f.* Acció pròpia d'un siboc, un ximple.

sidral *m.* Preparat en pols de gust àcid. / Enrenou.

sífer* *m.* Mantellina.

sifó *m.* Tub encorbat que serveix per a fer passar el líquid d'un vas a un altre situat en un nivell inferior passant per un nivell superior a ambdós. / Ampolla que conté aigua amb gas carbònic, proveïda d'un tap amb una vàlvula i un tub que el travessa i arriba fins prop del fons de l'ampolla, pel qual, en obrir la vàlvula, puja l'aigua pressionada pel gas. / Aigua carbònica artificial, especialment la continguda o preparada en sifó. / Part d'un tub de conducció d'aigua en forma de U, amb què se salva una depressió del terreny, un riu, un canal, etc. / En una canonada, part en forma de S ajaguda en què l'aigua detinguda en el tros en què la convexitat mira avall impedeix la comunicació dels gasos que hi ha en una i altra banda. / En alguns animals, vas conductor d'aigua, d'aire, d'excrements, etc. (DIEC)

sifontana* *f.* Sifó.

sílf, sílfide *m.* i *f.* Ésser imaginari, esperit de l'aire. / *f.* Dona esvelta.

silló* *m.* Bastet, gansola.

silo* *m. cast.* Sitja de gra.

simbomba *f.* Instrument músic que consisteix en una pell tibant adaptada a la boca d'un vas, amb una canya fixada al centre, que, en ésser fregada amunt i avall amb la mà humida, produeix un so. (DIEC)

simolsa* *f.* Cimolsa.

sindicat *m.* Associació agrària, *per ext.* lloc de reunió dels socis .

singlot [tʃiŋ'glot] *m.* Seguit de moviments inspiratoris espasmòdics que se succeeixen a intervals més o menys llargs, deguts a una contracció sobtosa del diafragma, i en què se sent el soroll que fa l'aire en forçar el seu pas per la glotis closa. (DIEC)

sinyor, -a* *m.* Senyor. / *adj.* Còmode, que vol que tot li facin.

sirga *f.* Corda per dur una embarcació *a la sirga,* des de terra.

sirgador, -ora* *m.* i *f.* Que sirga.

sirgar *v. tr.* Dur una barca des de terra amb la sirga.

sirimenga* tb [seɾi'meŋga] *f.* Cerimònia.

sisca* *f.* Gramínia, *Imperata cylindrica; borda, vera, de cadireta.*

siscall* *m.* Menudalla que es desprèn de la sisca.

sisquera* *adv. cast.* Ni tan sols, ádhuc, encara que fos.

siti *m.* Lloc on un està, *per ext.* seient de palma de les monges.

siti$_2$* *m.* Solar.

sitja *f.* Lloc sota terra on es guarda el blat i altres grans, llavors, farratge, pinso, etc. / Dipòsit cilíndric o prismàtic destinat a l'emmagatzematge i la conservació de diversos productes, especialment cereals, però també farratge, minerals, etc. (DIEC)

sitral* *m.* Sidral.

sixanta* [ʃi'ʃan̪ta] *adj.* Seixanta.

sobatre* *v. tr.* Rebatre.

sobatuda* *f.* Acció de sobatre.

sobec *m.* Accés de son. / *Donar un sobec,* fer una becaina. (DIEC)

sobecar* *v. intr.* Moure el cap amunt i aball quan un s'està dormint.

sobines* *f. pl. De sobines,* boca per amunt, esp. *caure de sobines.*

sobrecor *m.* Desmai. / Gran angoixa.

sobreeixir [soβɾej'ʃi] [soβɾi'ʃi] *v. intr.* Un recipient ple a vessar, deixar escapar, per damunt les vores, una quantitat del líquid quan el volum d'aquest augmenta per addició o dilatació. / El mateix líquid, vessar-se. (DIEC)

sobrellom *m.* Sofra, corretja que passa pel llom d'un animal.

sobretot *m.* Peça de vestir que es posa sobre la roba per protegir-la.

soc *m.* Peça de fusta que serveix per frenar un carro. / Esclop.

soca *v. intr.* Un recipient ple a vessar, deixar escapar, per damunt les vores, una quantitat del líquid quan el volum d'aquest augmenta per addició o dilatació. / *adj.* i *m.* i *f.* Totxo.

socarrada *f.* Acció de socarrar o de socarrar-se; l'efecte. (DIEC)

socarrar [suka'ra] *v. tr.* i *intr. pron.* Cremar exteriorment.

socarrim [suka'rim] *m.* Cremat d'una cosa socarrimada. (DIEC)

sòcol ['sɔkul] *m.* Cos inferior de l'exterior d'un edifici i d'altres construccions que compensa el declivi i les irregularitats del terreny i permet d'elevar el basament a un mateix nivell. / Fris que es col·loca a la part inferior d'una paret. (DIEC)

socosta* *m.* Socoster, part més alta d'un vessant.

socoster *m.* Part més alta d'un vessant. (DIEC)

sofra *f.* Sobrellom, corretja que es posa al llom de l'haveria perquè aguanti les altres peces del guarniment en llur lloc. (DIEC)

sofratge* *m.* Sofraja, part posterior del genoll. / Part interior del colze.

sofregir [sofre'dʒi] *v. tr.* Fregir lleugerament.

sofrimada* *f.* Socarrada.

sofrimar* *v. tr.* Soflimar, socarrar el pèl d'un animal ans de coure'l.

sofrit, -ida* [su'frit] *adj.* Sofert: *un color sofrit.*

sol* *m. A sol obert,* sense cap ombra. *Al cop del sol,* al migdia, quan el sol escalfa més.

sol ras* *m. Cel ras,* fals sostre.

sola *f.* Base de terra consistent.

solada *f.* Solatge, pòsit. / Conjunt de fruita caiguda d'un arbre.

solament* *m.* Fonament.

solana *f.* Solell, part d'una muntanya o d'una vall orientada cap al migdia i per tant més assolellada que l'orientada cap al nord. (DIEC) / Sol molt fort, solellada.

solatge *m.* Pòsit.

solatjada* *f.* Quantitat abundant de solatge.

solc *m. Perdre el solc*, perdre el fil d'una conversa.

solcada *f.* Acció de solcar; l'efecte. / Conjunt de solcs.

solcadora* *f.* Arada del motocultor.

solcar *v. tr.* Fer solcs (en alguna cosa), fer o formar ratlles a la manera de solcs. (DIEC)

Sòl-de-riu* *topòn.* Part baixa del riu Sénia.

soldó* *m.* Sauló, arena de la vora d'un riu.

solejada* *f.* Exposició massiva al sol. / Atabalament. / Reny.

solejador* *m.* Lloc destinat a assolellar-hi alguna cosa.

solejar* *v. tr.* Assolellar. / Atabalar algú / Renyar.

solera *f.* Fons d'un carro. / Mola de pedra inferior d'un molí.

solfa *f.* Atabalament, murga. / Reny.

soligot *m.* Xerigot, part aquosa de la llet de la qual es fa formatge.

soliguera *f.* Sol molt fort.

soll *f.* Cort dels porcs.

sollar tb [su'ʎa] *v. tr.* i *intr. pron.* Embrutar.

solraig *m.* Peix, *Isurus oxyrhynchus.*

solramada* *f.* Solrames, terreny situat sota les branques d'un arbre.

solrames* *f. pl.* Part de terra que hi ha sota les branques d'un arbre.

solràs* *m.* Celràs.

solsida *f.* Ensulsiada.

solsir* [sol'zi] *v. tr.* Salsir, bullir fins que l'aigua s'evapora.

solsir$_2$* *v. intr.* Ensulsir, caure una massa de terra, esp. un marge.

solsit* *adj.* Salsit, esp. *polpet solsit.*

soltar *v. tr.* Deixar anar (allò que estava agafat, retingut). (DIEC)

som, -a *adj.* De poca fondària.

somer, -era* *adj.* Som.

somicó tb [sumi'ko] *m.* Plor fingit. / Plor continuat.

somord* *m.* Xafogor.

somordo* *f.* Xafogor, calor pesada.

somoure *v. tr.* Moure lleument (una cosa que descansa feixugament sobre una altra, que està fortament aguantada per una altra). / Treure de l'estat de repòs. / Vèncer la inèrcia, la passivitat, etc., (d'algú) per induir-lo a fer quelcom. (DIEC)

sompo, -a *adj.* Lent, poc atent, curt.

sonada* *f.* Acció d'agafar el son.

sondemà* *m.* Sendemà, endemà.

sonsònia *f.* So insistent i monòton.

sonsonada* *f.* Poca-soltada.

sopa* *f. pl. Sopes de Santa Teresa,* sopes de partera. / *Sopes escaldades,* s'escalden amb aigua, no es bullen. / *Sopa i olla,* àpat molt consistent, propi dels diumenges.

sopalma* *f. pl.* Barbacana, sagetera, esp. dels búnquers.

sopics* *m. pl.* Sopa feta amb aigua, pa sec, all, tomata i un ou batut.

sopitesa *f.* Ensopiment.

sopluig *m.* Aixopluc, lloc on posar-se a cobert de la pluja. (DIEC)

soplujar *v. tr.* i *intr. pron.* Aixoplugar.

soport* *m.* Suport.

soportar* *v. tr.* Suportar.

soquet* *m.* Soc per frenar un carro. / Esclop de segador.

sord, -a* *adj.* Amb bon aspecte de fora, però fet malbé de dins.

sordària *f.* Sordesa, privació o afebliment considerable de la capacitat
auditiva. / Qualitat de sord. (DIEC)

sorejar* *v. tr.* Orejar, despertar, espavilar.

sorell tb [su'reʎ]*m.* Peix, *sorell bordi, Trachurus trachurus.*

sorgir* tb [sur'ʒi] *v. tr.* Sargir.

sorier, -era* *adj.* Tafaner, que busca sòries. / Que es plany de tot.

sorollam* *m.* Soroll fort.

sorollar* *v. tr.* Sacsejar, remoure. / *intr.* Moure's, espavilar.

sorra *f.* Lateral del ventre de la tonyina.

sorrac* [su'rak] *m.* Xerrac, eina per serrar.

sorracaps* *m.* Serracaps, gorra de dormir.

sorracar* *v. tr.* Xerracar, serrar.

sorrada* *f.* Esbart, estol, esp. de perdius.

sorral *m.* Platja, riba, llit de riera, etc., format de sorra. / Sorrera, bassa
plena de sorra per a jugar els infants. (DIEC)

sorralenc, -a *adj.* Sorrenc, que consisteix en sorra, ple de sorra. / Compost
predominantment de sorra. / De la naturalesa de la sorra. (DIEC)

sorrapa* *f.* Restes de cafè, un cop feta la infusió.

sorromostró* *m.* Raïssa, restes, esp. de pasta. / Cosa vella o trencada.

sorrut, -uda *adj.* Clos, esquerp.

sorsollós, -osa* *adj. m.* i *f.* Sarsallós, que farfalleja.

sort *f.* Tros de terra menut.

sort* *f.* Solc. / *fig.* Bàndol, camí, *anar per la mateixa sort.* / Cadascuna de les passades per davant del bou. / *La sort que no havia de ploure més.* / *Sort no plogue*: encara plourà.

sortós, -osa *adj.* Que té bona sort, que és afortunat. / Degut a la bona sort. (DIEC)

sosa *f.* Barrella, *Salsola soda.* / *Sal sosa,* carbonat de sodi.

sosar* *m.* Conjunt de soses.

soscaire *m.* Cas fortuït desgraciat. / Dany, perjudici, pèrdua, imprevistos. (DIEC)

sosetes* *m.* Perepunyetes.

sospesar *v. tr.* Aixecar amb la mà i sostenir un moment (alguna cosa) per formar-se una idea aproximada del que pesa. (DIEC)

sostovar* *v. tr.* Estovar.

sostracada* *f.* Sotragada.

sostraqueig* *m.* Sotragueig.

sostraquejar* *v. intr.* Sotraguejar.

sostraure *v. tr.* Sostreure, treure part (d'alguna cosa) perquè en minvi la quantitat. / Treure (una part) d'alguna cosa perquè en minvi la quantitat. / Emparar-se (d'alguna cosa d'altri) perquè no pugui servir-se'n o exercir-hi una acció. / Robar fraudulentament. / Treure (algú) d'un servei, d'una obligació, d'una activitat o situació. / *intr. pron.* Sostreure's a una obligació, a una persecució. (DIEC)

sostre* *m.* Coixinera.

sota *f.* Acció de llançar-se de cap a l'aigua. / Submergir-s'hi.

sotana* *f.* En futbol, passar la pilota entre les cames d'un jugador.

sotana₂ *f.* Vestidura talar, cordada de dalt a baix, que porten els eclesiàstics. / Cara inferior d'una alforja, d'un matalàs, etc. / Sotamola, mola inferior, fixa, d'un molí. / Teula de les filades inferiors d'una teulada, col·locada amb la concavitat cap amunt a fi de recollir l'aigua de les teules cobertores, col·locades amb la concavitat cap avall. (DIEC)

soterrar *v. tr.* Enterrar (especialment un mort).

soto* *m.* Excavació en la terra per bastir-hi la carbonera.

soto₂* *m.* Rostoll.

sotrac [su'tɾak] *m.* Sotragada. / Sotragueig.

sotragada [sutɾa'□aða] *f.* Batzegada que experimenta un vehicle o com la que experimenta un vehicle en trobar una desigualtat del terreny. / Fet d'ésser afectat greument per una desgràcia, una pèrdua, etc.

sovenir* *v. tr.* o *intr. pron.* Recordar.

suara *adv.* Adés, fa poc.

substancier* *m.* Òs del pernil de porc.

sucar *v. tr.* Fer que certa quantitat d'un suc o líquid qualsevol penetri (alguna cosa), s'hi adhereixi, especialment ficant-la-hi i traient-la'n. (DIEC)

sucral* *adj.* Molt dolç.

sucreny, -enya* *adj.* Semblant al sucre, molt dolç.

Suda *topòn.* És el castell andalusí que mira Tortosa als peus.

sufocar [sofo'ka]

sufocat, -ada* [sofo'kat] *adj.* Vermell de cara.

sulfatadora* *f.* Màquina per sulfatar.

sulfurar *v. tr.* Tractar, impregnar, combinar, amb sofre. / *tr.* i *intr. pron.* Enfuriar, provocar la fúria, el furor (a algú). Esdevenir furiós. (DIEC)

sumanta* *f.* Pallissa.

sundemà* *m.* Sendemà.

super* *m.* Abreviació de *supermercat,* de *superfosfat.*

superfosfat *m.* Fosfat de calci.

suport [so'pɔr] *m.* Acció d'advocar per alguna cosa a obtenir, a acordar, etc., de mantenir-la, de defensar-la. / Acció de suportar. (DIEC)

suquera* *f.* Abundància de suc. / *Tenir poc suquera*: poca-solta.

suquet *m.* Plat de peix variat, de vegades amb crustacis i mol·luscos, preparat amb un sofregit d'oli, all, farina, tomàquet i julivert, al qual s'afegeix aigua, sal i pebre. (DIEC)

surada *f.* Acció de surar, especialment una nau. / Conjunt de suros d'un ormeig de pesca. (DIEC)

surra *f.* Cop al cul.

surriaca* *f.* Xurriaca, mànec amb una tira de pell per pegar a l'animal.

surriacada* *f.* Cop de surriaca.

sus* *interj.* Expressió per fer fora un gos.

tabac* *m.* Malaltia del blat i el panís en forma de polsim negre.

tabacada *f.* Tàbac, cop de puny, pallissa.

tabal *m.* Tambor. / *adj. fig.* Persona pesada, que atabala.

tabalejar *v. intr.* Tocar el tabal.

tabalisc* *m.* Tros de pa molt gran.

tabalot *m.* Persona esvalotada, atabalada.

tabard *m.* Peça d'abric ampla, còmoda.

tabarda* *f.* Tabarra, conversa fatigosa.

tabarra *f.* Conversa, explicació, llarga i enutjosa. (DIEC)

tabola *f.* Acció de divertir-se sorollosament.

taboll, -a *adj.* Curt d'enteniment.

tac *m.* Tros de fusta o altra matèria, curt i gros, per a encaixar en algun forat o buit. / Cilindre de drap, d'estopa, de paper, etc., amb què es pitja la càrrega d'una arma de foc o d'una barrinada. / Bastó de fusta dura i polida, lleugerament cònic, amb què s'impulsen les boles en el joc de billar. / Peça circular, muntada a la sola d'una bota, que, juntament amb altres, serveix per a augmentar l'adhesió del calçat al camp de joc. (DIEC)

tacada* *f.* Conjunt de tions per varar una embarcació.

tacarrós, -osa* *adj.* Tacat.

taf* *m.* Tren que feia el recorregut de Deltebre a Tortosa.

tafarra *f.* Rabasta, retranca.

tafarrer *adj.* Presumptuós.

taleca [ta'leka] *f.* Saquet de roba per portar-hi cereals, llegums o pa.

talecada* *f.* Caiguda. / Cop donat amb una taleca.

talibando* *m.* Tabalisc, tros gran de pa.

talòs, -ossa *adj.* i *m.* i *f.* D'enteniment obtús, sense vivor. / Tros de fusta gruixut. (DIEC) / Capsot.

talp ['taw] *m.* Mamífer insectívor de la família dels tàlpids, de cos robust, gairebé sense coll, ulls petits, pèl fosc i molt fi, les potes de davant fortes i aptes per a gratar la terra, que habita en galeries subterrànies llargues que ell mateix construeix i és propi del continent europeu (*Talpa europaea*). (DIEC)

talús *m.* Inclinació del parament d'un mur, d'un tallat del terreny, d'un terraplè, etc. (DIEC)

talussar* *v. tr.* Atalussar.

tall *m.* Carn o peix d'un àpat.

tall₂* *m.* Instrument metàl·lic pla per treballar a la pastera.

tall₃* *m.* Punt on s'ha deixat la feina al final d'una jornada.

tall₄* *m.* Gran quantitat. / *Al tall*, en disposició de començar.

tallada* *f.* Pórca.

tallador, -a* *m.* i *f.* Treballador que guia la plantació de l'arròs.

talladura *f.* Retall.

tallaham* *m.* Tallahams, *Pomatus saltator*.

tallant* *m.* Peça de la xaruga que obre la terra davant de la pala.

tallantet* *m.* Tallant, ganivet d'empeltar. / Ganivet de punta corba.

tallar* *intr. pron.* Ruboritzar.

tallarina *f.* Pasta llarga semblant a l'espagueti però de forma plana.

tellerina [taʎa'ɾina] *f.* Mol·lusc bivalve, *Donax*.

tallat* *m.* Pa de forma plana amb talls longitudinals.

tallat, -ada* *adj.* Tímid.

tallera* *f.* Objecte qualsevol que fa de moneda en els jocs de nens.

tallera₂* *f.* Línia del terra al joc del flendi.

tallós, -osa* *adj.* Verd, esp. la llenya que no és prou seca per cremar.

tamarissar* *v. tr.* Tamarigar, lloc poblat de tamarius.

tamarit *m.* Tamariu, arbust del gènere *Tamarix*.

tamboret [tambu'ɾet] *m.* Seient sense braços ni respatller, per a una

persona.

tamborinada *f.* Galtada. / Caiguda forta.

tamborinaire *m.* i *f.* Tamboriner, que toca el tamborí.

tancat *m.* Quadre d'arròs delimitat per parets o cordons.

tanda *f.* Torn, esp. de treball. / *No donar tanda*: no deixar parlar.

tàndem *m.* Tir de parell en disposició lineal.

tanet* *m. dim.* Tano, fred intens.

tano* *m.* Fred viu.

tanoc* *adj. m.* i *f.* Tanoca, babau.

tanteig *m.* Dret que té una persona d'adquirir una cosa amb preferència a un

tercer pel mateix preu que s'ha convingut entre el seu propietari i

aquest tercer. (DIEC)

tantejar *v. tr.* Fer ús del dret de tanteig (sobre una cosa). (DIEC)

tanto* *m. cast.* En un joc, cadascun dels punts.

tànyer* *v. tr.* o *intr.* Pertocar, correspondre.

taona* *f.* Canal de fusta per prendre aigua d'una séquia i regar.

tapaboques* *m. fig.* Argument, resposta amb què s'obliga algú a callar.

tapall *m.* Cosa que priva la vista d'alguna cosa o persona, cobrint-la,

posant-s'hi al davant, etc. / Tapadura del llit. (DIEC)

tàpera *f.* Poncella de la taperera, comestible adobada en vinagre. / Taperera

(*Capparis spinosa*). (DIEC)

taperot* *m.* Tapàs, terreny de pedra amb una consistència argilosa.

tapet *m.* Cobretaula, peça de roba, de tapisseria, de tela encerada, etc., amb què hom cobreix una taula. (DIEC)

taquinar* *v. tr.* Ataquinar, atipar.

tarambana *m. i f.* Baliga-balaga, persona poc seriosa, que no té formalitat en res. (DIEC)

tarantel·la* *f.* Dansa napolitana de moviment viu. / *fig.* Emriaguesa.

taranyana* *f.* Teranyina.

tararot *m.* Persona esvalotada, turbulenta. (DIEC)

tard *m.* Vespre.

tarda ['tarðe] *f.* Part del dia compresa entre el migdia i el vespre. (DIEC)

tardet* [tar'ðet] *m. dim.* Tard, vespre.

tarirot* *m.* Tararot, persona esvalotada. / Persona poc espavilada.

tarja *f.* Targeta. / Targa, obertura de respiració sobre una porta.

tarongerar *m.* Lloc plantat de tarongers.

taronja *f. Taronja de taula*, en oposició a la *de suc.*

tarquim *m.* Llot, esp. el que deixa l'aigua després d'una riuada.

tarranc *m.* Tros de branca seca.

tarrancada* *f.* Ferida o tall produit per una herba o una branca.

tarratita* *f.* Home o animal menut. (DCVB)

tarregada* *f.* Carbó en trossos menuts.

tarró* *m.* Torró.

tartamut *adj. i m. i f.* Quec, que parla quequejant. (DIEC)

tartana *f.* Carro de dues rodes amb seients, cobert o descobert.

tartir* *v. intr.* Reposar, estar tranquil.

tartuga* *f.* Tortuga.

338

tarumba *adj.* Eixelebrat. / Torbat d'enteniment. (DIEC)

tascó *m.* Cunya de fusta per fer fort un interstici.

tasconera *f.* Forat que es fa a la pedra per clavar-hi el tascó. (DIEC)

tassó *m.* Tassa gran. / Got.

tassonada *f.* Quantitat de líquid que cap en un tassó. (DIEC)

tastaolles* *m.* i *f.* Tastaolletes, que comença moltes coses i no les acaba.

tastaolles$_2$* *m.* i *f.* Persona que visita la casa d'algú altre per tafanejar.

tat* *interj.* Reducció de *veritat,* per demanar la conformitat.

tat$_2$* *interj. Fer tats,* sortir a la porta a veure què passa.

tata* *f.* Germana, en llenguatge infantil.

tatxa *f.* Clau d'acer. / Marca, obertura d'haver tatxat un meló.

tatxadura* *f.* Tatxa, defecte.

tatxar *v. tr.* Tallar un tros de meló per tastar-lo abans d'encetar-lo.

tau* *m.* Talp.

taula* *f.* Estructura de fusta per subjectar i tallar un pernil.

taulada *f.* Conjunt de persones al voltant d'una taula.

taulada* *f.* Parament d'una taula.

taulell [taw'neʎ] *m.* Taula estreta i llarga com la que hi ha a les botigues per a mostrar els gèneres als compradors, als bars i cafès per a servir-hi les begudes, etc. (DIEC)

tauló *m.* Peça de fusta llarga i plana de secció rectangular. (DIEC)

tavà *m.* Tàvec.

tavanta* *f.* Davantar de pell que duen els ferrers i els segadors.

tàvec ['taβe] *m.* Insecte dípter del gènere *Tabanus,* semblant a la mosca, proveït d'un fibló que li permet de travessar la pell i xuclar la sang d'animals com el cavall, el mul, el bou, etc. (DIEC)

tavella *f.* Beina d'un llegum.

taverna *f.* Establiment o botiga on es ven vi i altres begudes al detall i se serveixen menjars. (DIEC)

taverner, tavernera *m.* i *f.* Persona que té una taverna. / *adj.* Freqüentador de tavernes. / Persona vulgar.

tea* *f.* Teia, tros de llenya prima d'un pam per encendre foc.

tebeo *m.* Còmic.

teca *f.* Menjar.

teclós, -osa* *adj.* Remirat, minuciós.

teeta* *f. dim.* Tea.

teia ['tea] *f.* Fusta resinosa del pi, que crema amb molta facilitat. / Estella d'aquesta fusta emprada per a fer llum o per a encendre foc. (DIEC)

teier, -a* *m.* i *f.* Persona que ven teies.

teixó *m.* Mamífer carnívor de la família dels mustèlids, de potes curtes i gruixudes, cua curta, orelles petites, pèl espès, llom blanc groguenc jaspiat de negre, ventre i potes negres i el cap blanc amb dues bandes negres que van del musell a la nuca, que excava caus en què passa l'hivern i viu a la regió paleàrtica (*Meles meles*). (DIEC)

teixonera *f.* Cau del teixó.

teler *m.* Aparell o màquina per a teixir o brodar. (DIEC)

tella *f.* Tros de teula, de test o pedra per jugar a la tellera.

tellera* *f.* Joc. / Rajola que es planta per fer-la caure a cops de tella.

tellerina [taʎa'rina] *f.* Mol·lusc marí bivalve del gènere *Donax*. (DIEC)

tello* *m.* Tella per jugar, tros de teula o de cossi.

tellós, -osa* *adj.* Dur, rígid. / Aspre.

tellós, -osa₂* *adj.* Poc cuit. / Verd per a la crema, esp. un tros de llenya.

temor *f.* Por.

temorec, -ega [temoˈrik] *adj.* Poruc.

temoric, -ica* *adj.* Poruc, temorec.

temorós, -osa *adj.* Que té temor.

templat, -ada* *adj.* Viu, despert, animós.

temporada *f.* Dins l'any, espai de temps que es distingeix per alguna cosa de la resta de l'any, durant el qual es fa habitualment alguna cosa, es fan certs treballs agrícoles, es produeixen certs fruits, etc. (DIEC)

temporal *m.* Pertorbació atmosfèrica acompanyada de precipitacions i vents persistents, especialment en el mar. (DIEC)

temporalet* *m.* Pluja fina i constant que es perllonga durant dies.

temporer, -a *adj.* i *m.* i *f.* Que realitza una feina per un cert temps. (DIEC)

temprar *v. tr.* Afinar un instrument musical. / Temperar.

temprat, -ada* *adj.* Temperat, ni fred, ni calent. / Eixerit.

temps* *m. Temps d'aspror,* temps clar, esp. quan fa vent.

temps* *m. Temps de les màscares,* carnestoltes.

temptar [tenˈta] *v. tr.* Posar a prova. / Excitar el desig (d'algú). / Tractar d'acomplir o d'aconseguir (quelcom) malgrat els obstacles, les dificultats. (DIEC)

temptejar [tantejˈʒa] *v. tr.* Fer indagacions o exploracions, fer provatures, abans d'emprendre l'execució (d'una cosa). / Tantejar. (DIEC)

tenaçada* *f.* Mossegada forta.

tenca *f.* Carpa.

tenda *f.* Establiment provisional on se serveixen comestibles.

Tendos* *topòn. Barranc dels tendos,* topònim del Montsià.

tendral *adj.* Tendre, dit esp. de la fruita.

tendral₂* *adj.* Varietat de meló, *meló tendral.*

tendrós, -osa* *adj.* Que tendreja, dit esp. d'algú que mostra debilitat.

tenidor* *m.* Llassa, base d'espart o fusta per posar-hi una cassola.

tenir* *v. tr. Tenir la mirada,* patir estrabisme.

tenir₂* *v. tr. Tenir poca corretja,* poc aguant per sofrir burles.

tenor *m.* Caràcter d'una persona, tarannà.

tenquerol* *m.* Tenca menuda.

tenquerolet* *m. dim.* Tenquerol.

tenqueta* *f. dim.* Tenca.

teraganya* tb [taɾa'ɣaɲa] *f.* Teranyina.

teranyina *f.* Teixit que fan diversos aràcnids amb el fil tenuíssim que segreguen, que els serveix per a capturar els insectes de què s'alimenten. / Ormeig de pesca constituït per una xarxa de grans dimensions, de forma aproximadament rectangular, amb surada i ploms i unes anelles per les quals passa la sàgola que, en estirar-la, converteix la xarxa en una bossa dins la qual resta atrapat el peix. (DIEC)

terbolina* *f.* Terbolesa.

terç* *m.* Contracte d'arrendament per un terç de la collita.

terçana *adj. Febre terçana,* febre pròpia del paludisme.

tercenta* *f.* Ovella o cabra de tres anys.

terciana *adj.* Terçana.

terra *f. loc. En terra*,* a terra. / *Terra de cascallar (o cascallosa)*,* terra pedregosa. / *Terra de parell*,* dura, per a la qual calen dos animals.

/ *Terra esponjadissa*,* que es clivella després d'una gelada. / *Terra fina*,* soldonenca, procedent dels llims. / *Terra grossa*,* terra d'horta que prové de les riuades.

terrabastall tb [saɾaβas'taʎ] *m.* Soroll fort d'una cosa que cau, de coses que es topen repetidament, de cops forts entre persones o coses. (DIEC)

terrabrisca* tb [tara'βiska] *f.* Vent suau que bufa arran de la superfície del mar.

terrada* *f.* Terregada, gran quantitat de terra i pols.

terraplè *m.* Plataforma feta amb terra sobreposada, a voltes compactada, i sostinguda amb parets d'obra o d'escullera. (DIEC)

terrat [ta'rat] *m.* Coberta plana d'un edifici o d'una part d'un edifici destinada a poder-hi caminar. (DIEC)

terregada *f.* Carbonissa, trossos menuts i polsim de carbó.

terregall *m.* Munt de pedres menudes, de runes, d'escòries, etc. (DIEC)

terreguer *m.* Terregaller, terreny ple de pedres. / Terregar.

terrejar *v. intr.* El gra, l'herba, etc., estar barrejat amb terra. / Tocar, remoure, terra amb les mans, amb el cos. (DIEC)

terrer *m.* Lloc d'on s'extreu la terra per fer terrissa.

terrerola tb [tore'ɔla] *f.* Calandreta, *Calandrella brachydactyla.*

terrerola₂ *f.* Terrerola vulgar, *Calandrella brachydactyla.*

terrerola₃ *f.* Terrerola rogenca, *Calandrella rufescens.*

terreta *f. Terra d'escudelles,* barreja de llims i sorra per escurar.

terreta₂* *f.* Estris de cuina de joguina.

terrola *f.* Alosa.

terròs [ta'rɔs] *m.* Gleva.

terrossada *f.* Cop de terròs.

terrossar *m.* Estesa de terrossos.

tesar *v. tr.* Posar tes.

testa *f.* Cap, esp. d'un animal. / Front, especialment d'un animal.

testera *f.* Front, cara anterior, d'algunes coses. / Part de l'arnès que passa per darrere les orelles del cavall per tal d'unir les dues galteres. (DIEC)

testola* *f.* Corona de llana que es posa sobre el cap per traginar.

tetera *f.* Recipient per a fer i servir el te. (DIEC)

teto* *m.* Xivarri, enrenou.

teula *f.* Peça de terra cuita que serveix per a formar, encaixada amb d'altres, la coberta exterior dels edificis. (DIEC)

teulada [taw'laða] *f. Fer teulada,* disposició d'un objecte, en forma de teulat.

teulader, -a *m.* Pardal. / Persona que fa teulades. / Ratolí de camp.

tia* *f.* Sogra.

tiberi tb [ti'βuɾi] *m.* Àpat suculent.

tifa *m.* i *f.* Persona que no expressa cap opinió pròpia.

tifó *m.* Mànega.

tilet [ti'let] *m.* Titllet, titlla, polsim, miqueta d'alguna cosa.

timba *f.* Precipici.

timó *m.* Farigola.

tina *f.* Recipient gran i obert per dalt. / Dipòsit on es prepara el bany per a tenyir, especialment el blau d'indi. *Blau de tina.* (DIEC)

tindre *v.* Tenir (no figuren al DIEC, en canvi, les formes *abstindre's, contindre, detindre, entretindre, mantindre, menystindre, obtindre, retindre* o *sostindre*).

tinell *m.* Escudelles, prestatge per a posar-hi les escudelles o plats. (DIEC)

tintar *v. tr.* Tenyir.

tinter *m.* Vas petit on es posa la tinta per a sucar-hi la ploma quan hom escriu. (DIEC)

tintorera *f.* Tauró blau, *Prionace grauca* i *Squalus glaucus.*

tintorera₂**f.* Raïm del cep tintorer, moscatell.

tinya *f.* Afecció de la pell deguda als fongs.

tinya₂**f.* Herba que es cria en els arrossars, *Cyperus difformis.*

tinyós, -osa *adj.* Relatiu o pertanyent a la tinya. / Que té tinya. / Que és miserable, mancat de béns o de poder. / Menyspreable. / Que és gasiu, avariciós.

tió *m.* Troc prim per cremar.

tionada *f.* Cop de tió.

tionet* *m. dim.* Tió.

tipar* *v. tr.* i *intr. pron.* Atipar.

tipo* *m. cast.* Tipus.

tir *m.* Tirada o llargària d'una peça de roba. / Conjunt de xarxes de pescar. / Conjunt de cavalls, de muls, etc., que mouen un carruatge. (DIEC)

tirabuixó *m.* Rull de cabells llargs i en espiral. (DIEC)

tiranejar [tiɾanej'ʒa] *v. tr.* Tiranitzar.

tiràs *m.* Eina que consisteix en un tros de fusta plana fixada transversalment a l'extrem d'un mànec llarg, que serveix per a aplanar la terra o arreplegar el gra. / Estri de neteja, semblant al tiràs, amb la post horitzontal i folrada, que s'utilitza per a netejar el terra de les cases. (DIEC)

tirassada* *f.* Acció de tirassar.

tirat, -ada* *adj.* Llançat, *preu tirat,* molt baix.

tirar *v. intr.* Agafar una direcció, tendir cap a: *tirava en roig.*

tira *m.* Corda que serveix per hissar la vela d'una embarcació.

tirabec tb [tiɾi'βɛk] *m.* Pèsol d'una varietat de llegum allargassada i alada, que es menja tendre i amb tavella. (DIEC)

tirona* *f.* Filat per a la pesca del lluç.

tírria *f.* Forta mania contra una persona o una cosa. (DIEC)

tisi *f.* Tuberculosi pulmonar.

tísic, -a *adj. m.* i *f.* Que pateix tisi.

tisora [esti'zoɾa] *f.* Peça que, formant parell amb una altra, compon unes tisores. / *f. pl.* Instrument que consisteix en dues làmines tallants amb mànecs, entrecreuades i unides en el punt d'entrecreuament per un piu, al voltant del qual poden girar. (DIEC)

tita *f.* Crit amb què es crida les gallines. / Penis. / *f.* Espècie marina, *Labidoplax digitata.*

titella *m.* Ninot que es fa moure imitant els moviments d'un ésser animat. / Persona fàcilment manejable pels altres i mancada de personalitat i caràcter. / Ocell de la família dels motacíl·lids, d'uns 14 centímetres de llargada i de plomatge ratllat castany, que viu en prats i erms (*Anthus pratensis*). (DIEC)

titellada* *f.* Ximpleria.

titet, -a *m.* Cria del gall dindi.

titlet* [ti'let] *m.* Titllet, polsim, quantitat ínfima.

titllet [ti'let] *m.* Titlla, una miqueta, una quantitat mínima.

tito* *m.* Gall dindi.

titola *f. dim.* Tita, penis.

titoleta* *f. dim.* Titola, penis.

titot *m.* Gall dindi, *Meleagris gallopavo.*

toc *m.* Palada de calç amb què els paletes subjecten un regle.

toc₂* *m.* Pedra que marca algun punt, fita.

toca* *interj.* Per fer caminar algú. / També expressa incredulitat.

tocacampanes *m.* i *f.* Persona que parla sense solta. (DIEC)

tocador, -a *m.* Músic, *tocador de guitarra.*

tocar* *v. tr.* Fer via, anar-se'n. / *Tocar la badana*: apallissar.

tocino* *m.* i *adj. cast.* Cansalada, carn de tossino. / Porc.

tof, -a* *adj.* Tou, fofo.

tofenc *adj.* Fofo, de poca consistència.

tofut, -uda *adj.* Espès, esp. fullatge o cabells.

toia *f.* Ram de flors. / *fig.* Dona que vesteix cridanera.

toixarrut, -uda *adj.* Rude, groller.

tolit, -ida* *adj.* Paralitzat, que ha perdut el moviment d'un membre.

tolús* *m.* Talús, inclinació d'una paret o d'un marge.

toll *m.* Bassal. / Lloc profund d'un riu.

tomaca *f.* Tomàquet.

tomata *f.* Tomàquet.

tombálló *m.* Volta que fa una cosa en caure.

tomballó₂ *m. loc. adv. De tomballons,* tomballant.

tombar *v. tr.* Fer mitja volta. / Girar. / Fer caure.

tombarell *m.* Carriot.

tombolló* *m. loc. adv. De tombollons,* de tomballons.

tondre *v. tr.* Tallar arran la llana d'un animal, *llana tosa.*

tongada *f.* Sèrie de fets anàlegs que ocorren durant un període de temps.

(DIEC)

tonrar* *v. tr.* Tondre.

tonto, -a* *adj. m.* i *f. cast.* Beneit, ximple.

tonto₂* *m.* Cap d'ase, lluerna verda, *Trigla lyra*.

tonto₃* *m.* Pigre gris, *Pluvialis squatarola*.

tonya* *f.* Joc de bòlit. / Bastó del joc de bòlit.

tonyina *f.* Tonyina. *Tonyina d'aleta roja*: *Thunnus alalunga*.

tonyinera* *f.* Xarxa gruixida i ampla per pescar tonyines.

topador* *m.* Pedra o arrel que amaga la terra i fa topar l'arada.

topetar* *v. tr.* o *intr.* Topar.

topo* *m.* Manoll d'estopa que es trau d'un rastell.

topo₂* *m.* Serrell de cabells demunt el front.

toquejador, -a* *adj.* Que toqueja.

toquejar *v. tr.* Tocar, grapejar.

toquí* *m.* Llamborda.

toquinyador, -ora* *adj.* Toquejador.

toquinyar* *v. tr.* Toquejar.

tora *f.* Terra d'al.luvió més elevada que la del voltant.

torba ['tuɾβa] *f.* Roca sedimentària formada d'un humus.

torba₂ ['toɾβa] *m. pl.* Rodament de cap.

torbera *f.* Jaciment de torba.

torbisca* *f.* Torb, vent que fa alçar la neu.

torbós, -osa *adj.* Que conté torba.

torçador* *m.* Torcedor, fus.

torcamans *m.* Drap per eixugar-se les mans.

torcar *v. tr.* Netejar amb un drap.

torçar *v. tr.* Deformar (un cos flexible) per l'acció d'una força que tendeix a fer girar un dels seus extrems mentre l'altre és privat de girar o és girat en sentit contrari. / *v. tr.* Fer girar (dos o més fils, caps, etc.) fins a formar un sol cos de forma helicoïdal. / *v. tr.* Deformar (un membre del cos) amb un moviment violent i antinatural de flexió o de girada. / Desviar. / *Torçar els ulls*, desviar-los. (DIEC)

torcera* *f.* Corba, angle, desviació de la línia recta.

tord *m.* Moixó, *Turdus philomelos*.

tord$_2$* *m.* Peix del gènere *Labrus* o *Crenilabrus*.

torejador, -ora *adj. m.* i *f.* Que toreja.

torejar *v. tr.* i *intr.* Algú, especialment un torero, lluitar amb un toro segons unes regles i convencions establertes. (DIEC)

torera *f.* Gec sense botons, curt i cenyit al cos.

torero, torera *m.* i *f.* Persona que té per professió de torejar a les places. (DIEC)

torill* *m.* A la plaça, quadra on es tanquen els bous.

tormina* *f.* Cau profund i gran.

tormo* *m.* Pedra grossa per subjectar una teulada.

torna *f.* Quantitat que hom ha de donar a qui, en adquirir d'ell una cosa, en dóna una quantitat major que el seu preu. / Quan una mercaderia que es ven a pes no arriba exactament al pes demanat, allò que s'hi afegeix perquè acabi de fer el pes. (DIEC)

tornaboda *f.* Àpat que es fa l'endemà d'una boda o d'una festa.

tornado *m.* Núvol en forma d'embut que es forma a la base d'un cumulonimbus, animat d'un fort moviment rotatori, que en arribar a terra sol arremolinar tot allò que troba. / Mànega molt activa i de gran diàmetre. (DIEC)

tornall *m.* Cap de solc.

tornar* *v. tr.* Restaurar, *tornar un marge.*

tornassol *m.* Propietat de canviar de color d'un mineral, paper, etc.

tornet* *m.* Conjunt de dos anelles de ferro d'un cabestre.

toro *m.* Carretó proveït d'una forca elevadora.

torra* *topòn. pop.* "La Guardiola", a S.C.de la Ràpita.

torracollons *m.* i *f.* Persona enutjosa, que molesta, que a tot troba obstacles.
(DIEC)

torrerola* *f.* Calandreta, terrerola, *Calandrella brachydactyla.*

torrerola* *f.* Terrerola rogenca, *Calandrella rufescens.*

torreta* *topòn. dim. pop.* La Guardiola, a S.C. de la Ràpita.

torreta$_2$* *loc. En torreta,* no estar-se quiet.

tort, -a *adj.* No dret, que fa corba o s'inclina més a un costat que a l'altre.
(DIEC)

tortada* *f.* Pastís.

tòrtera* *f.* Tórtora.

torterol *m.* Espiral de fum o de vent. / *f.* Torta.

tortosí, -ina *adj. m.* i *f.* Natural de Tortosa.

tortuga tb [tar'tuɣa] *f. Tortuga verda, Tortuga llaüt.*

tos ['tɔs] *m.* Clatell.

tosa *f.* Temps en què es tonen les ovelles. / Acció de tondre.

tosca *f. Pedra tosca,* pedra volcànica esponjosa i lleugera.

tossada *f.* Envestida d'un animal amb banyes, esp. un bou.

tossal* *topòn.* Topònim del Montsià.

tossal$_2$ *m.* Cim de muntanya agut.

tossaló* *m.* Llesca grossa de pa. / Cop al cap.

tossar *v. intr.* Un bou, envestir algú.

tossolada* *f.* Cop fort al cap.

tossolot* *m.* Tossoló, cop fort al cap.

tossut, -uda *adj.* Obstinat en les seves opinions, determinacions, etc. (DIEC)

tostemps *adv.* Sempre.

tot, -a *pl.* tb ['totʃ] *adj.* Uns i altres sense excepció. / *adj.* Enter, sencer. (DIEC)

tot *adv.* Enterament, del tot. / *pron.* Les coses o els fets en conjunt. (DIEC)

tòt *m.* Broc gros d'un càntir.

tòtena* *f.* Peix, milana, *Myliobatis aquila.* / Tòtil, enza, babau.

tòtil, tòtila *m.* i *f.* Persona babaua, encantada. (DIEC)

tòtina* *m.* i *f.* Tòtil.

toto* ['toðo] *m.* Marraquinca, marranxa o astràgal de la cabra.

toto$_2$* ['toðo] *m.* Joc en què s'aposta sobre la posició en què caurà el toto.

totxada* *f.* Cop de bastó.

totxo *m.* Maó de 5 o més centímetres de gruix.

totxo$_2$ -a *adj.* i *m.* i *f.* D'enteniment obtús. / D'excessiva bona fe. (DIEC)

tou, tova *m.* Part tova o blana d'una cosa. / Gruix format per una cosa tova. / *adj.* Que cedeix fàcilment a la pressió. / Que cedeix fàcilment, no gens ferm. / Malalt, cansat, decrèpit. Després de l'esforç, / Afectat, deprimit. / Vanitós i satisfet de si mateix. (DIEC)

tova *f.* Maó sense coure, assecat al sol. / Peça quadrada de ceràmica per a pavimentar o coronar ampits, més gran i gruixuda que una rajola. (DIEC)

tovot *m.* Tova gruixuda i estreta. (DIEC)

trabuc *m.* Arma de foc portàtil de canó curt i ample, de boca acampanada. / Giny antic de guerra que servia per a tirar pedres grosses. / Caixa movible d'un camió o d'un carro de transport de terra, grava, pedres, etc., que s'alzina per buidar-ne el contingut. (DIEC)

trabucador, -a* *topòn.* Platja del Trabucador.

trabucar *v. tr.* Capgirar, tombar, esp. una embarcació.

tracamandejar* *v. tr.* Fer canvis i negocis amb coses de poca importància.

tractant *m.* i *f.* Persona que tracta o comercia en alguna cosa. (DIEC)

tractar *v. tr.* i *intr. pron.* Relacionar-se.

tractejar *v. intr.* Fer tractes.

tractívol, -a *adj.* Persona de bon tracte.

traçut, -uda *adj.* Que té traça. (DIEC)

tràfec *m.* Enrenou, trasbals.

trafegar *v. tr.* Fer passar (una cosa) d'un lloc a un altre, especialment (un líquid) d'un recipient a un altre. (DIEC)

trafegot* *m.* i *f.* Persona atabalada.

tragantona* *f.* Cansament, fatiga

tragellar *v. tr.* Llevar les desigualtats (d'un terreny) passant-hi la tragella. (DIEC)

traguinyol *m.* Un petit glop, esp. per tastar alguna beguda.

tralla *f.* Tros de corda que forma part de les xurriaques.

tramoia *f.* Ordit, maquinació parada amb engany.

trampejar *v. intr.* Fer trampes. / *tr.* Procedir, en un afer dificultós, arriscat, etc., enginyant-se a trobar els mitjans d'anar superant les circumstàncies adverses, de tirar endavant malgrat aquestes.

(DIEC)

tramuntana *f.* Vent del nord.

tramús [pl. *Tramussos*] *m.* Llobí, llavor lenticular comestible.

tranca* *f. cast.* En vela llatina, travesser on descansa l'arbre ajagut.

tràngol *m.* Mar agitada. / Gran dificultat. / Agitació de persones.

trangolet* *m. dim.* Tràngol, moviment suau de les ones a la platja.

transhumància *f.* Acció de transhumar, de desplaçar anualment els ramats cap a les terres baixes a l'hivern i cap a les muntanyes a l'estiu, per aprofitar millor les pastures. (DIEC)

tràpala* *m.* i *f.* Xerrameca, mentider.

trapalanda* tb [trapa'laŋga] *f.* Dona poca-vergonya. / *m.* Mentider.

trapasser, -a *adj.* Entremaliat. / Embolicaire.

trapell* *m.* i *f.* Trapella.

trapeller, -a* *m.* i *f.* Que fa trapelleries.

trapellot* *adj. m.* i *f.* Persona atabalada. / Mancat de destresa.

trapull* *m.* Moviment de persones o coses.

traqueteig* *m.* Traqueig, sacseig d'un transport en moviment.

trasbalsar *v. tr.* Treure (les coses) del lloc on estan per posar-les en un altre. / *Trasbalsar el vi*, trafegar-lo. / *tr.* Afectar pregonament. (DIEC)

trascolar *v . tr.* Trafegar.

trascollera* *f.* Coixinet que protegeix el coll d'un animal per llaurar.

traspuntar *v. intr.* Una cosa oculta, especialment el sol quan apareix a l'horitzó, començar a aparèixer a la vista. (DIEC)

trastada* *f.* Disbarat, acció irracional.

traste* *m.* Trast.

trastellador* *m.* Estellador, post que regula el pas de l'aigua en un canal.

tratge* *m.* Vestit per a una ocasió especial.

traure *v. tr.* Treure, *traure un erm.*

trava *f.* Aparell, lligam, peça, etc., que serveix per a impedir que una cosa pugui moure's independentment d'una altra, separar-se'n, que impedeix el moviment de les parts mòbils d'un artefacte. / *Posar traves a un cavall,* posar-li lligams que subjectin l'una a l'altra les dues potes del davant o les del darrere per impedir que pugui córrer, caminar, etc. / Barra, pal, etc., que comprimit contra el botó o altra part de la roda d'un carruatge impedeix que aquesta pugui rodar. / Peça de ferro que uneix sòlidament les puntes d'una fanga. / Tira de drap, cuir, etc., que passa per sota el peu i va fixada pels seus extrems a les vores inferiors del pantaló, del botí, etc. / Dispositiu que impedeix o dificulta certs moviments, com el bastó que es penja al coll d'un animal perquè no pugui abaixar el cap o el pal forcat i proveït d'un travesser que es posa entorn del coll d'un animal perquè no pugui passar per certes obertures. / Aparell que passa per dins de la part inferior de la pena d'una barca gran i serveix per a cimar. / Allò que impedeix o destorba l'execució d'una cosa. (DIEC)

traveta *f.* Tira de roba que lliga el pantaló per sota el peu.

travessanya* *f.* Barra travessera que subjecta les barres d'un carro.

travessar tb [tɾeβe'sa] *v. tr.* Passar a través (d'alguna cosa). / *v. tr.* Traspassar. / *v. tr. per ext.* Travessar algú amb la mirada. (DIEC)

treballat, -ada* *adj.* Conreat.

treballós, -osa *adj.* Que exigeix molt de treball. / Ple de treballs o fatics.

(DIEC)

treballuscar *v. intr.* Treballar adés en una feina adés en una altra. (DIEC)

trebol *m.* Trespol. / Pis menut.

tremolí *m.* Tremolor.

trenc *m.* Esquerda. / Trep. / *A trenc d'alba,* a punta de dia.

trencacolls *m. pl.* Lloc o feina perillosa. / Home de mala vida .

trencadalles* *f.* Herba, *Lythrum salicaria.*

trencallós, -osa* *adj.* Fàcil de trencar-se. / Esquerp, irritable.

trencapinyes *m.* Moixó, *Loxia curvirostra.*

trencar *v. tr.* Girar. / *Trencar de color,* entrar en color, canviar-lo.

trencat, -ada *adj.* Herniat. / *Olives trencades.* / *Arròs trencat.*

trenet* *m. dim.* Tren, esp. el carrilet de La cava a Tortosa.

trènit* *m.* Termini de pagament d'un arrendament.

trenquis* ['trɛŋkis] *m.* Trinquis, trencadissa.

trep *m.* Trenc.

trepitjar *v. tr.* Posar el peu (sobre algú o alguna cosa) recolzant-l'hi. / *v. tr.* Esclafar, prémer, (alguna cosa) posant-s'hi a sobre i movent reiteradament els peus. / Tractar (algú) amb el més gran menyspreu, humiliar-lo en el seu honor, dignitat, etc. / Menysprear (la dignitat, l'honor, etc.). (DIEC)

trepitjador, -a *adj.* i *m.* i *f.* Que trepitja.

tresmall *m.* Ormeig format per tres xarxes superposades, una de més cega i més gran al mig i dues altres de malla més ampla, unides per les vores, que hom cala en ziga-zaga. (DIEC)

trespol *m.* Sostre d'una habitació. / Mescla de pols feta de testos ben picats i calç viva amb què es feia el paviment de cisternes, séquies i també d'habitacions. / Paviment d'una habitació. (DIEC)

treta *f.* Cosa dita o feta per a enganyar algú. / Acció de separar del ramat el bestiar destinat a la venda. / Desembosc. (DIEC)

treure ['trawɾe] *v. tr.* Portar, fer sortir, fora del lloc on està tancat, retingut, posat. (DIEC)

trèvol *m.* Herba del gènere *Trifolium*, de la família de les papilionàcies, de fulles trifoliolades, estipulades, flors en glomèruls o espigues molt densos i fruit petit, amb poques llavors o una de sola. (DIEC)

triadures *f. pl.* Residus, restes d'una tria.

triança* [tɾi'ensa] *f.* Forca de tres o més forcons per triar el gra.

triar *v. tr.* Separar el comestible, esp. el peix.

tribolar* *v. tr.* Atribolar.

tricotar *v. intr.* Teixir gènere de punt.

trill *m.* Instrument que consisteix en una taula o un corró que porta encastades una sèrie de làmines de ferro tallants o de pedres fogueres, emprat en la batuda per a capolar la palla. / Element fonamental de les màquines recol·lectores de cereals on se separa la major part del gra de la palla. (DIEC)

trilla *f.* Acció de trillar o de batre els cereals. / Trill constituït per una post rectangular de fusta de dimensions més grans que les normals. / Rodera feta per una roda de carro. (DIEC)

trilladora* *f.* Màquina per balejar.

trillar *v. tr.* Batre amb el trill. / Batre (esp. els cereals).

trinar *v. intr.* Impacientar-se.

trinca *f.* Corda que subjecta el pal d'una embarcació / *De trinca.*

trinquet *m.* Arbre de proa d'un xabec, d'una fragata, d'una corbeta, d'un bergantí, d'una goleta, etc., però no d'una barca de mitjana, ni d'un iot. / Verga més baixa del trinquet. / Vela que s'enverga en el trinquet. / *m.* Lloc clos per a jugar a pilota. (DIEC)

trinquis ['treŋkis] *m. Fer trinquis,* fer trencadissa.

trinxa *f.* Peça de roba que es posa a la cintura. / *per ext.* Cintura.

trinxar *v. tr.* Esmicolar.

trinxina* *f. A la trinxina,* a l'esquena, cama ací cama allà.

trions *m. pl.* Conjunt dels estels de l'Óssa Major.

tripa *f.* Intestí / Plat de vísceres guisades.

tripó *m.* Testicle.

triscar *v. intr.* Trescar, caminar. *Una sendera molt triscada.*

trisella* *f.* Tragella, caixó obert d'un costat per igualar un terreny.

trisellar* *v. tr.* Tragellar, igualar, esp. un terreny.

trissa* *f.* Tros de corda, esp. per lligar una bastida.

trissa* *f.* Drissa. / Corda que tanca el cob del bolitx.

tristesa* *f.* Malaltia dels tarongers produïda per un virus.

trit, -a *adj.* Triturat, esmicolat.

troballa *f.* Cosa trobada per un atzar o en el curs d'una investigació, d'unes recerques, etc. (DIEC)

troca *f.* Madeixa, *embolicar la troca.*

trola* *f.* Mentida.

tromba *f.* Mànega d'aigua.

trompa* *f.* Part inferior i més gruixuda d'una canya de pescar.

trompada *f.* Cop fort.

trompeguera* *f.* Gran quantitat de fum.

trompeta* *f.* Bruixa, *Syngnathus phlegon.*

trompicar* *v. tr.* Discutir, *no paren de trompicar-se.*

trompicó* *loc. A trompicons,* en gran quantitat.

trompitxol *m.* Baldufa.

trona *f.* Petita plataforma elevada proveïda d'ampit i tornaveu, col·locada a una altura convenient en una església o un refetor i destinada a la lectura de textos sagrats o piadosos i a la predicació. / Cadira amb braços, de seient molt alt, suportat per petges llargs, a propòsit per a asseure una criatura a taula. (DIEC)

tronada *f.* Tempesta.

tronat, -ada *adj.* Boig.

trontoll [traɲ'toʎ] *m.* Moviment d'una cosa que trontolla. / Situació de poca seguretat d'una empresa, d'una propietat, d'un negoci. (DIEC)

trontollar* [traɲto'ʎa] *v. intr. pron.* Anar d'una banda a una altra amb indecisió.

tronxo *m.* Caluix, tronc d'una hostalissa.

tropell *m.* Persona que actua de forma atabalada.

tròpic* *m.* Hidropesia.

tropicó* *m.* Cadascun dels batecs del cor.

tros *m.* Parcel·la de terra.

trossa *f.* En la vela llatina, corda destinada a fermar l'antena .

trossada *f.* Tros, porció, d'una cosa. / Torada amb escorça, d'un diàmetre de més de 10 centímetres. (DIEC)

trossar *v. tr.* Lligar amb la trossa. / Lligar.

trossellera* *f.* Dona que ven trossells i ventresques.

trossinyo* *m. dim.* Trosset .

truja *f.* Femella del porc.

trull *m.* Soterrani destinat a emmagatzemar oli i vi. / Avar.

trullola *f.* Pica que rep l'oli o el suc del raïm quan es premsa.

trumfo *m.* Atot, en certs jocs, carta que mana sobre els altres colls.

tub *m.* Regadora.

tudó *m.* Ocell, *Columba palumbus.*

tullit, -ida* *adj.* Tolit, paralitzat, mancat del moviment d'un menbre.

túmid, -a *adj.* Inflat.

tunda* *f.* Pallissa.

tupí [to'pi] i ['tupi] *m.* Cassola petita de fang cuit. / Màquina per fer
motllures.

tupinet* *m. dim.* Tupí, olleta de terra cuita.

tupinot* *adj. augm.* Tupí, babau.

turmell *m.* Protuberància del peroné i de la tíbia en el lloc on la cama
s'ajunta amb el peu. / Regió corresponent a aquesta protuberància,
incloent-hi ordinàriament la part inferior de la cama. (DIEC)

tutaina* *adj.* Persona informal.

udol *m*. Crit prolongat i planyívol d'un llop, d'un xacal, d'un gos. / Crit prolongat i fort arrencat pel dolor. / *per ext*. Els udols del vent. (DIEC)

udolar *v. intr*. Fer udols.

ufana *f*. Ostentació artificiosa o per vanitat. / *Fer ufana d'una cosa,* gloriejar-se'n, fer-s'hi veure. / Gran verdor i frondositat en les plantes. (DIEC)

ufanor *f*. Ufana.

ufanós, -osa *adj*. Que fa ufana d'alguna cosa, se'n glorieja, s'hi fa veure. / Que cria ufana, esp. dit de les plantes. (DIEC)

ull *m. Ull d'una planta,* brot.

ull₂ *m. Ull de poll,* durícia que es fa als peus.

ullada *f. Fer la ullada,* picar l'ullet. / *Fer una ullada,* cop d'ull.

ullal *m*. Brot d'aigua subterrani.

ullal₂ *m*. Clot per on cau l'aigua del riu formant un remolí.

ullal₃* *m*. Ull d'un pou.

ullar *v. intr*. Una planta, traure ulls.

ullastrar *m*. Població d'ullastres.

ullastre *m*. Olivera borda, *Olea europaea,* var. *Sylvestris.*

ullat, -ada* *adj*. Que té el voltant dels ulls d'un color fosc.

ullat* *m*. Agullat, *Squalus acanthias.*

ullera *f*. Peça de cuir que impedeix la visió lateral a un animal.

ullera₂ *f*. Palmera, pastís de fullola amb forma d'ulleres.

ullet* *m*. Pasta de sopa en forma d'anell.

ullet₂* *m*. Part interior més tendra d'una horatalissa.

unça *f*. Unitat de pes equivalent a la dotxena part d'una lliura.

unflar *v. tr.* i *intr. pron.* Inflar.

unflija* *f.* Inflor.

ungla *f.* Peça de llauna que es posa al dit per plegar olives.

unglera *f.* Carnot que es fa a l'arrel d'una ungla. / Ferida que fa l'ungla
quan creixent defectuosament penetra en la carn. (DIEC)

unglot *m.* Ungla del porc, la cabra, i altres animals de peu menut.

untall* *m.* Drap amanit per untar.

untura *f.* Acció d'untar; l'efecte. / Cosa amb què s'unta. (DIEC)

uo* ['wo] *interj.* Ordre per fer aturar un cavall, un mul.

urgir *v. intr.* Ésser urgent.

ursa* *f. pl.* Ganyota que expressa menyspreu, odi o desesperació.

ursa* *f. pl. Fer urses,* gesticular violentament.

urticària *f.* Malaltia inflamatòria de la pell caracteritzada per l'aparició de
pàpules rosades acompanyades d'una coïssor anàloga a la que
produeixen les ortigues. (DIEC)

vaca *f.* Art de pesca de ròssec més menut que el bou.

vaca₂* *f.* Vermellor que surt a les cames d'estar vora el foc.

vaca₃ *f. Vaca serrana,* peix, *Serranus scriba.*

vagatxona* *adj.* Varietat de figa menuda i de gran dolçor.

vaiga* *interj.* Vaja.

vaixell *m.* Bóta de vi de grans dimensions. / Recipient.

valdre *v. intr.* Valer.

valent *m.* Fort, picant. / *De valent,* molt, en gran quantitat.

valona* *f.* Marge circular que envolta una soca, esp. d'olivera.

valva *f.* Cadascuna de les dues closques d'un mol·lusc bivalve.

vallejar* *v. tr.* Recórrer la conca d'un riu o d'una vall.

vamà* *loc. adv. Vamà que*: sembla que. / Potser.

vana* *adj.* Varietat de canya, molt vistosa però massa prima.

vandallà* *adv.* A la part d'allà, més enllà.

vànova ['banua] *f.* Cobrellit.

vantar* *v. intr. pron.* Vanar-se.

vànua* *f.* Vànova.

vaporet* *m. dim.* Vapor, esp. l'*Anita,* embarcació que recorria el riu.

vaqueta* *f. dim.* Vaca, vedell. / Varietat de caragol.

vaqueta₂* *f.* Tremoló, *Torpedo marmorata.*

vara *f.* Unitat de mesura equivalent a 3 peus.

varador *m.* Lloc destinat a varar les barques.

varar* *v. tr.* Avarar, dur una embarcació de terra a mar.

varar₂* *v. tr.* Amidar una peça de roba, esp. amb la vara.

variat* *m.* Plat de diversos mariscos de conserva.

vas *m.* Recipient de metall, de terrissa, de vidre, de fusta, etc., especialment destinat a contenir un líquid. (DIEC)

vatros* *pron. pers.* Vosaltres.

veador, -a* *m.* Veedor, inspector. / *adj.* Que veu.

veça *f.* Herba de la família de les papilionàcies, enfiladissa, de fulles pinnaticompostes terminades en circell i amb els folíols mucronats en forma de cor invertit, flors purpúries o violàcies, amb les ales més fosques, i llegum de color brunenc en ésser madur, un xic bonyegut, cultivada com a farratge (*Vicia sativa*). (DIEC)

vedat* *m.* Glotis.

vedell tb [bi'ðeʎ] *m.* Bou que no passa d'un any.

vega *f. Anar de vega,* anar a menjar al camp.

vegada *f.* Dins la idea de repetició d'una acció o d'un esdeveniment, cada cas d'acompliment d'aquesta acció o d'aquest esdeveniment. (DIEC)

vela *f.* Tros de lona per fer ombra. / Gaia.

velat, -ada* *adj.* Dit de la tija d'arròs que no ha granat adequadament.

velló *m.* Llana d'un animal, una vegada tosa.

vencill *m.* Cordill fet del mateix material que es lliga.

vencillada* *f.* Conjunt dels vencills per lligar. / Cop de vencill.

vencilló *m.* Corretja fixada a cada costella del collar d'un animal.

vènia *f.* Remissió d'una culpa.

vènit *m. Arribar a vènit,* arribar a l'acord.

vent* *m. Vent de baix,* llevant. / *Vent de dalt,* mestral, cerç.

vent₂* *m. Vent del glop,* vent que anuncia tempesta.

ventada *f.* Augment sobtat de la velocitat del vent, més sostingut i de més durada que una ratxa. (DIEC)

ventador *m.* Ventafocs.

ventadora* *f.* Màquina per ventar cereals.

ventall *m.* Instrument que serveix per a agitar l'aire. / Ventafocs.

ventalla* *f.* En una sínia, peça de fusta que recull l'aigua del cadup.

ventalla₂ *f.* Batent, vidriera, fulla d'una finestra.

ventallenc, -a* *adj. m.* i *f.* Natural de Les Ventalles.

ventar *v. tr.* Airejar la batuda perquè el vent s'endugui la palla.

ventar₂* *v. tr.* Ventolejar.

ventolejar* *v. tr.* Fer retrets airadament.

ventoler *adj.* Ventós.

ventolera* *f.* Ventada.

ventolina *f.* Vent fort.

ventrada* *f.* Budellada.

ventre *m.* Cavitat del cos dels vertebrats que conté els òrgans principals de l'aparell digestiu i del genitourinari. (DIEC)

ventrell* *m.* Inflamació de la tija de les gramínies a punt de granar.

ventrellar* *v. intr.* Una tija de gramínia, inflar-se quan grana.

ventrera *f.* Corretja que passa pel ventre de l'animal.

ventresca *f.* Ventre, en els peixos. / Cansalada del ventre del porc, viada i prima. (DIEC)

ventrol* *m.* Ormeig de pesca consistent en una bossa de malla.

venturer *adj.* De segona mà, d'ocasió.

venus *f.* Dona molt bella.

ver, -a *adj.* Que és cert. / Bo, vàlid, en oposició a *bord*.

verba *f.* Paraula, frase. / Fotesa, paraula burlesca.

verbigràcia *adv.* Per exemple.

vérbol* *m.* Afecció de la pell visible en forma de taques blanques.

verbolejar *v. tr.* Criticar. / Parlar eloqüentment.

verdal *f.* Varietat de certs fruits, de color verd quan són madurs.

verdanc *m.* Marca que deixa una contusió sobre la pell.

verdancada* *f.* Cop de verduc.

verderol *m.* Verdum, *Carduelis chloris.*

verdiell* *m. loc. adv. De verdiell,* de valent.

verdinós* *adj.* Verdós.

verdós, -osa *adj.* Que tira a verd.

verduc *m.* Rebrot d'un arbre.

verdugada *f.* Vergassada, cop de verduc.

verduguejar* tb [berðukej'ʒa] *v. intr.* Un objecte flexible, moure's d'un costat a un altre.

verdulaga* *f.* Herba, llengüeta de bou, *Echium vulgare.*

vere* *v. tr.* Veure.

veremar *v. tr.* Collir els raïms (d'una vinya).

vereno* *m. cast.* Verí.

verenós* *adj.* Verinós.

vergada* *f.* Cop de verga.

vergella* *f.* Bri d'espart envescat per caçar ocells.

verí tb [bi'ɾi] *m.* Metzina, especialment la segregada per un animal.

verma* *f.* Verema.

vernassa* *f.* Garnatxa, varietat de raïm i da vi.

vernatxa* *f.* Varietat de raïm primerenc, garnatxa.

verola *f.* Malaltia infecciosa i contagiosa d'origen víric, caracteritzada per febre alta i per una erupció cutània de pústules que fan crostes, les quals, en caure, deixen ordinàriament una cicatriu permanent. (DIEC)

verós, -osa *adj*. Entre verd i madur.

verra *f.* Truja.

verro* *m.* Dent que surt sobre una altra.

versador, -a* *m.* i *f.* Enversador, cantador de jotes.

versar* *v. intr.* Enversar, improvisar versos mentre es canta.

versat, -ada *adj*. Que té grans coneixements, gran pràctica, d'una ciència, d'una art, etc. (DIEC)

verset* *m.* Versicle, cançó curta que marcava el ritme de treball.

vesar *v. tr.* Avesar, acostumar.

vesc tb ['bisk] *m.* Substància apegalosa per caçar ocells.

vescós *adj.* Apegalós.

vesicant *adj.* Que fa butllofes a la pell.

vespa *f.* Insecte, *Vespula vulgaris*.

vesper *m.* Niu de vespes. / *fig.* Munió de persones.

vespra *f.* Vigília.

vessant *m.* Coster que uneix el tàlveg i la carena o la base amb el cim d'una muntanya. / Aiguavés, declivitat d'un terreny o d'una teulada per on corren les aigües de la pluja, de la fusió de la neu, etc. (DIEC)

vesta *f.* Túnica llarga dins als peus.

veta *f.* Peix de la família dels cepòlids, de cos molt llarg i comprimit, que pot atènyer els 50 centímetres de llargada, amb el dors de color rosa fosc i els costats i el ventre més clars i argentats, amb les aletes dorsals i anal gairebé tan llargues com el cos (*Cepola rubescens*). (DIEC)

vetaquí* [bata'ki] *loc. adv.* Vet aquí, ve-t'ho aquí.

vetllar [be'la] *v. intr.* Passar la nit sense dormir.

veure ['boɾe]['beɾe] *v. tr.* Percebre la imatge (d'un objecte) que els rajos lluminosos que provenen d'aquest formen al fons de l'ull sobre la retina. / *intr. pron. Veure-s'hi* Tenir algú claror suficient per a veure-hi. (DIEC)

via *f.* Ratlla de diferent color en un teixit, o en un aliment.

vianda *f.* Menjar. / Fato, conjunt de coses.

vici *m.* Apetit d'una cosa que ens porta a usar-ne freqüentment, a no saber-nos-en abstenir. (DIEC)

vidriola tb [beðɾi'ɔla] *f.* Guardiola.

vila* *f. Casa de la vila*, ajuntament.

vilero* *m.* Teuladí, pardal.

vímen* tb ['mimen] *m.* Vímet.

vimenera *f.* Vimetera.

vímet tb ['mimen] *m.* Branca prima, llarga i flexible, de la vimetera o d'altres arbres, emprada per a fer recipients i alguns petits mobles. (DIEC)

vinassa *f.* Solatge del vi. / Vi fort.

vindre *v. intr.* Venir.

vinent tb [be'nin] *adj.* Que ve. / Següent a comptar des del dia que som. (DIEC)

viola *f.* Joc de saltar sobre un company ajupit.

virar *v. intr.* Una nau, un vehicle, girar més o menys a un costat o a un altre. / *tr.* Fer girar. / Canviar la intensitat d'un color, fer prendre un altre color, sota l'acció d'algun agent (especialment a un teixit que ha estat tenyit). (DIEC)

viró *m.* Saballó.

visc *m.* Vesc.

viscor* *f.* Fresca intensa.

vit *m.* Penis de certs animals, *vit de bou.*

vitzella* *f.* Vencill.

viver *m.* Lloc destinat a tenir i a criar, dins l'aigua, peixos o altres animals, especialment amb una finalitat comercial. / Planter. (DIEC)

vividor, -a *m.* i *f.* Persona que sap viure a costes dels altres.

vogar *v. intr.* Remar. / *tr.* Brandar. / Gronxar.

voladís, -issa *adj.* Capaç d'ésser emportat fàcilment pel vent. (DIEC)

volant *m.* Falç grossa i sense gents.

volantí *m.* Ormeig de pesca. / Passador. / Acrobàcia.

volantiner, -era *m.* i *f.* Persona que fa acrobàcies sobre un cable.

volat, -ada *adj.* Que s'ha irritat, enutjat, molt. (DIEC) / Boig.

voler *v. tr.* Estimar.

voletejar *v. intr.* Volar d'un costat a l'altre, donant volts. (DIEC)

volta *f.* Vegada, *altra volta, a voltes.*

voltants *m. pl.* Espai que envolta una cosa , *als voltants.*

voltasoques *adj.* Promiscu.

voltat *m.* Tanca, clos, *un voltat de ferro.*

voltes *f. pl.* Lloc que es troba al voltant.

volva *f.* Partícula petita i lleu d'un cos que l'aire s'emporta fàcilment, que està en suspensió en l'aire, en un líquid. / Filament, pellofa, etc., diminuts. / Floc de neu. / Part inferior del vel universal de molts bolets, que persisteix en forma de beina, sencera o fragmentada, a la base de la cama. (DIEC)

vore *v. tr.* Veure.

vos *pron.* Ac. i dat. del pronom de segona persona *vosaltres.*

vós *pron.* Pronom personal de segona persona, fórmula de tractament emprada en adreçar-se a algú que hom no tracta de *tu* o de *vostè*; quan és subjecte, exigeix el verb en segona persona del plural. (DIEC)

votar *v. tr.* Fer el vot a la Verge. / *interj. Voto a Déu!* ['butu a].

xafallós, -osa *adj. m.* i *f.* Que substitueix [s] per un so semblant a [ʃ].

xafar [tʃa'fa] *v. tr.* Aixafar. / Trepitjar. / Perdre el vigor.

xafardejar *v. intr.* Algú, fer, més o menys malèvolament, objecte de conversa el que sap o creu saber, el que pensa, el que ha sentit a dir, de la vida i dels fets de la gent. (DIEC)

xafarder , -a *adj.* i *m.* i *f.* Que es plau a xafardejar.

xafarot *adj. m.* i *f.* Tafaner.

xafat, -ada* *adj.* Aixafat, mancat de vigor.

xaflà* *m.* Xamfrà.

xafogor *f.* Calor sufocant que se sent en un ambient calent, humit i encalmat. (DIEC)

xafurnar* *v. tr.* Intensiu de xafar.

xalada* *f.* Acció de xalar.

xalador, -ora* *adj.* Alegre, sortidor, propens a divertir-se.

xalar [tʃa'la] *v. intr.* Esbargir-se alegrement. / *tr. pron. Com te la xales, ara que tens vacances!* / *intr. pron.* Perdre la raó, el seny. (DIEC)

xalefa* *f.* Figa oberta i assecada al sol.

xalera* *f.* Diversió, gresca.

xaloc *m.* Vent que ve del sud-est.

xalocada *f.* Ventada forta de xaloc.

xamar *v. tr.* Xumar, prendre begudes alcohòliques.

xamar* *v. intr.* Conversar llargament, xerrar.

xamba *f.* Bona fortuna, sort, esp. en un joc.

xamberga *f.* Casaca ampla, d'origen militar, en què el folre, voltant la roba, forma les solapes i les botes de les mànigues. (DIEC)

xambra *f.* Brusa d'anar per casa.

xamelo* *m.* Joc de dòmino.

xameta* *f.* Xarreta, conversa per passar el temps.

xamós, -osa *adj.* Divertit, graciós.

xampaina* *f.* Vi blanc que ha bullit sense rapa.

xampurrejar [tʃapurej'ʒa] *v. intr.* Parlar enxampurrat, parlar molt

imperfectament una llengua barrejant-hi mots, expressions, etc., d'una altra. (DIEC)

xancla* *f.* Xancleta.

xanclar* *v. tr.* Riure, fer burla. *No para de xanclar-se'n.*

xanclet* *m.* Fang que resulta del pas d'animals per un camí fangós.

xanglot* *m.* Sanglot.

xanguet* *m.* Peix menut, peix sense sang, *Atherina hepsetus.*

xanguet₂ *m.* Peix, *Aphia pellucida.*

xano-xano *adv.* Xino-xano.

xanquet* *m.* Xanguet.

xanxull* *m.* Fang clar. / *fig.* Mullader, embolic, enrenou.

xanxuller, -a* *adj.* Propens als mulladers, enrenous, etc.

xap *interj.* Onomatopeia d'un cos en caure a l'aigua.

xapada* *f.* Conjunt de xapats.

xapall *m.* Clivell que es fa a la fusta. / *fig.* Ferida oberta al cap.

xapallada* *f.* Aiguat.

xapallar* *v. tr.* La fusta, clivellar-se quan es resseca.

xapapote* *f. cast.* Mullader, empastifada, tafaneria, enrenou.

xapar* *v. tr.* Obrir el peix pel mig i assecar-lo per conservar.

xaparro, -a *adj.* Feixuc, mancat de gràcia en els moviments, rabassut.

xaparrut, -uda* *adj.* Xaparro.

xapar *v. intr.* Esclatar. / Obrir una cosa en dues parts mitjançant un tall llarg. (DCVB)

xapat *m.* Contraplacat, tauler elaborat contraplacant diverses fulloles, destinat a la fusteria i a la construcció de mobles. / Aplacat, revestiment fet amb plaques. (DIEC) / Peix obert per la meitat i assecat.

xapo *m.* Càvec.

xapolina [tʃapu'lina] *f.* Aixadell, aixada de fulla estreta.

xapolleig* *m.* Xipolleig.

xapollejar* [tʃapuʎej'ʒa] *v. intr.* Xipollejar.

xapotejar *v. tr.* Remoure de forma barroera, esp. l'aigua.

xapull* *m.* Aiguamoll. / Aigua aturada en toll, mullader .

xapullar* *v. intr.* Xipollar.

xapurrejar* *v. intr.* Xampurrejar.

xarampió [sarampi'o] *m.* Malaltia infecciosa i contagiosa, de caràcter epidèmic estacional en la població infantil, que comença amb símptomes catarrals que van seguits de l'aparició de petites taques vermelloses. (DIEC)

xaranga *f.* Conjunt instrumental format per instruments de vent. / Banda de música militar integrada per instruments de vent. (DIEC)

xarbotar *v. intr.* La superfície d'un líquid sacsejat, agitar-se dins l'atuell, batent les parets o vessant-se en part. / La superfície d'un líquid, agitar-se com ho fa un líquid dins un atuell sacsejat. / *tr.* Agitar. (DIEC)

xareu* *m.* Xarel·lo, cep d'una varietat que dóna raïm blanc de tast dolç. / Raïm de cep xarel·lo. / Vi elaborat amb raïm xarel·lo. (DIEC)

xarlatà, -ana *m.* i *f.* Persona que, procurant atraure la curiositat dels passants, els ofereix remeis i articles diversos lloant llurs avantatges, preu excepcional, etc. / Persona que explota la credulitat pública. / Persona que, fent soroll, cerca la notorietat, la popularitat. (DIEC)

xarlotada* *f.* Acte propi de 'Charlot'.

xarnego, -a tb [dʒar'neɣo] *m.* i *f.* Gos per caçar conills. / *adj.* Que diu castellanismes.

xarnera [tʃer'nera] *f.* Frontissa.

xarol *m.* Engrut, taca.

xarpa ['sarpa] *f.* Grapa. / Baldric. / Faixa, tira de cuiro, etc., que es porta a la manera d'un baldric, com a insígnia d'un càrrec o d'una dignitat. / Veta o corretja que, col·locada a la manera d'un baldric, hom botona al davant i al darrere els pantalons d'un infant per sostenir-los. / Cabestrell.

xarrameca *f.* Xerrameca, fet de parlar sense substància. (DIEC)

xarrenquina* *f. loc. adv. A la xarrenquina,* a l'esquena, eixancarrat.

xarreta* *f.* Xerrameca.

xarretera* *f.* Gotera, raig que cau d'una teulada, per una canal.

xarrupar [tʃuru'pa] *v. tr.* Beure, paladejant, com xuclant.

xaruc, -uga *adj.* Que repapieja, que té afeblides les facultats mentals a causa de la molta edat. (DIEC)

xaruga tb [tʃe'ruɣa] *f.* Arada de ferro, amb pala lateral, emprada en conreus en què cal fer solcs molt profunds, com ara en l'arròs. (DIEC)

xarugada* *f.* Temporada en què se xaruguen les terres.

xarugar* *v. tr.* Llaurar amb la xaruga.

xarxa ['sasia] *f.* Teixit amb fils nuats formant una retícula de malles quadrades o rombals. (DIEC)

xarxet [sar'set] *m.* Ocell de la família dels anàtids, de mida petita, d'uns 35 centímetres de llargada, amb una franja verda darrere l'ull (*Anas crecca*). (DIEC)

xató *m.* Amanida d'escarola, d'olives i de bacallà i tonyina esqueixats, tot amanit amb una salsa molt coent feta d'alls, ametlles i avellanes torrades, nyores, vinagre, oli i sal. (DIEC)

xato, -a *adj.* Camús, que té el nas curt i aplanat. / Expressió usada com a vocatiu afectuós. / *m.* Vas de vi. / *f.* Embarcació de fons pla i poc calat que serveix per a traslladar molta càrrega i per a netejar l'obra viva dels vaixells sense entrar al dic. (DIEC)

xatrac *m.* Xatrac becllarg, *Sterna sandvicensis.*

xatrac$_2$ *m.* Xatrac comú, *Sterna hirundo.*

xaval, -xavala *m.* i *f.* Noi, noia.

xavega *f.* Xarxa de corda de malles grosses. / Art de pesca de tir de grans dimensions, emprat en la pesca a l'encesa. / Tros de fusta amb tot de puntes clavades que serveix per a recuperar nanses, cordes, etc., perdudes en el fons del mar. (DIEC)

xavegó *m.* Xàvega petita.

xaveta *f.* Clau que es clava a l'extrem d'una clavilla perquè es mantingui ben clavada. (DIEC)

xavo *m. Xavo de careta.*

xe ['tʃɛ] *interj.* Expressió usada per a demostrar admiració, alegria, entusiasme, enuig, etc. (DIEC)

xec *interj.* Expressió usada per a adreçar-se familiarment a algú. (DIEC)

xeic* *interj.* Xec.

xera *f.* Gresca, gatzara.

xerco* *m.* Excrement boví.

xereca* *f.* Figa oberta, assecada, i tornada a tancar.

xerevia *f.* Xirivia.

xerigot *m.* Part aquosa de la llet.

xerigota* *f.* Ximpleria.

xeringa tb [tʃi'riŋga] Cogombre amarg [o cogombre salvatge], planta
herbàcia de la família de les cucurbitàcies, reptant, de tiges i fulles
cobertes de pèls rígids, flors groguenques i fruits que, en madurar,
llancen amb força les llavors i el líquid que contenen, que es fa en
ambients ruderals (*Ecballium elaterium*). (DIEC)

xerinola [tʃiri'nɔla] *f.* Tabola, acció de divertir-se sorollosament. (DIEC)

xerrac* *m.* Xerrac.

xerrada [tʃa'raða] *f.* Acció de xerrar durant una estona llarga. (DIEC)

xerradissa *f.* Conversa animada de molts. / Xerrada. / Piuladissa o cant de
molts ocells alhora. (DIEC)

xerrar [tʃa'ra] *v. intr.* Parlar molt i sense substància, pel sol gust de parlar,
fora de propòsit. (DIEC)

xet* *interj.* Expressió per cridar un gos.

xia* *f.* Mantell curt que es duu com a senyal de dol.

xic, -a *m. i f.* Noi, noia.

xicoira *f.* Herba de la família de les compostes, laticífera, de tija molt
ramosa, de fulles pinnatipartides, les basals en roseta, les caulinars
de base abraçadora, i capítols blaus amb totes les flors ligulades,
pròpia dels sòls calcigats i més o menys humits, l'arrel de la qual

ha estat emprada per a substituir i per a falsificar el cafè (*Cichorium intybus*). (DIEC)

xicòria* *f.* Xicoira.

xicot, xicota *m.* i *f.* Noi, noia. / Promès, promesa.

xicotet, -a *adj.* Menut.

xicuelo, -a* *m.* Nen, nena.

xill* *m.* Crit.

xillar* *v. intr.* Cridar.

xillit* *m.* Xill, crit agut.

ximbolo* *m. Estar fet un ximbolo,* estar gras.

xim-xim *m.* Pluja menuda i seguida. Un suau xim-xim que a poc a poc li anava amarant la roba. (DIEC)

ximenera* *f.* Xemeneia.

ximo* *antropòn.* Familiarment, *Joaquim.*

xingar* *v. tr.* Prendre, fastidiar, fotre.

xinglot* *m.* Sanglot.

xino-xano *adv.* Xano-xano, caminant poc a poc.

xinxa *f.* Insecte de l'ordre dels heteròpters, de color vermell fosc, cos aplanat, que xucla la sang de l'home produint picades irritants (*Cimex lectularius*). (DIEC)

xip-xap *interj.* Expressió de xipolleig. / *topòn. pop.* El Fangar.

xipiró* *m.* Calamarsó, calamarí, *Alloteuthis subulata.*

xipironet* *m. dim.* Xipiró, calamarsó.

xipollar *v. intr.* Agitar la superfície de l'aigua fent que esquitxi. (DIEC)

xipollejar *v. intr.* La superfície d'una massa d'aigua, agitar-se alçant petites ones i esquitxant. / *v. intr.* Xipollar. (DIEC)

xipoller* *m.* Mullader.

xiprer *m.* Arbre perennifoli del gènere *Cupressus*, de la família de les cupressàcies, de fulles esquamiformes imbricades i falsos fruits, o gàlbuls, llenyosos, formats per esquames peltades, cadascuna de les quals porta nombroses llavors. (DIEC)

xiqüelo, -a* *m.* i *f.* Nen, nena.

xiquet, -a *m.* i *f.* Nen, nena.

xiquina *f.* Braç de terra que s'abança dins del mar o d'un riu.

xiribec *m.* Trenc, esquerda, solució de continuïtat, produïda per contusió en un cos dur. (DIEC)

xirinquina* *f. loc. adv. A la xirinquina,* a l'esquena, cama ací, cama allà.

xirinxina* *f. loc. adv. A la xirinxina,* a l'esquena, cama ací, cama allà.

xirivia *f.* Herba de la família de les umbel·líferes, una mica pubescent, de tija dreta, fulles pinnaticompostes amb els folíols ovats o oblongs, dentats o lobulats, flors grogues, disposades en nombroses umbel·les, i fruit el·líptic, molt comprimit, envoltat d'una mena de voraviu, cultivada per la seva arrel (*Pastinaca sativa* ssp. *sativa*). (DIEC)

xirla* *f.* Escopinya maltesa, rossellona, *Venus gallina.*

xirla$_2$* *adj. Aigua xirla,* beguda de poca qualitat.

xirlot *m.* Ocell, *Pluvialis apricaria.*

xirnac* [tʃir'nas] *m.* Xiribec.

xiruca *f.* Sabata alta i flexible feta de lona amb les vores de pell girada, amb sola de goma gruixuda i resistent que s'usa ordinàriament per a fer caminades pel camp o la muntanya. (DIEC)

xitxa* *f.* Carn. / Loquacitat.

xitxarra* [tʃi'tʃara] *f.* Cigala, *Cicada plebeja.*

xitxarra₂* *f.* Boscarla de canyar, *Acrocephalus sciparceus.*

xitxarra₃* *f.* Boscarler vulgar, *Locustella luscinioides.*

xitxarreta* *f.* Rossinyol bord, *Cettia cetti.*

xitxarró* *m.* Llardó.

xitxarrot* *m.* Balquer, *Acrocephalus arundinaceus.*

xitxi* *m. INFANT.* Peix, o carn.

xiular [tʃu'la] *v. intr.* Fer un so o una sèrie de sons musicals expel·lint amb

força l'aire amb els llavis contrets formant una petita obertura oval

o tibats per mitjà de dos dits ficats a la boca. (DIEC)

xiulet [tʃu'let] *m.* Penis.

xiuleta* *m.* Valona, *Tringa glareola.*

xiuleta₂* *m.* Xivita, *Tringa ochropus.*

xiulit [tʃu'lit] *m.* Xiulet.

xivarri *m.* Rebombori.

xitxa* ['tʃitʃa] *f.* Carn, tall de carn, etc., en llenguatge infantil. / Loquacitat.

/ *Tenir poca xitxa,* ser magre, tenir poca substància. / *Calma xitxa,*

calma completa. (DCVB)

xixanta* *adj.* i *m.* Seixanta.

xixí* *m* Cuquet que es posa a les olives i les menja. (DCVB)

xixina *f.* Carn picolada. *Fer xixines una cosa,* fer miques una cosa. (DIEC)

Fer xixines algú, fer-li tota mena de bromes.

xixinar* *v. intr.* La collita, fer-se malbé a causa del xixí.

xocallo* *m.* Seny, enteniment.

xocar *intr.* Venir de nou, sorprendre vivament com a cosa inesperada.

(DIEC)

xocotet* tb [tʃuko'tet] *adj.* Xicotet.

xòfer, xòfera *m.* i *f.* Persona que té per ofici conduir automòbils. (DIEC)

xoll* *m.* Raig.

xolla *f.* Seny, eteniment. / Cabells llargs i descurats.

xop *m.* Pollancre. *Xop blanc*, àlber.

xopa* *f.* Càntera, peix de l'espècie *Cantharus orbicularis* o *Spondyliosoma cantharus*.

xolla *f. Poca xolla,* poca-solta.

xorlo* *adj.* Malvestit.

xorrar *v. intr.* Cobrar les xarxes per treure el peix que s'hi ha agafat. / Rajar. (DIEC)

xorrera* *f.* Gotera o raig que cau per una canal, per un forat del teulat, etc. (DCVB)

xulla *f.* Costella de porc, de corder, de cabra o de boví, amb una porció de carn adherida, que es menja fregida o torrada. (DCVB)

xumar* *v.tr.* Traspuar; entrar o sortir un líquid pels porus o trencs molt prims d'un cos. (DCVB)

xurivia* *f.* Veg. Xirivia.

xurrutada* *f.* Massa d'excrement clara. (DCVB)

xuruvia* *f.* Veg. Xirivia.

xusca ['tʃuska] *f.* Fullaca seca dels arbres de bosc, sobretot dels pins i roures. (DCVB)

xut* *interj.* Interjecció per a demanr o imposar silenci. *Fer xut, no dir xut, no dir ni xut ni mut.* (DCVB)

Zacaries* [saka'ɾies] Nom propi d'home.

zam-zam* *interj.* Onomatopeia d'un soroll rítmic i vibrant.

zàping *m. Fer zàping,* canviar de canal.

zebrat, -ada *adj.* Ratllat d'una manera que recorda una zebra.

zel tb ['sɛl] *m. pl.* Gelosia.

zelador, -ora [sela'ðo] *m.* i *f.* Encarregat d'una vigilància.

zelar [se'la] *v. tr.* Vigilar.

zelós, -osa [se'los] *adj.* Que sent gelosia.

zelosia* [selo'zia] *f.* Gelosia.

zenc *m.* Zinc.

zenit tb ['sɛnit] *m.* Punt de màxima alçada en el recorregut del sol. / *fig.*
Màxima esplendor d'alguna cosa.

zepelí *m.* Dirigible.

zero *m.* Nombre que denota una quantitat nul·la. (DIEC)

zeta *f.* Última lletra de l'alfabet.

zic-zic* *interj.* Onomatopeia del soroll que fan alguns insectes.

zig-zag* *m.* Ziga-zaga.

zigzaguejar *v. intr.* Fer ziga-zaga.

zing-zing *m.* Intrument que fa soroll en sacsejar-lo, sonall.

zíngar, zíngara *adj.* i *m.* i *f.* Gitano.

zodíac *m.* Zona de l'esfera celeste de disset graus d'ample, vuit i mig a cada costat de l'eclíptica, que comprèn les òrbites de la Lluna i dels principals planetes i es divideix en dotze parts o signes iguals. (DIEC)

zòdiac* ['sodiak] *f.* Tipus d'embarcació pneumàtica.

zombi *adj.* Atordit, absent. / *m.* Mort vivent.

zona tb ['sona] *f.* Posició d'espai qualsevol. (DIEC)

zoo tb ['so:] *m.* Zoològic.

zoològic *m.* Recinte espaiós amb diversos vivaris on s'exposen espècies
d'animals, especialment feréstecs o exòtics, a la vista del públic.
(DIEC)

zum-zum *m.* Brunzit. / *interj.* Expressió que evoca un brunzit.

BIBLIOGRAFIA

DICCIONARIS I VOCABULARIS

ALCOVER, A.M.; MOLL, F. de B. *Diccionari català-valencià-balear.* Moll. Palma de Mallorca: 1930-1963. 10 v.

ARABIA, Ramon *Vocabulari y notas folk-lóricas recullidas en Tortosa y la ribera d'Ebro*, 1887.

AMADES, J. *Termes dialectals de la comarca de Gandesa* [Bot i Prat de Comte], 1917-1919.

CASANOVA, B. I BERTOMEU, A. *Vocabulari de boca.* El Delta: 2003.

COROMINES, J. *Diccionari etimològic complementari de la llengua catalana.* Curial. Barcelona: 1980-1991. 9 v.

FABRA, P. *Diccionari de la llengua catalana.* 32a ed. Edhasa. Barcelona: 1983.

INSTITUT D'ESTUDIS CATALANS. *Diccionari de la llengua catalana* (DIEC). 2a ed. Ed 62, Moll, Enciclopèdia Catalana, Publicacions de l'Abadia de Monterrat. Barcelona, Palma de Mallorca, València: 2007.

MESTRE I NOÉ, F. *Vocabulari català de Tortosa.* 2a ed. Tortosa: 1916, 1973.

PALLARÉS, Maties *Vocabulari de Penarroja (Baix Aragó)*, 1921.

SALVADOR, J. *Petit vocabulari de Benassal*, 1943.

-(2002): *Diccionari de paraules en desús de les Terres de l'Ebre*. Ajuntament d'Amposta-Regidoria de Cultura. Amposta.

DESCRIPCIONS DIALECTALS

ACSENSI, M. *'Talassonímia de Sant Carles de la Ràpita'*. Dins *Materials de Toponímia*. Comercial Denes, Universitat de València i Geneneralitat Valenciana. València: 1995. 2 v.

ALEGRE, M. *Dialectologia catalana*. Teide. Barcelona: 1991.

ARAGONÉS, A. *La llengua del Baix Ebre i del Montsià*. Consorci per a la Normalització Lingüística. Tortosa: 1995.

ARAGONÉS, A. *Català per a periodistes de les Terres de l'Ebre*. Associació Universitat d'Estiu de les Terres de l'Ebre. Tortosa: 2004.

BUJ. A. *Lèxic del Montsià*. Consell Comarcal del Montsià. Amposta: 2001.

CARCELLÉ, P. *El parlar de La Ràpita*. Patronat Municipal d'Acció Cultural. Sant Carles de la Ràpita: 1999.

GIMENO I BETÍ, Ll. "El tortosí septentrional". Dins: *Actes del VIIè Col·loqui Internacional de Llengua i Literatura Catalanes*. Publicacions de l'Abadia de Montserrat. Barcelona: 1986.

GRIERA, Antoni *Algunes característiques lingüístiques del Maestrat,* Benassal, 1929.

JULIÀ, J. (Ed.). *Llengua i ús a les Terres de Ponent.* Pagès Ed. Lleida: 2000.

LABÈRNIA, P. *Diccionari de la Llengua catalana ab la correspondencia castellana y llatina.* Barcelona. Hereus de la Viuda Pla: (1839-1840).

MASSIP I BONET, M.A. *Aproximació descriptiva al parlar tortosí.* Institut d'Estudis Tarraconenses Ramon Berenguer IV. Tarragona: 1989.

MASSIP I BONET, M.A. *El lèxic tortosí: història i present,* Universitat de Barcelona, tesina inèdita: 1991.

MESTRE I NOÉ, F. *Giripigues tortosines. Bròts de Historia i Filosofia popular.* Tortosa: Impremta Moderna de l'Ebre, Algueró i Baiges.
- (1973): *Vocabulari català de Tortosa.* Ed. Lluís Mestre. Tortosa: (1a. ed. Barcelona, 1916).

MOREIRA, J. *Del Folclore tortosí.* Impremta Querol. Tortosa: 1934.

VENY, J. *Els parlars catalans.* Moll. Palma de Mallorca: 1982, 1998.
VIAPLANA, J. *Lingüística descriptiva.* Ed 62. Barcelona: 2000.

GRAMÀTIQUES DE LA LLENGUA

BADIA I MARGARIT, A.M. *Gramàtica de la llengua catalana.* Enciclopèdia Catalana. Barcelona: 1994.

FABRA, P. *Gramàtica catalana.* 16a ed. Teide. Barcelona: 1956, 1993.

SANCHIS GUARNER, M. *Gramàtica valenciana.* Alta-Fulla. Barcelona: 1993.

SOLÀ, J. (Dir.). *Gramàtica del català contemporani.* Empúries. Barcelona: 2002.

FONÈTICA

Institut d'Estudis Catalans. *Proposta per a un estàndard oral de la llengua catalana. I Fonètica,* Barcelona, I.E.C.: 1990.

Institut d'Estudis Catalans. *Aplicació al català dels principis de transcripció de l'Associació Fonètica Internacional.* Institut d'Estudis Catalans. Secció Filològica. Barcelona: 1999.

INFORMACIÓ DE CONTINGUTS

BALADA, R. (Dir). *El Delta de l'Ebre, flora i fauna.* Consorci d'Aigües de Tarragona.

ESPARZA PAGÈS, M. *Biodemografia del Delta de l'Ebre: estructura matrimonial.* Barcelona: 2004.

IBÀÑEZ MARTÍ, P. I IZQUIERDO SALOM, T. *El Camp Semàntic del Món de L'oli a la Comarca del Montsià.* Extracte d'una comunicació presentada al Col·loqui de la Societat d'Onomàstica. Ulldecona: 1997.

IZQUIERDO SALOM, T. *El Camp Semàntic del Món dels Cànters Traiguerins: anàlisi comparativa entre els diccionaris de Pere Labèrnia i el DCVB:* 2002.

ROVIRA CLIMENT, J.J. *Cantadors del delta.* Rovira Climent, J.J. Tortosa: 2002.

MARTÍNEZ-VILALTA, A. I MOTIS, A. *Els ocells del Delta de l'Ebre.* Lynx Ed. Barcelona: 1989, 1991.

PONT, M. *Les feines de la vella pagesia.* 4a ed. Proa. Sant Boi de Ll.: 2000, 2002.

INFORMACIÓ EN LÍNIA

Diccionari de la llengua catalana de l'Institut d'Estudis Catalans, 2a ed.
Institut d'Estudis Catalans
<http://dlc.iec.cat/>

Gran diccionari de la llengua catalana
Enciclopèdia Catalana
<http://www.grec.net/home/cel/dicc.htm>

Diicionari català-valencià-balear
Ed.Moll, Institut d'Estudis Catalans
<http://dcvb.iecat.net/>

Internostrum. Sistema de traducció automàtica català-castellà
Universitat d'Alacant
<http://www.internostrum.com/>

Els noms dels peixos i mariscs
Gavinet de Terminologia
<http://www.uib.es/secc6/slg/gt/noms_peixos.html>

Agraeixo els suggeriments i el seu rigor: a Joan Solà, Joan Veny, Pilar Perea i, especialment, Albert Aragonès —sempre encertats. Als amics i familiars, les aportacions incansables i xaladores. I a mon iaio, les hores de paciència i dedicació.

—S'agraeix.

www.ingramcontent.com/pod-product-compliance
Lightning Source LLC
LaVergne TN
LVHW010308200726
843507LV00010B/1188